汽车科普大讲堂系列

一本书看懂智能网联汽车

汪 港 杨 宽 陈 力 编 著

U0336854

机械工业出版社

CHINA MACHINE PRESS

本书以消费者对于智能网联汽车关注度极高的239个问题为基础，以问答的形式介绍了有关智能网联汽车的广泛知识，具体内容包括智能网联汽车概述、智能网联汽车无线通信、智能网联汽车网络技术、智能网联汽车导航定位、智能网联汽车环境感知、智能网联汽车ADAS先进驾驶辅助、智能网联汽车其他技术以及智能网联汽车安全等。在本书的最后一章，作者结合个人的理解分享了对智能网联汽车的行业现状及未来发展趋势的分析。本书用通俗易懂的文字、直观清晰的配图和视频帮助读者快速了解智能网联汽车相关的知识，建立对智能网联汽车的初步认识。

图书在版编目（CIP）数据

一本书看懂智能网联汽车 / 汪港，杨宽，陈力编著. —北京：机械工业出版社，2024.4
（汽车科普大讲堂系列）
ISBN 978-7-111-75585-2

Ⅰ.①一⋯ Ⅱ.①汪⋯ ②杨⋯ ③陈⋯ Ⅲ.①汽车 – 智能通信网 – 普及读物 Ⅳ.①U463.67-49

中国国家版本馆CIP数据核字（2024）第072730号

机械工业出版社（北京市百万庄大街22号 邮政编码100037）
策划编辑：张 萍　　　　　责任编辑：张 萍 徐 霆
责任校对：贾海霞 张 薇　　封面设计：马精明
责任印制：常天培
固安县铭成印刷有限公司印刷
2024年7月第1版第1次印刷
184mm×260mm・18.75印张・384千字
标准书号：ISBN 978-7-111-75585-2
定价：99.00元

电话服务　　　　　　　　网络服务
客服电话：010-88361066　　机 工 官 网：www.cmpbook.com
　　　　　010-88379833　　机 工 官 博：weibo.com/cmp1952
　　　　　010-68326294　　金 书 网：www.golden-book.com
封底无防伪标均为盗版　机工教育服务网：www.cmpedu.com

《一本书看懂智能网联汽车》

编写委员会

主 任	汪 港
副主任	杨 宽　陈 力
委 员	郭燮阳　赵琳玲　朱 平　裴跃飞　朱雨时
	李世通　崔诚靓　刘晓东　董 馨　宋 哲
	唐传骏　丁 超　方 雄　刘功文　娄心洋
	张 涛　朱 鋆　盛 岚　马长春　李 绅
	罗志强　王鹤霖　刘 前　杨 俨
特聘顾问	张 翔

近年来，中国汽车行业的智能网联和自动驾驶技术与产品发展如火如荼，网络上、生活中谈论这些话题的人很多，但依然有不少人对于最新的进展存在理解上的偏差，主要原因便是发展的速度确实很快，智能网联汽车很复杂，《一本书看懂智能网联汽车》这本书巧妙地以问答的形式梳理了汽车行业中包括智能座舱、自动驾驶、车联网无线通信、导航定位、环境感知和信息安全等细分领域备受关注的 200 多个热点话题，并结合作者对行业技术的深刻理解和对车市新品的全面体验，进行了通俗易懂的回答，而且在内容上展现出了大量的行业新技术、新车型、新场景和新应用，通过这些实例，读者不仅可以理解到各种技术的具体应用，还可以了解到这些技术在实际生活中给读者出行带来的体验和感悟。

另外我还注意到，作者在这本书中还插入了大量的彩图和视频，帮助读者更直观形象地了解各种技术和应用，这种视觉和听觉的双重体验，无疑可以让读者对智能网联和自动驾驶技术的理解更加深刻。

中国智能网联汽车的发展速度愈发迅猛，相关的科普工作就愈发重要，我相信这本书对推动我国智能网联汽车和自动驾驶技术的发展具有重要意义，我荣幸地把这本书推荐给汽车行业的同仁，也推荐给对相关领域感兴趣的普通消费者。

——中国汽车工程学会名誉理事长、中国工程院院士、清华大学教授 李骏

当前，汽车产业正处于转型升级的关键阶段，汽车科技的持续突破与人才梯队的稳固建设无疑是推动这一进程的双轮驱动力，加强汽车行业的科普宣传和人才培养工作也变得愈加重要。尤其是在智能网联和自动驾驶这两个社会关注度极高的热门领域，技术迭代日新月异，让许多业内人士都应接不暇，这对人才培养提出了前所未有的挑战。

《一本书看懂智能网联汽车》的出版，恰逢其时。该书深入浅出地剖析了智能座舱、自动驾驶、车联网、导航定位、环境感知及信息安全等多个前沿领域，为读者提供了200 多个热点话题的科普知识和技术解读。读者可以通过这本书，深入了解汽车行业的最新技术和趋势，了解汽车行业的未来发展方向。

从人才培养的角度来看，这本书也具有重要意义。它通过系统的科普知识，帮助读者建立起对智能网联汽车各细分领域的全面认知，帮助从业者提升专业技能、拓宽知识视野，更快地适应行业发展的需求。同时，对于汽车行业的教育工作者而言，这本书无疑是一本难得的教学参考，其实用性和针对性将使人才培养工作更加高效和精准。我强烈推荐此书成为每位汽车从业者、教育者以及爱好者的案头必备之书。

——中国人才研究会汽车人才专业委员会理事长 朱明荣

我在过去 40 年大部分时间都在国际和国内的汽车圈工作,无论是担任 CEO、CTO 或总工,我对汽车的产品力一直都非常重视,德国 *Auto Motor and Sport* 是我多年来最喜欢的汽车杂志,几乎每期都看,近几年国内买不到这本杂志,我开始关注国内汽车自媒体。本书作者作为一个工程师背景的自媒体人,他对汽车的设计、安全以及网联、智驾等方面很有专业性,而且连续六年不间断更新,逐渐在汽车圈中建立了一定的影响力,对我来说,作者的作品也慢慢替代了过去读过的杂志。

基于在车企多年的研发经验,结合作为自媒体人几年来的行业积累,作者为我们带来了一本比较全面的汽车智能化科普书籍。这本书从基础科学延伸到智能科技,从汽车设计延展到出行场景,为读者梳理了智能网联和自动驾驶的底层原理和实际应用,并且在书中,除了有插图和视频之外,还有不少相关知识的拓展阅读,对汽车行业的科学普及有一定的作用,相信无论是专业人士还是普通汽车爱好者,都能从中有所收获。

——亚仕龙汽车科技(上海)有限公司创始人 & 总经理

当今世界,科技日新月异,自动驾驶作为一项颠覆性的技术正引领着汽车产业和交通方式的革新。作为全球科技大国,中国市场的自动驾驶技术的发展与应用已然走在了世界前列。我仔细浏览了这本书,作者以独特的视角,全面解析了智能网联和自动驾驶两大核心领域的 200 多个热门话题,为我们提供了一个全方位了解智能网联汽车的窗口。

书中深入剖析了自动驾驶的核心技术,让我们看到了这项技术发展的巨大潜力。从自动驾驶的级别划分,到各个级别在不同场景下的应用前景;从自动驾驶车辆的感知、决策、控制三大模块,到高精地图、人工智能等关键技术在自动驾驶中的重要作用;从国内外自动驾驶的政策法规,到产业发展趋势和市场竞争格局,书中均做了详尽的阐述。尤其是,书中还关注了智能网联汽车的安全问题,除了常规的主被动安全之外,还有健康安全、信息安全等,涉及到车辆的控制系统、数据传输、用户隐私等多个方面,这也是汽车智能化发展至今急需引起关注的领域。

作为一本关于智能网联汽车的知识科普性书籍,这本书不仅涵盖了自动驾驶的技术层面,还关注了产业生态的构建,以及政策法规的制定。无论你是自动驾驶行业的从业者,还是对此领域感兴趣的读者,我都愿意推荐你阅读这本书,共同感受智能网联汽车带来的科技魅力,一起预见未来出行的美好蓝图。

——地平线创始人兼 CEO

中国市场在自动驾驶领域的快速发展，展现了无限的潜力，但市场对这一技术的理解也存在一定的偏差。我对于推动自动驾驶及其相关技术的进展充满热情，也有幸在多个专业场合分享有关自动驾驶、智能网联等领域的见解，但我认识到普及这些知识的重要性远远超出了行业内部的讨论。

当我初次翻阅这本书的目录时，我被其涵盖问题的广泛性所吸引，这些问题不仅在专业领域内，也在日常生活中备受关注。继而阅读全书，深深感觉这是一本有价值的智能网联汽车科普书籍，它系统地介绍了智能网联汽车的各项技术，包括智能网联汽车的基本概念、无线通信、网络技术、导航定位、环境感知、ADAS等方面，并以问答的形式进行了专业的分析和详细的解读。无论是消费者还是行业从业者，都能由此获得一个全面了解智能网联汽车的视角。

我坚信，中国市场将继续在全球自动驾驶技术发展中扮演领导角色，引领我们步入一个更智能、更安全的未来。这一进程不仅需要业内人士的贡献，也离不开普通消费者的理解与支持，因此，我很愿意推荐这本书给所有对这一领域感兴趣的人。我相信，这本书将为你带来宝贵的知识和洞见。

——速腾聚创创始人、董事长兼首席科学家 邱纯鑫

前　言

纵观当下的全球汽车市场便不难发现，智能网联汽车的发展历史并不长。

1969 年，美国计算机科学家约翰·麦卡锡在《电脑控制汽车》一文中描绘了与自动驾驶汽车相似的想法；1995 年，卡内基梅隆大学研究人员 Dean Pomerleau 和 Todd Jochem 在公路上试驾了他们研制的无人驾驶汽车；从 2009 年开始，谷歌开始秘密开发现在被称为 Waymo 的无人驾驶汽车项目；2011 年，美国内华达州率先通过了自动驾驶汽车相关立法，解决了州公路上自动驾驶汽车的路试问题；2013 年，德国允许博世自动驾驶技术进行了路试；2014 年，《美国智能交通战略规划 2015—2019》提出将智能网联车和自动化作为两大主要发展目标；同年，日本政府发布将在 2030 年前普及不需要人为操作方向盘即自动行驶的全智能汽车预案；2015 年 5 月，我国国务院制定了明确的智能网联汽车技术路线图，随后，智能网联汽车在国内得到了飞速的发展。

时至今日，智能网联汽车在国内正处于渗透率快速提升的阶段，从工业和信息化部发布的《车联网（智能网联汽车）产业发展行动计划》、11 部委发布的《智能汽车创新发展战略》到国务院发布的《新能源汽车产业发展规划（2021—2035 年）》来看，智能网联汽车已成为我国的国家战略。

数据显示，2020 年，我国智能网联汽车渗透率在 15% 左右；2022 年我国搭载辅助自动驾驶系统的智能网联乘用车新车销售约 700 万辆，市场渗透率达到 34.9%；预测到 2025 年市场渗透率将超过 75%。反馈到消费端来看，智能网联汽车已经融入到了许多人的日常生活之中，车联网、智能座舱、语音交互、智能辅助驾驶等也愈发成为许多消费者茶余饭后的话题。

智能网联汽车以汽车为主体，融合多样化的现代智能科技，从而实现车辆与外部节点，包括车、路、行人、业务平台等之间的信息共享、信息交互、协同控制，从而达成安全、舒适、节能、高效的出行生活。它的终极目标是无人驾驶。智能网联汽车的渗透速度很快，无论是智能化还是网联化，都是当下消费者应该关注的重点。

从学生时代开始，笔者便对汽车有着浓厚的兴趣。数年前笔者毕业后进入大众、福特等跨国车企从事研发工作，并参与十余款新车型的设计开发。在此期间也曾外派去往德国大众进行项目沟通，时刻关注汽车设计、整车技术、智舱三电、智能网联、智能驾驶、行业趋势等，积累了一定的认知。自2014年开始，笔者持续在网络上创作发表各类汽车相关文章，其中有相当比例的内容为笔者对于智能网联汽车的知识科普，试图在为读者答疑解惑的同时，也能为促进行业的发展尽到绵薄之力。

由于一直都身处汽车行业，越来越多的朋友和读者会针对买车、用车等相关的问题与我进行讨论，针对智能网联汽车相关的时事趋势与我进行探究。在与读者朋友们互动之时我便发现，许多消费者对于智能网联汽车的认知还亟待提升。这也从另一个角度说明：智能网联汽车的大趋势，已然渗透到普通民众层面，越来越多的消费者对于与自己日常生活出行息息相关的智能网联汽车有着极大的兴趣。

然而，部分网络上或者刊物上的解读或太过专业不易理解，或过于片面零散，存在一定的认知偏差，甚至还有部分内容对于智能网联汽车的解读存在一定的谬误。因此，笔者试图基于自己多年来积累的智能网联汽车相关的知识，结合汽车科普内容创作的经验，系统性地为消费者普及智能网联汽车的相关知识，让读者对智能网联汽车的基本原理、设计理念、无线通信、网络技术、导航定位、环境感知、智能驾驶、信息安全等概念和功能有初步的了解。

本书与《一本书看懂智能低碳汽车》《一本书看懂新能源汽车》等系列丛书一起，依托于上海市科委"一区一特"重大科普项目——嘉定智能低碳汽车科普生态建设项目（项目编号：20DZ2306500）的支持开展编撰工作，汇聚了消费者对于智能网联汽车关注度极高的239个问题，并以问答的形式重点介绍了有关智能网联汽车的知识，具体内容包括智能网联汽车概述、智能网联汽车无线通信、智能网联汽车网络技术、智能网联汽车导航定位、智能网联汽车环境感知、智能网联汽车ADAS先进驾驶辅助、智能网联汽车其他技术以及智能网联汽车安全等。在本书的最后一章，笔者结合个人的理解分享了对智能网联汽车的行业现状及未来发展趋势的分析，试图用通俗易懂的文字、直观清晰的配图、生动形象视频来增强读者对智能网联汽车的理解。

目前来看，智能网联汽车处在商业化的飞速发展期，智能网联汽车也已经成为增长最强劲的市场之一，除了传统车企之外，各大互联网及IT行业巨头如百度、阿里、腾讯、小米等也纷纷入局，这也造就了当下百花齐放的盛况。从行业发展来看，消费需求升级、车企转型升级、汽车技术变革、移动互联网的飞速发展等，都在刺激着智能网联汽车的进一步发展，当然，这也与智能网联汽车行业千千万万工作者的辛苦付出密不可分。

我相信，更全面的智能网联、更高阶的智能驾驶会比预期来得更早，从这个角度而言，我希望本书的出版能为广大消费者进行一定程度的答疑解惑，为全面迎接智能网联时代做好准备。

在本书的内容创作过程中，杨宽先生参与了部分章节内容的创作，同济大学汽车学院陈力教授提供了莫大的支持和帮助，知名汽车行业分析师张翔博士为创作提供了宝贵的指导，除此之外我还得到了郭燮阳、赵琳玲、朱平、裴跃飞、朱雨时、李世通、刘晓东、董馨、方雄、刘功文、娄心洋、张涛、朱鋆、盛岚、王鹤霖、刘前、杨俨等汽车行业资深人士的支持，在此表示谢意；书中亦有部分文字引用于崔诚靓、丁一男、宋哲、唐传骏、马长春、李绅、罗志强等汽车行业资深从业者，一并致谢；感谢比亚迪汽车、奇瑞汽车、长城汽车、吉利汽车、长安汽车、上汽通用五菱汽车、岚图汽车、小鹏汽车、蔚来汽车、理想汽车、哪吒汽车、零跑汽车、小鹏汽车、阿维塔汽车、深蓝汽车、智己汽车、极越汽车、极狐汽车、鸿蒙智能汽车技术生态联盟、上汽通用汽车、福特汽车等各大车企在本书创作过程中提供的文字、图片和视频等素材，特别感谢中国汽车工程学会、中国人才研究会汽车人才专业委员会、上海市科委、同济大学汽车学院、东南大学汽车校友会、上海市科普作家协会、上海市嘉定区科委/科协、上海智能低碳汽车科普联盟等单位和组织的大力支持；另外，本书内部分内容亦有引用一些网络上的资料和图片，特向其作者和图片拍摄者、制作者表示深切的谢意。

十分荣幸的是，汽车科普大讲堂系列丛书的创作得到了中国汽车工程学会名誉理事长李骏院士、中国人才研究会汽车人才专业委员会朱明荣理事长、亚仕龙汽车科技（上海）有限公司创始人及总经理刘小稚女士等行业专家的鼓励，除此之外，也受到上海市科普作家协会终身名誉理事长卞毓麟教授、第十届理事长中国工程院院士钱旭红教授、第十届常务副理事长兼秘书长江世亮先生、第十一届理事长吴家睿先生、第十一届常务副理事长兼秘书董长军先生等多位科普前辈的影响，他们于无形之间给予了我很大的驱动力。特别感谢我的恩师浙江大学李德骏教授多年来在我做科研、做事、做人上的指引，对我的性格、行为、习惯的塑造起到了极大的榜样作用，即便已离校多年，至今亦万分受用。实际上，这也是创作耗时最长的一本书，我花费了大量的生活时间来研究业内前沿的硕博论文、行研报告和产品资料，以致这段时间把陪伴家人、教育孩子一事几乎全部都由我的爱人冉帆女士接手，在此也一并感谢家人的理解与支持！

汽车行业发展的速度确实太快了，受限于定稿时间，2023年下半年及之后的不少新技术和新产品没来得及更新进本书之中。此外由于编者水平有限，再加上智能网联汽车技术日新月异，书中不妥及错误之处在所难免，恳请读者不吝指正，读者有任何意见和建议请发送至 ershixiongcar@163.com，以便后续修订。

目 录

第 6 章
智能网联汽车 ADAS 先进驾驶辅助

第 7 章
智能网联汽车其他技术

01

第 1 章
智能网联汽车概述

问题001 什么是智能汽车?

根据国家发展改革委、工业和信息化部、科技部等11个部委于2020年2月24日联合发布的《智能汽车创新发展战略》，智能汽车是指通过搭载先进传感器等装置，运用人工智能等新技术，具有自动驾驶功能，逐步成为智能移动空间和应用终端的新一代汽车（图1-1）。

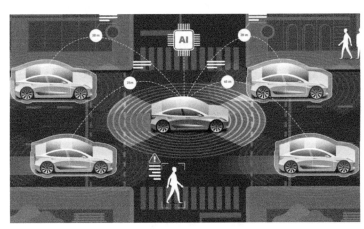

图 1-1 智能汽车

这个定义包含了两个要素，一是先进传感器，二是人工智能。

先进传感器主要用来搜集与车辆行驶以及周边路况的一切数据，人工智能则必须拥有强大的数据分析、处理能力。前者的代表性零部件之一是视觉传感器、毫米波雷达以及激光雷达等，这就好比是人类的眼睛；后者的代表性技术之一则是C-V2X车联网，包括与之相关的算力、数据、算法等，这就好比是人类的大脑。

对于智能汽车而言，它通过车载传感器、控制器、执行器、通信装置等实现的环境感知、智能决策、自动控制以及协同控制等功能，一般称为智能功能，其中，协同控制功能一般需要网联功能支持。

问题 **002** 什么是智能网联汽车?

关于智能网联汽车的定义,目前业内也有不同的表达。

根据工业和信息化部的定义,智能网联汽车(Intelligent & Connected Vehicle,ICV)是指搭载先进的车载传感器、控制器、执行器等装置,并融合现代通信与网络技术,具备复杂环境感知、智能化决策、自动化控制功能,使车辆与外部节点间实现信息共享与控制协同,实现"零伤亡、零拥堵",达到安全、高效、节能行驶的下一代汽车。

根据智能网联汽车分标委组织制定的《智能网联汽车 术语和定义》推荐性国家标准征求意见稿,智能网联汽车(Intelligent & Connected Vehicle,ICV)指的是利用车载传感器、控制器、执行器、通信装置等,实现环境感知、智能决策和 / 或自动控制、协同控制、信息交互等功能的汽车的总称。

整体来看,智能网联汽车的主要特征便是在智能汽车的基础上加了"网联"二字,对应的网联功能便是车辆利用通信技术实现与外界(如穿戴设备、行人、路面基础设施、交通环境内的其他车辆等)信息交互的功能,如图 1-2 所示。

图 1-2 智能网联汽车

智能网联汽车是在新一轮技术变革和产业重构背景下全新汽车产品生态体系的核心,也是实现汽车产业与技术转型升级的重要载体,大力发展智能网联汽车对于培育新的经济增长极、推动社会智能化转型、提高国家综合竞争力具有重要意义。

拓展阅读

中国汽车工程学会的研究表明,智能网联汽车技术的广泛应用可以使普通道路的交通效率提高 30% 以上。美国国家公路交通安全管理局(NHTSA)的官方数据显示,车辆与车辆通信技术的广泛应用能帮助避免高达 81% 的轻度碰撞事故。

问题 003　什么是车联网？

根据车联网产业技术创新战略联盟的定义，车联网（Internet of Vehicles，IoV）是以车内网（又称为车载网络）、车际网（又称为车载自组织网络）和车云网（又称为车载移动互联网）为基础，按照约定的通信协议和数据交互标准，在 V-X（即车与车、路、行人及互联网等）之间，进行无线通信和信息交换的大系统网络，是能够实现智能化交通管理、智能动态信息服务和车辆智能化控制的一体化网络，如图 1-3 所示。

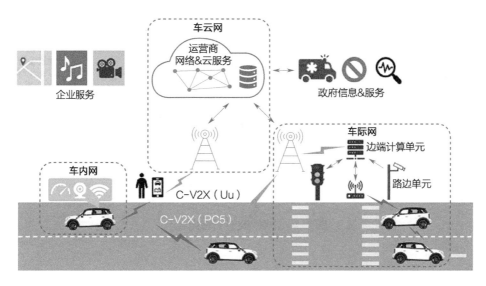

图 1-3　车联网

车联网的概念源于物联网（Internet of Things，IoT），简单理解就是，它由车内各种设备组成的车内网、车和交通环境（包括其他车辆、行人、交通设施等）组成的车际网，以及车际网与互联网之间组成的车云网组成，三者数据互通，共同实现车与人、车与车、车与路、车与基础设施、车与云，甚至车与家、车与互联网之间的交互，通过车联万物，最终实现智能交通、自动驾驶等功能，让出行生活更安全、更快捷、更环保、更高效。

问题 004　车联网能为我们做些什么？

基于对多样化信息的整合和处理，搭载车联网技术的智能网联汽车将有机会通过其具备的多种功能为驾驶员提供更智能、更便捷、更安全的服务，并且，这些服务除了会应用在汽车行业之外，还会对交通运输行业、IT 行业、金融保险行业等产生一定的推动作用。车联网具备的功能和相关的潜在应用如图 1-4 所示。

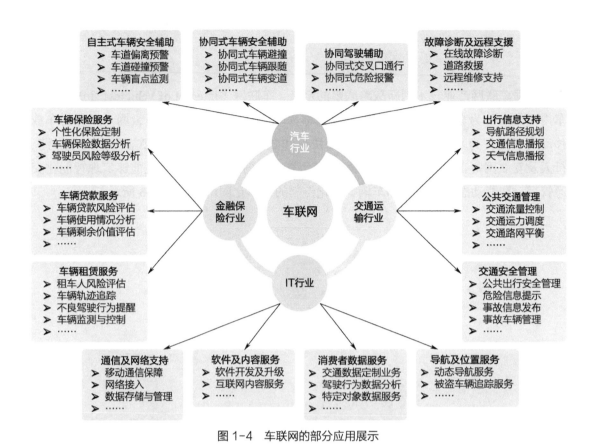

图 1-4　车联网的部分应用展示

什么是自动驾驶?

几年之前,"自动驾驶"这个概念经常被汽车厂商、媒体及消费者提及,然而,在一系列与自动驾驶功能有关的汽车交通事故发生以后,汽车业界开始采用更专业、更谨慎的说法:智能辅助驾驶。

简单来说,自动驾驶汽车行驶过程中必须像人一样"眼观六路耳听八方",同时又必须拥有比人更快的反应速度,如图 1-5 所示。只有在这种情况下,自动驾驶汽车才能像其他车辆一样上路行驶。

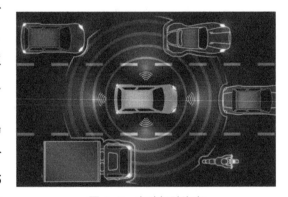

图 1-5　自动驾驶汽车

但不同的国家、不同的厂商,在自动驾驶技术方向上有很大差别,所掌握的技术水平也有明显区别。除此之外,低端车型与高端车型、乘用车与商用车、普通车辆与特种车辆,也难以采取同样的技术标准。

国外机构 Eno Centre for Transportation 的研究显示，如果美国公路上 90% 的汽车转变成自动驾驶汽车，每年的车祸数量将从 600 万起降至 130 万起，死亡人数从 3.3 万人降至 1.13 万人。

二维码视频 1-1
现代 NEXO L4 级
别自动驾驶测试

问题006　自动驾驶是如何分级的?

从全球范围内来看，对于自动驾驶等级的判定是有不同的标准的，比较主流的判定标准来自 SAE International（Society of Automotive Engineers，国际自动机工程师学会）2014 年 1 月制定的 SAE J3016 自动驾驶分级标准，其将自动化的描述分为 L0~L5 一共 6 个等级，用来明确不同级别的自动驾驶技术之间的差异性。随后在 2014 年 1 月的第一版、2016 年 9 月的第二版、2018 年 6 月的第三版之后，在 2021 年 5 月，SAE International 与 ISO（International Organization for Standardization，国际标准化组织）共同宣布将其更新为 J3016_202104，其中将 6 个级别的自动化驾驶进行了分类，并对相关分类进行了详细的定义，如图 1-6 所示。

图 1-6　SAE J3016 对自动驾驶汽车的分级与定义

其中，L0 表示无驾驶自动化，L1 表示驾驶员辅助，L2 表示部分驾驶自动化，L3 表示有条件的驾驶自动化，L4 表示高级驾驶自动化，L5 表示完全自动化。如果简单来理解的话，L3 是个分水岭，L0~L2 三个级别被划分为驾驶员支持系统，而 L3~L5 则被划分为自动驾驶系统，划分的依据便是：驾驶员是否需要时刻监管车辆。

在国内，针对自动驾驶功能的国家推荐标准 GB/T 40429—2021《汽车驾驶自动化分级》于 2022 年 3 月 1 日正式实施，驾驶自动化系统划被分为 0 级（应急辅助）、1 级（部分驾驶辅助）、2 级（组合驾驶辅助）、3 级（有条件自动驾驶）、4 级（高度自动驾驶）、5 级（完全自动驾驶）共 6 个等级，这 6 个等级也有着对应的 6 个标准，具体定义见表 1-1。

表 1-1　驾驶自动化等级与划分要素的关系

等级	名称	定义	持续的车辆横向或纵向运动控制	目标和事件探测与响应	动态驾驶任务后援	设计运行范围
0	应急辅助（emergency assistance）	系统不能持续执行动态驾驶任务的车辆横向或纵向运动控制，但具备持续执行动态驾驶任务中的部分目标和事件探测与响应的能力	驾驶员	驾驶员及系统	驾驶员	有限制
1	部分驾驶辅助（partial driver assistance）	系统在其设计运行条件下持续地执行动态驾驶任务中的车辆横向或纵向运动控制，且具备与所执行的车辆横向或纵向运动控制相适应的部分目标和事件探测与响应的能力	驾驶员和系统	驾驶员及系统	驾驶员	有限制
2	组合驾驶辅助（combined driver assistance）	系统在其设计运行条件下持续地执行动态驾驶任务中的车辆横向或纵向运动控制，且具备与所执行的车辆横向和纵向运动控制相适应的部分目标和事件探测与响应的能力	驾驶员及系统	驾驶员及系统	驾驶员	有限制
3	有条件自动驾驶（conditionally automated driving）	系统在其设计运行条件下持续地执行全部动态驾驶任务	系统	系统	动态驾驶任务后援用户（执行接管后成为驾驶员）	有限制

（续）

等级	名称	定义	持续的车辆横向或纵向运动控制	目标和事件探测与响应	动态驾驶任务后援	设计运行范围
4	高度自动驾驶（highly automated driving）	系统在其设计运行条件下持续地执行全部动态驾驶任务并自动执行最小风险策略	系统	系统	系统	有限制
5	完全自动驾驶（fully automated driving）	系统在其设计运行条件下持续地执行全部动态驾驶任务并自动执行最小风险策略	系统	系统	系统	无限制

除此之外，在国际上还有德国汽车工业联合会（VDA）、德国联邦交通研究所（BASt）也对自动驾驶等级进行了划分，但大致上与 SAE J3016 的划分较为相近。

不过，上述分类标准还是过于专业了一些，我们不妨看看一个来自于国际自动机工程师学会的一个简要汇总，如图 1-7 所示，它更简单直观一些。

来源：国际自动机工程师学会；BCG分析。

图 1-7　L0~L5 级驾驶自动化的简要描述

从这些定义中我们可以看出，此前部分汽车厂商们大力宣传的所谓"完全自动驾驶"，在当下的实际道路应用场景中并不存在，因为完全自动驾驶的定义是在任何道路和环境条件下，都不要求驾驶员接管驾驶。而这种级别的自动驾驶，目前只有少数厂商在封闭的测试道路上实现过，量产车型最高只停留在 L3 级别，即"功能要求时，驾驶员必须接管"。

全球首个量产L3级别的车型为2018款奥迪A8，如图1-8所示，当车速低于60km/h，奥迪A8的自动驾驶系统可接管驾驶任务，将驾驶员的双手、双脚、双眼"解放"出来。然而不久后，奥迪便放弃了L3级自动驾驶的推广，转而全力发展L2级和L4级自动驾驶技术。

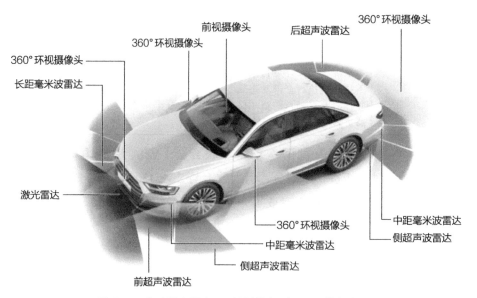

图1-8　全球首个量产L3级别的车型2018款奥迪A8

值得一提的是，埃隆·马斯克曾经多次宣称要在2020年年底实现完全自动驾驶，特斯拉搭载的FSD完全自动驾驶套件也已经售卖多年。但在2020年年底写给美国监管机构的邮件中，特斯拉"私下"承认了特斯拉的自动驾驶只有L2级别的驾驶辅助功能。

就目前来看，L2级别的辅助驾驶已经比较普遍，L3级别驾驶辅助功能也已经有部分车型在尝试。但更高等级的自动驾驶能否实现，就要打个问号了，消费者在购车时应该注意甄别。

拓展阅读

工业和信息化部装备工业一司副司长郭守刚2022年8月在第九届国际智能网联汽车技术年会上表示，我国L2级辅助驾驶乘用车新车市场渗透率已提升至30%。

问题007　什么是无人驾驶汽车？

从目前来看，国际标准化组织（ISO）、美国汽车工程师学会（SAE）等权威机构以及我国的国家标准均未给出无人驾驶汽车的确切定义。

从概念上来看，无人驾驶汽车是智能网联汽车的一种最高级形态，其通过车载传感器、摄像头、雷达、GPS 等获取汽车的状态和所处的环境，基于传感器技术、信号处理技术、通信技术、自动控制技术、计算机技术、人工智能技术等众多技术原理做出分析和判断并实现车辆的自主安全驾驶，从而实现无人控制的车辆依据自身意图和环境的拟人驾驶。图 1-9 所示，便是由极狐汽车和百度 Apollo 在 2021 年 6 月发布的无人共享车第五代 Apollo Moon。

图 1-9　第五代无人共享车 Apollo Moon

对于无人驾驶汽车而言，无人驾驶行为决策技术需要在环境感知技术的基础之上，结合自身任务需求，合理决策出当前车辆的行为。对于整个社会而言，无人驾驶汽车具有多个方面的意义，如图 1-10 所示。

图 1-10　无人驾驶汽车的社会意义

2021 年 9 月，百度发布了自动驾驶出行服务平台——"萝卜快跑"，面向消费者提供自动驾驶出行服务。部分城市开启主驾无人的自动驾驶出行服务，如 2022 年 5 月重庆市永川区发放了《智能网联汽车政策先行区（永川区）自动驾驶车辆无人化测试通知书》，百度成为首个在重庆获得"方向盘后无人"自动驾驶车辆测试许可的企业，出行车型

图 1-11　萝卜快跑自动驾驶出行汽车

如图 1-11 所示。截至 2022 年 6 月，萝卜快跑已在北京、上海、广州、深圳、重庆、武汉、长沙、阳泉、乌镇等城市开放运营，预计到 2025 年将扩展到 65 个城市，为更多消费者提供"方向盘后无人"的无人化自动驾驶出行服务。

来自《2021 百度自动驾驶出行服务半年报告》的一项调查显示，对于自动驾驶出行服务，79.4% 的消费者持愿意付费乘车的态度；而在付费使用后，91.2% 的消费者选择继续推荐给家人和朋友（图 1-12）。由此我们也可以看出，市场对于自动驾驶出行服务的接受度越来越高。

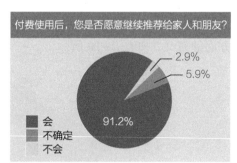

图 1-12　用户自动驾驶出行调查

问题008　辅助驾驶、自动驾驶和无人驾驶有什么区别？

按照自动驾驶技术等级划分来看的话，辅助驾驶指的是 L1 和 L2，自动驾驶指的是 L3~L5，其中，L5 又被称为是无人驾驶。如果从关系来看的话，应该是辅助驾驶＜自动驾驶＜无人驾驶，其中，无人驾驶又被称为全自动化驾驶。

在市场上，有些人"发明"了"驾驶作弊器"，譬如，在搭载有智能辅助驾驶功能的车辆上，为了监测驾驶员的双手是否脱离方向盘，工程师们在方向盘上设置了感应装置，一旦驾驶员双手离开方向盘，车辆就会发出报警，如果长时间不接管方向盘，驾驶辅助功能就会自动取消。针对此设置，有投机取巧者开始售卖"方向盘配重块"，使用配重器的自重模拟一个物理重量施加在方向盘上，从而让车辆监测不到驾驶员的双手离开方向盘，甚至有不良商家宣称使用该产品后可实现全自动驾驶。实际上，这是对消费者的严重误导，会带来巨大的安全隐患，消费者们一定要擦亮眼睛明辨是非。

二维码视频 1-2
辅助驾驶示意

二维码视频 1-3
Google Waymo 无
人驾驶示意

问题 009　智能网联汽车相关概念之间有何联系？

智能汽车、网联汽车、智能网联汽车、自动驾驶汽车、无人驾驶汽车等概念之间有着紧密的关系，如图 1-13 所示。

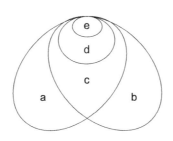

a—智能汽车　b—网联汽车　c—既可称为智能汽车又可称为网联汽车
a、b、c—均可称为智能网联汽车　d—自动驾驶汽车　e—无人驾驶汽车

图 1-13　智能网联汽车相关概念关系

问题 010　智能网联汽车的自动驾驶由哪三个核心环节构成？

智能网联汽车本质依然是汽车，可以是传统的燃油汽车，也可以是不同驱动形式的新能源汽车，其基于摄像头、雷达、GPS 等传感器或系统模块，通过环境感知技术获取车辆的环境信息，然后对道路、车辆、行人、交通标志、交通信号等信息进行识别并做出决策，再通过包括方向盘、加速踏板、制动踏板等执行器执行操作，从而保障行驶的安全性和舒适性。它主要由环境感知层、智能决策层、控制执行层三个部分组成，如图 1-14 所示。

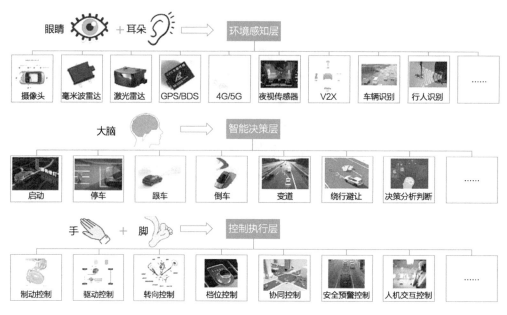

图 1-14　智能网联汽车的构成

这其中，环境感知层就像是智能网联汽车的"眼睛"和"耳朵"，通过雷达、摄像头等多种传感器的协调合作，以实现对车辆周围环境的全覆盖；智能决策层就像是智能网联汽车的"大脑"，通过各类控制器对环境感知层输入的信息进行集中融合处理以决策判断车辆将要执行的操作；而控制执行层就像是智能网联汽车的"手"和"脚"，其接收智能决策层的指令并对车辆进行操作和协同控制，以保障汽车的安全行驶和舒适驾驶。

问题 011　智能网联汽车是如何分级的?

智能网联汽车可分为智能化与网联化两个层面，二者相互协作。

其中，智能网联汽车的智能化分为 5 个等级，从 1 级到 5 级分别为：辅助驾驶阶段（Driver Assistance，DA）、部分自动驾驶阶段（Partial Automation，PA）、有条件自动驾驶阶段（Conditional Automation，CA）、高度自动驾驶阶段（High Automation，HA）和完全自动驾驶阶段（Full Automation，FA），见表 1-2。

智能汽车的网联化分为 3 级，从 1 级到 3 级分别为：网联辅助信息交互、网联协同感知和网联协同决策与控制，见表 1-3。

在智能化与网联化两条技术路径的支持之下，智能网联汽车可以协同实现信息感知和决策控制功能，如图 1-15 所示。

表 1-2　智能网联汽车的智能化分级

智能化等级	等级名称	等级定义	控制	监视	失效应对	设计运行范围	典型工况场景
驾驶员监视驾驶环境，执行部分动态驾驶任务							
1 Driver Assistance，DA	辅助驾驶	在特定的设计运行范围内，自动驾驶系统持续执行横向或者纵向运动控制的动态驾驶任务，其余动态驾驶任务由驾驶员执行	人与系统	人	人	有限制	自适应巡航，车道保持等
2 Partial Automation，PA	部分自动驾驶	在特定的设计运行范围内，自动驾驶系统持续执行横向或者纵向运动控制的动态驾驶任务，驾驶员执行失效应对和监视自动驾驶系统	系统	人	人	有限制	交通拥堵辅助，协同式自适应巡航，自动泊车等
自动驾驶系统监视驾驶环境，执行全部动态驾驶任务							
3 Conditional Automation，CA	有条件自动驾驶	在特定的设计运行范围内，自动驾驶系统持续执行全部动态驾驶任务，当系统发出接管请求或者系统出现故障时，用户需要接管系统并做出响应	系统	系统	人	有限制	高速公路、交通拥堵、商用车队列有条件自动驾驶等
4 High Automation，HA	高度自动驾驶	在特定的设计运行范围内，自动驾驶系统持续执行全部动态驾驶任务和负责失效应对接管，用户不需要响应系统发出的接管请求	系统	系统	系统	有限制	高速公路、城市、城郊、特定场景（如代客泊车）高度自动驾驶等
5 Full Automation，FA	完全自动驾驶	在任何可行驶条件下，自动驾驶系统持续执行全部动态驾驶任务和负责失效应对接管，用户不需要响应系统发出的接管请求	系统	系统	系统	无限制	所有行驶场景

表 1-3　智能网联汽车的网联化分级

网联化等级	等级名称	等级定义	典型信息	传输需求	典型场景	车辆控制主体
1	网联辅助信息交互	基于车-路、车-后台通信，实现导航等辅助信息的获取以及车辆行驶与驾驶员操作等数据的上传	地图、交通流量、交通标志、油耗里程等信息	传输实时性、可靠性要求低	交通信息提醒、车载信息服务、天气信息提醒、紧急呼叫服务等	人

（续）

网联化等级	等级名称	等级定义	典型信息	传输需求	典型场景	车辆控制主体
2	网联协同感知	基于车–车、车–路、车–人、车–后台通信，实时获取车辆周边交通环境信息，与车载传感器的感知信息融合，作为自车决策与控制协同的输入	周边车辆/行人/非机动车位置、信号灯相位、道路预警等数字化信息	传输实时性、可靠性要求高	道路湿滑预警、交通事故预警、紧急制动预警、特殊车辆避让等	人或系统
3	网联协同决策与控制	基于车–车、车–路、车–人、车–云平台通信，实时并可靠获取车辆周边交通环境信息及车辆决策信心。车–车、车–路等各交通参与者之间信息进行交互融合，达到智能协同，从而实现车–车、车–路等各交通参与者之间的协同决策与控制	车–车、车–路、车–云空间的协同感知，决策与控制信息	传输实时性、可靠性要求高	引导行驶速度、车辆间距、车道选择、协作式编队、交叉路口通行、匝道汇入等	人或系统

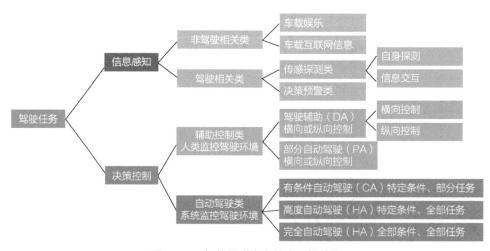

图 1-15　智能网联汽车技术逻辑结构

问题 012　智能网联汽车"三横两纵"技术架构指的是什么？

智能网联汽车是由汽车、信息、通信、交通、互联网等多个领域的技术融合而成，技术架构较为复杂。《智能网联汽车路线图 2.0》中搭建了"三横两纵"的技术架构，涵盖车辆关键技术、信息交互关键技术和基础支撑关键技术（"三横"），以及支撑智能网联汽车发展的车载平台和基础设施（"两纵"）等重点方向，细化来看，主要的关键技术如图 1-16 所示。

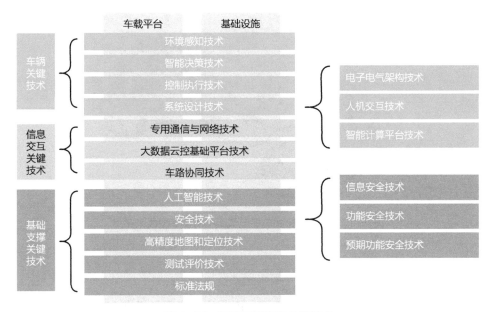

图 1-16　智能网联汽车关键技术

问题 013　什么是分布式电子电气架构？

讨论分布式电子电气架构前，我们先了解一下电子电气架构（Electrical/Electronic Architecture，EEA）的概念：它是汽车上所有的电子部件和电气部件以及它们间的拓扑结构和线束连接的总称。

分布式电子电气架构便是早期汽车上使用的一种架构形式，指的是不同功能对应有不同的电子控制单元（Electronic Control Unit，ECU），本质上来讲，ECU 都是单片机 MCU（Micro Control Unit），各种功能不同的 ECU 相对独立，它们控制着汽车的发动机、制动及车门等部件。常见的 ECU 有汽车发动机控制器（Engien Control Module，ECM）、传动系统控制器（TCM）、制动控制器（Brake Control Module，BCM）、电池管理系统（Battery Management System，BMS）等，不同 ECU 之间通过 CAN 总线、LIN 总线等协议进行连接，随着汽车上控制部件的不断增加，ECU 的数量也在不断增加，各个部件之间的通信、线束等也会变得更加复杂，如图 1-17 所示。如果把一辆车比喻为一个人的话，那么，汽车的机械结构相当于人的骨骼，动力、转向系统相当于人的四肢，电子电气架构则可以类比为人的神经系统和大脑，它是汽车信息交互的关键要素。

而随着智能化的飞速发展，智能网联汽车上的功能也越来越多，ECU 的数量也在与日俱增，而且不同的 ECU 可能来自不同的供应商，这意味着不同的嵌入式软件和底层代码，其兼容性和扩展性也存在较大的问题，如果依然采用过去的分布式电子电气架构的方式的话，意味着无论是工艺上、成本上、复杂性上还是整车线束的重量上，都会带来不小的挑战。因此，域控制器应运而生。

图 1-17　基于分布式电子电气架构的某车型线束布局

拓展阅读

　　统计数据显示，2000 年的奔驰 S 级上的电子系统已经拥有 80 个 ECU，1900 条总长度达 4km 的通信总线；2007 年上市的奥迪 Q7 和保时捷卡宴的总线长度则已经突破 6km，总重量超过 70kg，也成为了位列发动机之后的全车第二重的部件（总成）。时至今日，不少车辆的 ECU 已经突破了 200 个。

问题 014　什么是域控制器？

　　域控制器（Domain Control Unit，DCU）是一种具有强大硬件算力和各种软件接口的高速计算设备，它负责管理汽车多个系统中的子系统，目的是把汽车上一些功能相似但是又分离开来的 ECU 功能整合到一个比 ECU 性能更强的处理器上，从而实现各子系统之间的协作和优化匹配。简单来讲的话，一个域控制器就包含有过去多个 ECU 所对应的子系统的功能。

　　目前，包括博世、大陆等传统供应商将汽车域集中式电子电气架构划分为动力域、底盘域、信息娱乐域、自动驾驶域和车身域五大区域，每个区域推出相应的控制器，最后再通过 CAN 总线等通信方式连接至主通信链路甚至延伸至云端，从而实现整车的信息数据交互，如图 1-18 所示。

　　除了上述的"五域"的划分形式之外，有些厂商在五域集中式电子电气架构基础上进一步集成，比如把动力域、底盘域和车身域整合为车辆控制域，形成另外一种三域集中电子式电气架构，即车辆控制域、智能驾驶域、智能座舱域。例如大众采用的便是这样的架构方案，三个中央控制单元（In-Car Application Server，ICAS）分别为：车辆控制器 ICAS1、智能驾驶控制器 ICAS2、信息娱乐控制器 ICAS3。

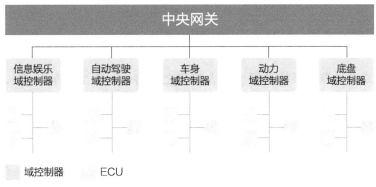

图 1-18　域集中式电子电气架构的"五域"划分

除此之外，小鹏汽车的电子电气架构也历经了从 EAA1.0 经由 EAA2.0 到 EAA3.0 的三个阶段，如图 1-19 所示，其中的 X-EEA 3.0 电子电气架构，其采用中央超算 HPC+4 个区域控制的高融合硬件架构，其中，中央超算负责车控、智驾、座舱三大功能，区域控制器分为前后左右 4 个，将更多控制件分区，并且根据就近配置原则，分区接管相应功能，大幅缩减线束长度。首款搭载 X-EEA3.0 架构的车型是小鹏 G9。

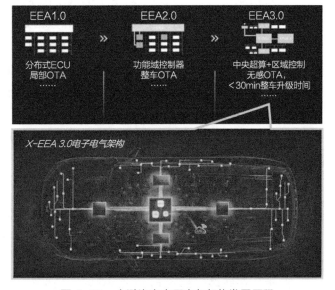

图 1-19　小鹏汽车电子电气架构发展历程

拓展阅读

提及域控制器，就不得不提及特斯拉了。2017 年，特斯拉在量产的 Model 3 车型上首次实现了区域集中式的电子电气架构，这一架构由一个中央计算机和三个区域控制器构成，分别是前车身控制模块、左车身控制模块和右车身控制模块。

其中，左、右车身控制模块分别负责左侧和右侧区域内的灯光、门锁、车窗、驻车制动卡钳等；在此基础上，右车身模块还具有两个独有的功能——热管理和自动泊车辅助系统；而前车身模块则主要为整车中各个控制器进行电源分配并且实时监测各个 ECU 的用电情况。由此不仅实现了不同 ECU 之间的协同控制、统一升级，还节省了算力，更降低了线束成本。

问题015 什么是中央集中式电子电气架构？

中央集中式电子电气架构是智能化大趋势之下的一种新型汽车电子电气系统的设计理念，它将车辆的各个电子设备和系统通过高速通信网络连接到同一个中央处理器上，实现对整个车辆的统一管理和控制。这种架构具有高效、可靠、灵活和可扩展性强等特点，是未来智能汽车发展的重要技术基础。它具有以下优势。

1）系统集成度高。中央集中式电子电气架构将车辆的各个部件和功能集成到一个中央处理器上，可以实现功能的高度整合和新功能的快速开发。

2）通信效率高。中央集中式电子电气架构采用高速通信网络连接各个设备，通信效率和速度大幅提升，有助于实现实时控制和数据处理。

3）可扩展性强。中央集中式电子电气架构具有良好的模块化设计，可以方便地添加新功能和升级现有功能，为汽车行业的持续创新提供支持。

4）系统安全性高。中央集中式电子电气架构可以对车辆的各个系统进行统一管理和监控，有助于提高整车的安全性能。

中央集中式电子电气架构是汽车行业未来发展的关键技术之一，将为智能网联汽车提供更为强大的技术保障。

图1-20所示，便是博世2017年提出的关于电子电气架构的战略图，分为6个小阶段，3个大的阶段，对应的分别是分布式电子电子架构（Distributed EEA）、（跨）域集中电子电气架构〔（Cross）Domaincentralized EEA〕和中央集中式电子电气架构（Vehicle Centralized EEA）。

① 模块化阶段：每个ECU负责特定的功能，随着汽车功能增多，这种架构显得复杂且冗余，不具备可持续性。

② 集成化阶段：单个ECU可以负责多个功能，ECU数量减少。

③ 域集中控制阶段：把可以集成的多项功能集中到一个域控制单元或域计算机，较阶段②ECU数量进一步减少，功能集中度更高。

④ 跨域融合阶段：多个域融合到一起由跨域控制单元或跨域计算机控制。

⑤ 车辆融合阶段：汽车搭载的中央车辆控制计算机行使区域ECU功能。

⑥ 汽车云计算阶段：将汽车的部分功能转移至云中，车内电子电气架构更加简化。

在阶段①、②时，汽车仍处于分布式电子电气架构阶段，ECU功能集成度低。

到了阶段③、④便为域集中和跨域的架构阶段，按照功能，一般把汽车分为动力与底盘域、座舱域、自动驾驶域、通信网关域、车身域六大部分。

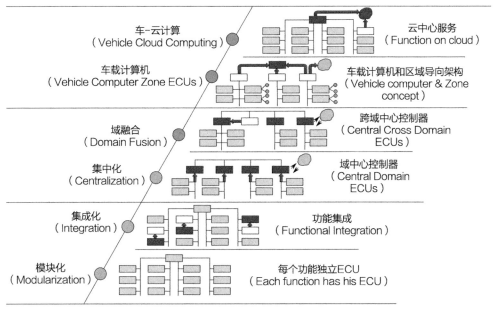

图 1-20　电子电气架构战略图

而到了阶段⑤，不再存在传统的车身域、动力域等，取而代之的是基于位置分布的"区域 Zone"，比如中域、左域和右域，采用就近原则进行布置，这样能够大量节省相关的线束布置和安装。

最终到了阶段⑥，统一由中央车载计算机控制或从云端控制，这个时候，软件和硬件会相互分离，传感器、线束、域控制器和其他硬件等将变得越来越标准化，而主要由软件去定义功能。

[拓展阅读]

为了进一步提升系统的功能集成度，一些车企已经在开始尝试将整车所有功能域的控制逻辑高度集中于中央计算平台的中央集中式电子电气架构，如图 1-21 所示，便是零跑汽车 2023 年 7 月发布的"四叶草"中央集成式电子电气架构，基于 1 颗 SOC 芯片 +1 颗 MCU 芯片打造中央超算，将座舱域、智驾域、动力域、车身域进行融合，可达成包括整车、车身、网关、热管理、仪表、中控、360° 环视、疲劳监测、泊车、哨兵、生命监测、警报、记录仪、功放、视频会议等 15 个模块的功能，目的是实现智能电动车核心部件的高效协同。值得一提的是，除四域外的另一域——底盘域控制器由于起步晚，成熟度相对较低，故而目前并未集成在"四叶草"架构内。

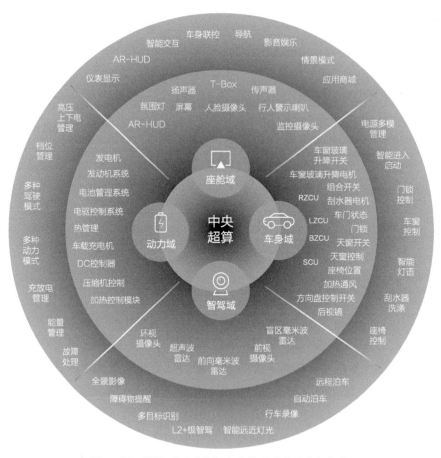

图 1-21 零跑"四叶草"中央集成式电子电气架构

问题 016 什么是"软件定义汽车"?

中央集中式电子电气架构的发展,让汽车硬件体系逐渐趋于一致,一个控制器硬件可以去适应很多软件要求,要求硬件的资源会更大、更冗余,与此同时也让软件的作用愈加凸显,软件逐步成为定义汽车功能的关键。

在软件定义汽车的时代,汽车生态发生了以下五个方面的变化。

(1)商业模式

从单纯卖车改变为卖车和卖服务,车企之前以卖车为主要盈利点,软件定义汽车后,车企可以通过软件的升级和更新,延伸到卖服务,车企和用户由"一锤子买卖"关系转变为"可持续合作"关系,汽车的硬件收入逐步降低,但软件收入增加。

(2)产品定义

汽车本身从之前的"两年一改脸,四年一换造型"转变为"千人千面",与智能手机类似，不同客户的需求可以通过软件来实现和精确满足。而汽车产品的定义从关注汽车性能（如动力、设计、能耗等），转变为更加关注以客户为中心的驾乘体验（如自动驾驶、互动、联网等）。

（3）研发流程

汽车的研发从"以硬件集成开发为主，软硬件同步开发"转变为"软件和硬件解耦单独开发"的流程，汽车产品上市之后，硬件已经完成开发，但软件依然在更新之中。

（4）人才结构

从传统以"硬件工程师为主"的人才构架转变为"懂汽车软件人才"的构架。

（5）供给关系

从"主机厂——级供应商—二级供应商的线性关系"到"主机厂—供应商的网状关系"的改变，软件供应商会深度参与到整车开发的前期流程。

以上五个方面的改变，将会对汽车行业产生长远且深刻的影响，这一改变的根本原因就是以汽车电子电气构架为基础的软件地位的大幅提升。

"软件定义汽车"这个话题，是在汽车电子电气构架从分布式向集中式演变这个大背景中出现的，它包含了众多的内容，这是本章或者说本书无法全部覆盖的。在这里想向读者传递的信息是，以后汽车软件的地位会越来越重要，未来不懂软件的汽车企业，就没有了"吃肉"的权利，只能维持越来越低的利润跟在别人后头"喝汤"，甚至彻底被市场淘汰。

问题 017　什么是智能座舱?

汽车智能座舱是指搭载先进的软硬件系统，具备人机交互、网联服务、场景拓展的人–机–环融合能力，为驾乘人员提供安全、智能、高效、愉悦等综合体验的移动空间，其包含人机交互、网联服务和场景拓展三个维度。智能座舱既需要为用户进行信息的智能化展示，同时还能主动理解并采取行动去满足用户需求，以求达到更舒适、更便捷、更高效、更贴合实际场景的出行体验，如图 1-22 所示。

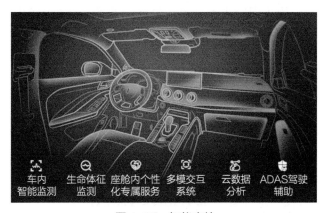

图 1-22　智能座舱

一般而言，智能座舱除了需要有液晶仪表、液晶中控屏、抬头显示、流媒体后视镜、智能座椅、智能氛围灯、语音交互、智能互联之外，还可能会包括人脸识别、后座娱乐系统等，它的主要构成如图 1-23 所示。

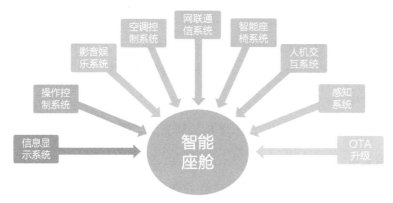

图 1-23　智能座舱系统构成

其中，各个系统的内容如下：

1）信息显示系统：如液晶仪表、流媒体后视镜、数字外后视镜等。

2）操作控制系统：如控制芯片、中控屏、方向盘等。

3）影音娱乐系统：如中控屏、副驾屏、后排娱乐屏等。

4）空调控制系统：如空调控制面板等。

5）网联通信系统：如蓝牙、Wi-Fi、NFC、Carplay、Carlife、多屏互联等。

6）智能座椅系统：如座椅智能调节、心率监测、体温监测等。

7）人机交互系统：如车机 HMI、语音识别、语音交互、手势控制等。

8）感知系统：如人脸识别、情绪识别、健康监控、多人识别、空气质量感知等。

除此之外，智能座舱还需要能进行 OTA 升级以进行深度学习进化，进而达到"常用常新""千人千面"的用户体验。

由中国汽车工程学会联合行业专业力量编制的《汽车智能座舱分级与综合评价白皮书》于 2023 年 5 月正式发布，该白皮书将智能座舱分为 L0~L4 共五级，见表 1-4。

表 1-4　智能座舱分级

层级	主要特征	人机交互	网联服务	场景拓展
L0 功能座舱	• 任务执行发生在舱内场景 • 座舱被动式响应舱内驾驶员和乘员需求 • 具备车机服务能力	被动交互	车机服务	舱内部分场景
L1 感知智能座舱	• 任务执行发生在舱内场景 • 座舱在部分场景下具备主动感知舱内驾乘人员的能力，任务执行需要驾驶员授权 • 具备面向驾乘人员的舱域服务能力	授权交互	舱域服务	舱内部分场景

（续）

层级	主要特征	人机交互	网联服务	场景拓展
L2 部分认知 智能座舱	• 任务可跨舱内外部分场景执行 • 座舱具备舱内部场景主动感知驾乘人员的能力，任务可部分主动执行 • 具备可持续升级的网联云服务能力	部分 主动交互	可升级 网联云服务	舱内外 部分场景
L3 高阶认知 智能座舱	• 任务可跨舱内外部分场景执行 • 座舱具备舱内全场景主动感知驾乘人员的能力，任务可部分主动执行 • 具备开放的网联云服务能力	部分 主动交互	开放 网联云服务	舱内外 / 舱外 部分场景
L4 全面认知 智能座舱	• 任务可跨舱内外全场景执行，舱内可以无驾驶员 • 座舱具备舱内全场景主动感知舱内人员的能力，任务可完全主动执行 • 具备云控平台服务能力	主动交互	云控平台 服务	舱内外 全场景

拓展阅读

　　谈及智能座舱的核心，必然离不开控制芯片，在当下的汽车座舱内，多屏联动、多传感器协作、数据实时传输等都与 SOC 芯片的性能息息相关。在当下，高通 SA8155P 车规级芯片便是各大车企的"宠儿"，如图 1-24 所示，在它内部，集成有 CPU（中央处理单元）、GPU（图像处理单元）、NPU（神经网络处理单元）、DSP（信号处理器）、RAM/ROM（内存）、各种 IO 接口等功能。

图 1-24　高通 SA8155P 车规级芯片

　　从售价十多万元的家用车，到三四十万元的高档车，无一不在以 8155 芯片为宣传的热点。实际上，高通骁龙 8155 芯片是高通发布的第三代智能座舱芯片，被命名为"汽车数字座舱平台"，其背后代表的是"一芯多屏"的控制方案，既可以减少多屏趋势下的芯片数量，也可以将多屏交互信息、HUD 等部件的协同交互信息等在芯片内部传输从而降低通信系统复杂度，由此，系统的可靠性也可以得到一定程度的提升。值得一说的是，8155 家族内还有性能级 SA6155P 以及至尊级 SA8195P 芯片以满足不同车企不同车型的不同需求，比如凯迪拉克 LYRIQ 便搭载了高通骁龙至尊级 SA8195P 芯片。

　　2021 年，高通第四代骁龙汽车数字座舱平台产品——高通骁龙 SA8295P 车规级芯片发布，如图 1-25 所示，它采用了 5nm 工艺，成为了全球首颗 5nm 工艺的车规级芯片。相比起当下被车企争抢的高通骁龙 SA8155P，高通骁龙 SA8295P 的像素支持能力和 3D 渲染能力都提升了 200%，算力达到了 30TOPS，几乎是 SA8195P 的 4 倍，2023 年开始装车。

图 1-25　高通骁龙 SA8295P 车规级芯片

问题 018　全球各国智能网联汽车有怎样的发展计划？

从全球范围内来看，智能网联汽车已是大势所趋，多个国家或地区也已经明确智能网联汽车产业的发展目标，如图 1-26 所示。

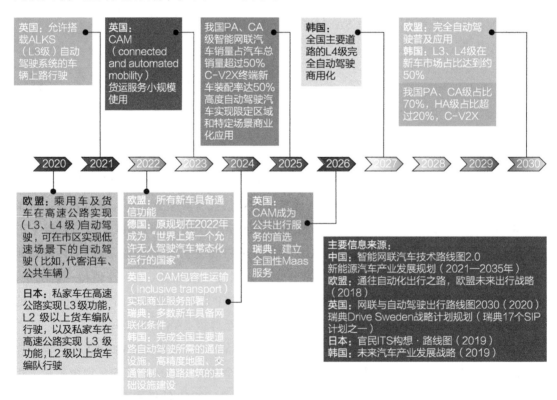

图 1-26　全球各国智能网联汽车产业发展目标

问题 **019**　国内智能网联汽车有怎样的发展计划?

在《节能与新能源汽车技术路线图 2.0》中，中国智能网联汽车的发展被分为 2025 年、2030 年和 2035 年三个时间段，不同时间段的目标不同，如图 1-27 所示。

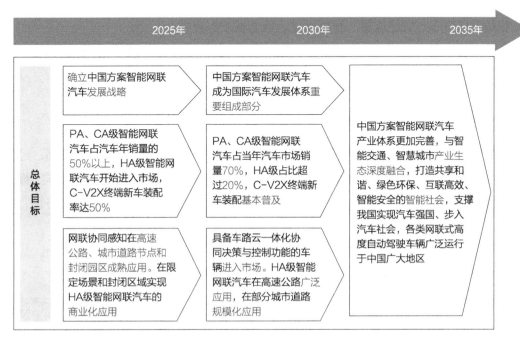

图 1-27　智能网联汽车的发展目标

（1）阶段一：现在到 2025 年

到 2025 年左右，HA 级自动驾驶技术开始进入市场，实现驾驶辅助（DA）、部分自动驾驶（PA）和有条件自动驾驶（CA）车辆市场占有率达到 80%，其中，PA、CA 级占比达到 50%，高度自动驾驶（HA）车辆开始进入市场，C-V2X 终端新车装配率达到50%。

具体来说，国产 L2、L3 级自动驾驶的智能网联汽车将占汽车总销量的 50%，C-V2X 终端新车装配率达到 50%，高度自动驾驶汽车（HA）开始进入市场。

（2）阶段二：2025—2030 年

到 2030 年左右，实现 HA 级智能网联汽车在高速公路广泛应用，在部分城市道路规模化应用；具体来看，PA、CA、HA 级智能网联汽车占当年汽车市场销量接近 100%，其中 PA、CA 级占比 70%，HA 级占比超过 20%，C-V2X 终端新车装配基本普及，具备车路云一体化协同决策与控制功能的车辆进入市场。

具体来说，国产 L2、L3 级自动驾驶的智能网联汽车在销量中的占比达到 70%，L4 级自动驾驶车型占比达到 20%，C-V2X 终端新车基本实现普及。

（3）阶段三：2030—2035 年

到 2035 年以后，HA、FA（完全自动驾驶）级智能网联车辆具备与其他交通参与者间的网联协同决策与控制能力，各类高度自动驾驶车辆广泛运行于中国广大地区，中国方案智能网联汽车与智慧能源、智能交通、智慧城市深度融合。

具体来说，到 2035 年以后，预计国产 L5 级自动驾驶的智能网联汽车将会开始应用。

问题020 国内智能网联汽车有怎样的发展路径？

在国内，无论是企业、行业层面，还是国家层面，对于智能网联汽车发展都已经达成了共识，虽然有不少挑战，但也有着清晰的发展路径，按照智能网联乘用车、智能网联货运车辆、智能网联客运车辆三个不同的方向，有着各自针对性的发展路径，如图 1-28~ 图 1-30 所示。

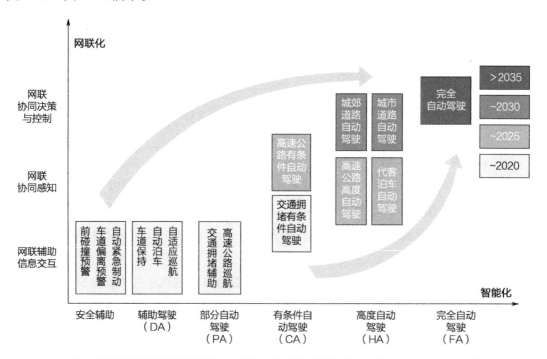

备注：路线图所研究的智能网联乘用车为轿车，其功能包括城市道路自动驾驶、停车场自动驾驶等。

图 1-28　智能网联乘用车发展路径

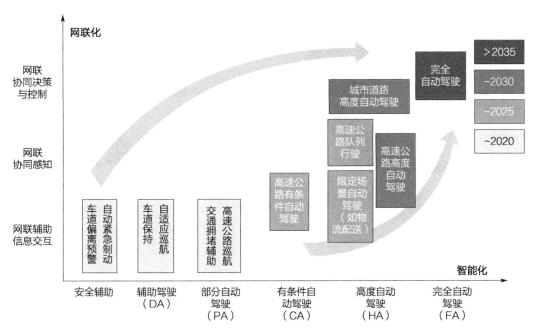

备注：路线图所研究的智能网联货运车辆包括中型、大型货车，以及目前在特定区域示范应用的新型物流配送车辆。

图 1-29　智能网联货运车辆发展路径

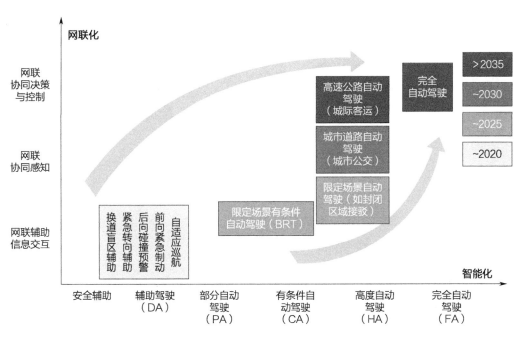

备注：路线图所研究的智能网联客运车辆包括用于城市公交、城际客运、社会团体等客车，以及目前在特定区域示范应用的新型通勤小巴。

图 1-30　智能网联客运车辆发展路径

第 2 章
智能网联汽车无线通信

问题 021　什么是无线通信技术?

无线通信技术(Wireless Communication)指的是一种以电磁波信号为载体在自由空间中传播以实现信息交换的通信方式。它由发射设备、传输介质和接收设备组成,并且发射设备和接收设备上需要有对应的天线装置以完成电磁波的发射与接收,可以传输声音、文字、数据、图像等,如图 2-1 所示。

图 2-1　无线通信系统组成框图

问题 022　无线通信系统如何分类?

在实际应用中,无线通信系统可以按照传输信号形式、无线终端状态、电磁波波长、传输方式和通信距离等进行分类。

(1)按传输信号形式分类

根据传输信号形式的不同,无线通信系统可以分为模拟无线通信系统和数字无线通信系统,见表 2-1。

表 2-1　无线通信系统按传输信号形式分类

名称	模拟无线通信系统	数字无线通信系统
定义	将采集到的信号直接进行传输，传输的信号是模拟信号	将采集到的信号转变为数字信号后进行传输，传输的是数字信号，只包括数字 0 和 1
示意		
说明	数字无线通信系统正在逐步取代模拟无线通信系统	

（2）按无线终端状态分类

根据无线终端状态的不同，无线通信系统可以分为固定无线通信系统和移动无线通信系统，见表 2-2。

表 2-2　无线通信系统按无线终端状态分类

名称	固定无线通信系统	移动无线通信系统
定义	固定无线通信系统指的是其终端设备是固定的	移动无线通信系统指的是其终端设备是移动的
示意		

（3）根据电磁波波长分类

根据电磁波波长的不同，无线通信系统可以分为长波无线通信系统、中波无线通信系统、短波无线通信系统、超短波无线通信系统和微波无线通信系统等，见表 2-3。

（4）根据传输方式分类

根据信道路径和传输方式的不同，无线通信系统可以分为红外通信系统、可见光通信系统、微波中继通信系统和卫星通信系统等，见表 2-4。

（5）根据通信距离分类

根据通信距离的不同，无线通信系统可以分为短距离无线通信系统和远距离无线通信系统，见表 2-5。

表2-3 无线通信系统按电磁波波长分类

名称	长波无线通信系统（低频通信系统）					中波无线通信通信系统	短波无线通信系统	超短波无线通信系统	微波无线通信系统（超高频电磁波系统）			
波名	极长波	超长波	特长波	甚长波	长波	中波	短波	超短波	分米波	厘米波	毫米波	丝米波
波长	10000~100000 km	1000~10000km	100~1000km	10~100km	1~10km	100~1000m	10~100m	1~10m	100~1000mm	10~100mm	1~10mm	0.1~1mm
频率	3~30Hz	30~300Hz	300~3000Hz	3~30kHz	30~300kHz	300~3000kHz	3~30MHz	30~300MHz	300~3000MHz	3~30GHz	30~300GHz	300~3000GHz
示意												
说明	长波主要靠地面波和经电离层折回的天空波来进行，它的传播距离由发射机的功率和地面情况等决定，主要应用于无线电导航，标准频率和时间的广播以及电报通信等					中波靠地面波和天空波两种方式传播，主要应用于本地无线电广播、海上通信无线电导航等	短波主要靠天空波来传播，能以很小的功率传送很远距离，主要应用于国际无线电广播等	超短波主要是直射波传播，传播距离很小，主要应用于调频广播、电视、无线电导航、雷达等	微波主要是直播波传播，因而天线辐射波束有利于定向传播；此外它的频率高，信道容量大，因而应用范围广，主要应用于移动通信、卫星通信、雷达定位测速、导航、气象通信、及发射电天文学等方面			

表 2-4　无线通信系统按传输方式分类

名称	红外通信系统	可见光通信系统	微波中继通信系统	卫星通信系统
定义	一种利用红外线传输信息的通信方式	一种利用可见光波段的光作为信息载体在空气中直接传输光信号的通信方式	一种利用微博视距传输特性采用中继站接力的方法的通信方式	以卫星作为中继站转发微波信号从而在多个地面站之间进行通信的通信方式
示意				

表 2-5　无线通信系统按通信距离分类

名称	短距离无线通信系统	远距离无线通信系统
定义	通信收发两端以无线电方式传输信号并且传输距离被限定在较短的范围内（一般是几百厘米到几百米）就可以称为短距离无线通信，低成本、低功耗和对等通信，是短距离无线通信技术的三个重要特征和优势	当无线通信传输距离超过短距离无线通信的传输距离时，便可以称为远距离无线通信
示意	蓝牙技术、ZigBee技术、Z-Wave技术、Wi-Fi技术、UWB技术、60GHz技术、IrDA技术、RFID技术、NFC技术、VLC技术、专用短程通信技术等	微波通信技术，2G/3G/4G/5G移动通信技术、卫星通信技术等

问题 023　什么是蓝牙技术？

　　蓝牙（Bluetooth）技术是一种基于低成本的近距离无线连接为固定和移动设备建立通信环境的一种短距离无线通信技术。它可以简化设备和互联网之间的通信，可以让一些便携移动设备和计算机设备等能够不需要电缆而是通过无线的方式进行相互之间的连接，通信距离范围为 0.1~100m。图 2-2 所示为蓝牙技术的应用。

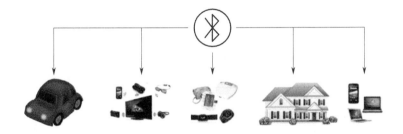

图 2-2　蓝牙技术的应用

自 1999 年蓝牙 1.0 发布以来，蓝牙技术至今已经发展至蓝牙 5.3 版本，其发展历程见表 2-6。整体来看，蓝牙技术具有适用范围广、可同时传输语音和数据、可建立临时性的对等连接、接口标准完全开放、模块体积小、模块功耗低、模块成本低等特点。随着蓝牙技术的不断发展，蓝牙技术在生活中的应用也会越来越多。

表 2-6　不同版本蓝牙对比

蓝牙版本	发布时间	最大传输速度	最大传输距离	说明
蓝牙 5.3	2021 年	42Mbit/s	300m	通过改善低功耗蓝牙中的周期性广播、连接更新以及频道分级，进一步提升了低功耗蓝牙的通信效率和蓝牙设备的无线共存性，同时功耗有所降低
蓝牙 5.2	2020 年	42Mbit/s	300m	增加了增强版 ATT 协议、LE 功耗控制和信号同步，连接更快，更稳定，抗干扰性更好
蓝牙 5.1	2019 年	48Mbit/s	300m	加入了测向功能和厘米级的定位服务，使得室内的定位会变得更加精准
蓝牙 5.0	2016 年	48Mbit/s	300m	针对低功耗设备速度有相应提升和优化，结合 Wi-Fi 对室内位置进行辅助定位，提高传输速度和质量，增加有效工作距离
蓝牙 4.2	2014 年	24Mbit/s	100m	改善了数据传输速度和隐私保护程度
蓝牙 4.1	2013 年	24Mbit/s	100m	让 Bluetooth Smart 技术最终成为物联网（Internet of Things）发展的核心动力，支持与 LTE 无缝协作
蓝牙 4.0	2010 年	24Mbit/s	100m	迄今为止第一个蓝牙综合协议规范，推出对低能耗（BLE）的支持，提出了低功耗蓝牙、传统蓝牙和高速蓝牙三种模式
蓝牙 3.0	2009 年	24Mbit/s	10m	推出高速（HS）模式
蓝牙 2.1	2007 年	3Mbit/s	10m	新增了 Sniff Subrating 省电功能，将设备间相互确认的信号发送时间间隔从旧版的 0.1s 延长到 0.5s 左右
蓝牙 2.0	2004 年	2.1Mbit/s	10m	新增的 EDR（Enhanced Data Rate）技术通过提高多任务处理和多种蓝牙设备同时运行的能力
蓝牙 1.2	2003 年	1Mbit/s	10m	对结合 1.0 版本暴露出的安全性问题完善了匿名方式，新增屏蔽设备的硬件地址（BD_ADDR）功能，保护用户免受身份嗅探攻击和跟踪
蓝牙 1.1	2001 年	810kbit/s	10m	正式列入 IEEE 802.15.1 标准
蓝牙 1.0	1999 年	723.1kbit/s	10m	确定使用 2.4GHz 频段，最大传输速度为 723.1kbit/s，最远传输距离可达 10m

问题 024 蓝牙技术在汽车领域有哪些应用？

在汽车行业，越来越多的汽车都内置了车载蓝牙功能，一般而言在车载中控屏中的连接或设置选项中就会有蓝牙图标表示蓝牙功能，用车载蓝牙来寻找手机蓝牙或者通过手机搜索车载设备以实现手机与汽车的链接，之后便可启用车辆的蓝牙功能。其应用包括车载蓝牙电话、车载蓝牙音响、蓝牙手机钥匙、蓝牙遥控泊车、蓝牙充电桩连接等。

（1）车载蓝牙电话

车载蓝牙电话可实现驾驶员通过语音指令控制接听或拨打电话，驾驶员可以通过车上的音响或者蓝牙无线耳机来进行通话，以提升行车安全性和驾乘舒适性，如图 2-3 所示。

图 2-3 车载蓝牙电话

（2）车载蓝牙音响

车载蓝牙音响可实现驾驶员通过蓝牙协议实现手机与汽车音响的互联，并通过汽车的音响系统来播放手机内的歌曲。

（3）蓝牙手机钥匙

蓝牙手机钥匙可帮助驾驶员用手机替代车钥匙的功能，从而实现手机开 / 锁车门、开启行李舱、启动车辆以及娱乐系统联动等功能，如图 2-4 所示。

a）宝骏 KiWi EV 蓝牙手机钥匙

b）宝骏 RC-6 蓝牙手机钥匙

图 2-4 蓝牙手机钥匙

此外，借助这个钥匙可以实现双手捧着物品走到汽车后部时自动解锁行李舱盖，或者是在丢失钥匙的情况下无需更换实体钥匙而只需要重新发放新的数字钥匙即可；甚至还可以共享钥匙权限给其他人使用，并且还可以设置使用权限和使用时长，让共享用车不再烦恼，如图 2-5 所示。

图 2-5　长安 CS75PLUS 蓝牙手机钥匙远程分享功能

二维码视频 2-1
长安 CS75PLUS 蓝
牙手机钥匙远程分
享功能

（4）蓝牙遥控泊车

蓝牙遥控泊车可帮助驾驶员在下车后通过手机 APP（手机蓝牙）控制车辆停到狭窄的车位中，随后完成熄火、锁车等操作，并通过 APP 告知用户泊车完成情况及泊车后的车辆状态，如图 2-6 所示。

（5）蓝牙充电桩连接

蓝牙充电桩连接可帮助新能源汽车智能充电桩自动识别车主，在车辆与充电桩通过蓝牙协议完成连接后，如果车辆靠近充电桩，蓝牙会自动匹配从而在无需刷卡的情况下直接充电，如图 2-7 所示。

图 2-6　WEY 玛奇朵蓝牙遥控泊车　　　　图 2-7　问界 M5 蓝牙充电桩连接

问题 025　什么是 ZigBee 技术？

ZigBee 技术是一种以 IEEE802.15.4 标准为基础发展起来的应用于短距离和低速率下的双向无线通信技术，在过去又被称为"HomeRF Lite"或"FireFly"技术。它可以工作在 2.4GHz（全球流行）、868MHz（欧洲流行）和 915MHz（美国流行）三个频段上，分别具有最高 250kbit/s、20kbit/s 和 40kbit/s 的传输速率，传输距离一般在 10~100m 的范围内，在增加发射功率后，传输距离可以进一步增大。

ZigBee 技术具有功耗低、成本低、速率低、延时短、容量高、安全性高、可靠性高等特点，并且，ZigBee 技术支持地理定位功能，利用 ZigBee 技术最多可组成 65000 个无线微功率收发节点的庞大网络。目前，它在数字家庭领域、工业领域、智能交通领域有着比较广泛的应用。

拓展阅读

关于 ZigBee（紫蜂）技术的命名，有一个很有趣的故事。蜜蜂在发现花丛后会通过一种特殊的肢体语言来告知同伴新发现的食物源的位置、距离和方向，这种肢体语言就是蜜蜂之间一种简单传达信息的方式，借此意义，ZigBee 便成为新一代无线通信技术的命名。

问题 026　ZigBee 技术在汽车领域有哪些应用？

ZigBee 技术在汽车领域有比较多的应用，主要包括在汽车轮胎压力检测系统中的应用、在车辆自动识别系统中的应用以及其在智能交通中的应用等。

（1）ZigBee 技术在汽车轮胎压力检测系统中的应用

汽车轮胎压力检测系统（Tire Pressure Monitoring System，TPMS）包含有轮胎压力传感器、控制器、射频发射器和接收机等，每一个车轮轮胎内的压力传感器将监测到的轮胎内的压力、温度等信息通过射频发射器从轮胎内部的 ZigBee 传感器从节点传送给驾驶室里的 ZigBee 传感器主节点并显示在显示屏系统中以供驾驶员了解车况，如图 2-8 所示，一旦出现异常便会报警并提醒驾驶员采取措施，以确保安全。

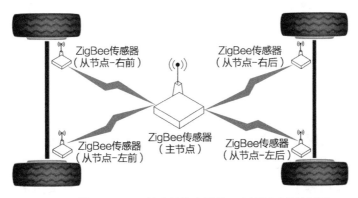

图 2-8　基于 ZigBee 技术的汽车轮胎压力检测系统控制图

有人可能会问，那么多的短距离无线通信技术，为何偏偏是 ZigBee 技术应用于汽车轮胎压力检测系统呢？其实原因也很简单，除了成本低、能耗小、可靠性高之外，由于 ZigBee 设备的地址是全球唯一的，因而可以准确定位出故障轮胎，而不会在车辆和车辆之间造成信号干扰，如图 2-9 所示。

图 2-9　长安 CS75PLUS 搭载的 TPMS 胎压监测系统

（2）ZigBee 技术在车辆自动识别系统中的应用

在一个基于 ZigBee 技术的车辆自动识别系统中，包含有车载子节点（终端设备）、数据采集单元（路由器）、ZigBee 网关（协调器）、手持观测器（如手机终端等）和控制中心共五个部分，其组成系统如图 2-10 所示。

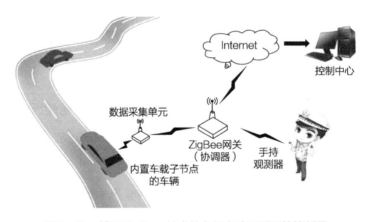

图 2-10　基于 ZigBee 技术的车辆自动识别系统控制图

其中，车载子节点内包含两类信息：一类是车辆发动机、车架号、车牌号等车型固有信息，另一类是利用车载传感器元件采集到的动态信息。当带有车载子节点的车辆进入监控路段时，路边的数据采集单元便会激活车内的车载子节点并发出命令让子节点向其传输数据，数据采集单元接收到数据后转交给 ZigBee 网关进行处理后传输至交通警察的手持观测器中，信息也可以同步通过 Internet 传输至控制中心。

（3）ZigBee 技术在智能交通中的应用

在一个基于 ZigBee 技术的智能交通系统中，由 ZigBee 中心通过 ZigBee 主节点对 ZigBee 参考节点进行综合管理的三级网络控制如图 2-11 所示。在每个交通路口设置 ZigBee 主节点（将其定义为网络协调器），在道路周边设置大量固定的 ZigBee 子节点（将其定义为路由器），每个主节点通过管理 254 个子节点来组成一个 ZigBee 分网络，每个 ZigBee 中心可以管理 254 个 ZigBee 主节点（对应 254 个 ZigBee 分网络），即在理论上可以控制最多 254 个交通路口。与此同时，在行驶的每台车辆上可以装上基于 ZigBee 技术的便携式移动装置，每台车便成为一个移动的 ZigBee 子节点。当车辆行驶至这个由 ZigBee 主节点控制的智能交通网络范围内时，车内的 ZigBee 模块将会被激活，作为一个待测子节点被归入此网络中，信息也会被传输至 ZigBee 中心，从而实现对车辆的跟踪、定位等监测。

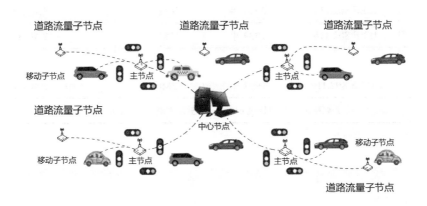

图 2-11　基于 ZigBee 技术的智能交通系统控制图

除此之外，根据未来智能网联汽车的需求，ZigBee 技术还可以有更广泛的应用，比如酒精探测器、加速度传感器等，在采集好用户或用户车辆的信息之后，再通过车载的 ZigBee 便携式移动装置进行数据处理后发送给后台及周围环境中的其他车辆。

问题 027　什么是 Wi-Fi 技术？

Wi-Fi 中文翻译为"行动热点"，是一种基于 IEEE802.11 标准发展而来的短距离无线通信技术，迄今为止已发展至第 7 代，见表 2-7。最新版本的 Wi-Fi 也常被写成"WiFi"或"Wifi"，但这是一种没有被 Wi-Fi 联盟认可的表达方式。

Wi-Fi 技术具有覆盖范围广、传输速率快、辐射小、无需布线、容易组建等优势，但同时其也有一定的劣势，比如其信号会随着与接入点距离的增加而减弱，其信号也会因为遇到障碍物而发生不同程度的折射、反射、衍射等从而让信号传输受到干扰，此外，Wi-Fi 信号传输也比较容易受到同频率颠簸的干扰从而导致信号的不稳定。目前市面上搭载 Wi-Fi 技术的设备很多，包括个人计算机、游戏机、MP3 播放器、智能手机、平板电脑、打印机、笔记本电脑以及其他可以无线上网的周边设备。

表 2-7　不同版本的 Wi-Fi 对比

Wi-Fi 版本	Wi-Fi 标准	发布时间	最高速率	工作频段
Wi-Fi 7	IEEE 802.11be	2022 年	30Gbit/s	2.4GHz，5GHz，6GHz，
Wi-Fi 6	IEEE 802.11ax	2019 年	11Gbit/s	2.4GHz 或 5GHz
Wi-Fi 5	IEEE 802.11ac	2014 年	1Gbit/s	5GHz
Wi-Fi 4	IEEE 802.11n	2009 年	600Mbit/s	2.4GHz 或 5GHz
Wi-Fi 3	IEEE 802.11g	2003 年	54Mbit/s	2.4GHz
Wi-Fi 2	IEEE 802.11b	1999 年	11Mbit/s	2.4GHz
Wi-Fi 1	IEEE 802.11a	1999 年	54Mbit/s	5GHz
Wi-Fi 0	IEEE 802.11	1997 年	2Mbit/s	2.4GHz

2.4GHz（802.11b/g/n/ax），5GHz（802.11a/n/ac/ax）

问题 028　Wi-Fi 技术在汽车领域有哪些应用？

Wi-Fi 技术在汽车领域的应用主要包括 Wi-Fi 投屏和 Wi-Fi 上网等。

（1）Wi-Fi 投屏

对于搭载了 Wi-Fi 技术的汽车而言，无论是安卓系统还是 IOS 系统用户，都可以通过 Wi-Fi 连接实现手机向车载大屏的投屏，将手机屏幕显示的内容传送到车载大屏上，无论是影音娱乐，还是街机游戏，或者是导航地图等，都可以便捷使用，如图 2-12 所示。

图 2-12　长安逸动 Plus Wi-Fi 投屏

（2）Wi-Fi 上网

对于搭载了 Wi-Fi 技术的汽车而言，驾驶员或乘客的个人计算机、手机及其他手持设备等都可以在搜索到车载 Wi-Fi 信号之后通过车辆接入互联网，从而将车辆的网络流量分享给车内的局域网，以方便大家的上网需求，提升用户体验。

问题 029　什么是超宽带（UWB）技术？

超宽带（Ultra Wide Band，UWB）是一种利用纳秒级至皮秒级（通常每个脉冲持续的时间为十几皮秒到几纳秒之间）非正弦波窄脉冲进行直接调制从而使信号具有 GHz

量级的带宽的短距离无线通信技术。对于 UWB 而言，其信号宽带需大于 500MHz 或者信号宽带与中心频率之比大于 25%，也被称为脉冲无线电、脉冲雷达或无载波技术等。

UWB 技术具有定位精度高（可达到厘米级）、抗干扰性强、传输速率高（可达 1Gbit/s）、带宽宽、容量大、发射功率低、保密性好、通信距离短等特点，如图 2-13 所示。虽然其诞生于 20 世纪 60 年代，但早期主要应用于军事领域，而随着苹果 2019 年将 UWB 技术内置到 iPhone11 中后，业界对于 UWB 的热度再次掀起。目前，UWB 技术在个域网、智能交通系统、无线传感网、射频标识、成像应用等多个领域都有应用。

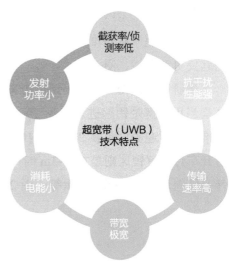

图 2-13　超宽带（UWB）技术特点

问题 **030** 超宽带（UWB）技术在汽车领域有哪些应用？

在汽车领域，在许多场景都可以有 UWB 技术的应用，接下来，我们便以 UWB 技术在数字钥匙、车辆定位、V2X 等领域中的应用来举例说明。

（1）数字钥匙

所谓数字钥匙，指的是把手机当钥匙而不需要实体钥匙，通过无线技术实现手机的定位功能，只要合法的手机处于车辆周围规定的区域内，便可以实现不同的功能。

2021 年 7 月，CCC 联盟发布了汽车数字秘钥 3.0 版规范，明确了第三代数字钥匙是基于 UWB/BLE（蓝牙）+NFC 的互联方案。从系统角度而言，UWB 数字钥匙融合了 UWB、BLE、NFC 三种无线通信技术，这其中，蓝牙的作用是唤醒和传输授权，UWB 主要是实现车端和钥匙端的测距以实现精准定位，NFC 可以作为手机没电的情况下备用的无线技术。图 2-14 所示为大陆集团基于精准定位的智能进入系统，车辆的位置 1~4 的四个角落有 4 个 UWB 收发器，车内位置 5 和位置 6 的区域布置有蓝牙和 UWB 的收发器，根据车辆的具体需求，可以考虑在 7 的位置增加一个蓝牙和 UWB 的收发器。驾驶员无需拿起任何东西，即可直接使用自己的智能手机安全解锁和启动车辆。

Ⅲ UWB收发器
Ⅲ UWB/BLE收发器

图 2-14　基于 UWB 的数字钥匙系统

例如，蔚来 ET7 便搭载了基于 UWB 技术的数字钥匙，通过 UWB 技术来实现车门解锁，实现厘米级精准定位，携带手机即可实现无感进出，比需要一顿操作的传统智能钥匙要更加智能、便捷。

清研智行的 UWB 数字钥匙方案就对用户进入车辆前的场景进行了三层划分：定位区是当用户携带钥匙进入车辆 20m 范围内，车辆便通过蓝牙信号进行识别并开启 UWB 精准定位；迎宾区是在 3~10m 内时（可根据实际需求进行差异化设置），车辆迎宾功能打开车灯；解锁区则是在 1~3m 时（可根据实际需求进行差异化设置），车辆自动解锁并伴有转向灯闪烁、喇叭提示等（图 2-15）。

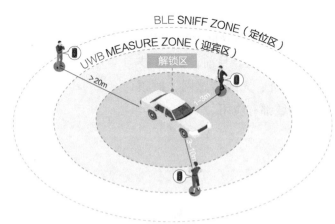

二维码视频 2-2
清研智行 UWB 数
字钥匙

图 2-15　清研智行 UWB 技术进入的三层场景

值得一说的是，在当下的市场中，目前苹果、三星、小米的手机可支持 UWB 功能，但距离手机端全面普及可能还需要几年的时间。

（2）特殊场景下的车辆定位

在诸如地下停车场等场景下，由于 GPS 等卫星信号弱，并且光线阴暗，此时传统的依赖于激光 / 毫米波 / 视觉等定位方式存在一定的可靠性问题，如果有基于 UWB 技术的泊车方案，在停车场内安装一些 UWB 定位基站，通过车内的传感器，便可以计算出车辆的相对位置，从而可以让这类场景下的车辆定位相关的应用场景，如自动泊车、停车场找车等更为高效便捷，如图 2-16 所示。

图 2-16　基于 UWB 技术的特殊场景下的车辆定位

（3）特殊场景下的车用无线通信技术 V2X 实现

在诸如立交桥、隧道及城市峡谷等场景下，由于 GPS 等卫星信号弱，很容易出现信号丢失，此时如果可以把 UWB 设备安装在路侧单元中，再与车内的 UWB 单元进行通信，同样可以基于车用无线通信技术 V2X 实现信息传递的作用，如图 2-17 所示。

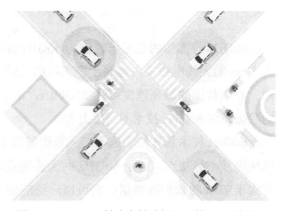

图 2-17　UWB 技术在特殊场景下的 V2X 实现

除此之外，UWB 技术还可以在车辆内部检测、脚踢开尾门、智能交通等场景中展开深入应用，甚至可以在换电站等区域进行布置，从而可以有效提升在这些场景中的定位精度。

拓展阅读

纵观整个汽车钥匙的发展史，我们不难发现，其经历了从机械钥匙到遥控钥匙再到 PEPS 钥匙，再到现如今的数字钥匙等阶段，如图 2-18 所示。最新的第三代数字钥匙不仅可以避免忘带钥匙、丢失钥匙、找不到钥匙、钥匙被锁车里、手里拿了很多东西腾不出手拿钥匙

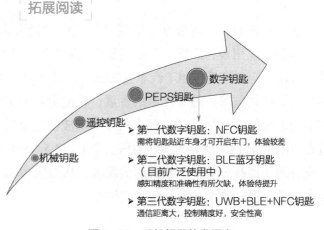

图 2-18　手机钥匙的发展史

等尴尬场景，还有着无需携带、无感使用、便捷共享等优势，此外还可以通过加入安全时间戳提升其防攻击能力，从而提升用车安全性。

在此基础上，全场景数字钥匙（云钥匙、手机 NFC 车钥匙、蓝牙钥匙、机械钥匙）应运而生。以比亚迪旗下车型搭载的全场景数字钥匙为例，除传统机械钥匙外，2022 款宋 MAX DM-i 用户可以通过云钥匙、蓝牙钥匙或手机 NFC 车钥匙进行操作。通过比亚迪汽车 APP 可以在云端直接解锁车辆，即使在无网络的环境下，可以通过提前在手机上完成设置的蓝牙钥匙或 NFC 钥匙，也能轻松完成解锁功能；在数据安全方面，NFC 车钥匙遵循全球车联网联盟 CCC 规范，对所有隐私数据采用本地加密存储策略，不上传云端或网络，也不允许第三方程序访问，安全有保障。

问题031 什么是 60GHz 技术?

60GHz 技术指的是通信载波为 60GHz 左右频段通信的无线通信技术,采用的是波长为 5mm 的无线电磁波,也属于毫米波的范畴,能实现设备间 1~10Gbit/s 的超高速无线传输,原始数据的最高速度可达 25Gbit/s。举个简单的例子,用 Wi-Fi 技术需要传输近 1h 的数据,用 60GHz 技术只需要几秒。

60GHz 技术具有传输速率高、频谱资源丰富、抗干扰能力强、安全性高、方向性强、模块尺寸小等特点,由于 60GHz 的无线频点处于大气传播中的衰减峰值,因而不适合距离大于 2km 的长距离通信。它可以广泛应用于个域网、大文件传输、医疗成像、汽车防撞预警系统等领域。

问题032 60GHz 技术在汽车领域有哪些应用?

在汽车领域,车规级毫米波雷达使用的频段大多为 24GHz、60GHz 和 77GHz,其中,24GHz 应用最为广泛,主要用于中短距探测,主要应用有盲点监测、变道辅助预警等;77GHz 也已广泛应用于汽车 ADAS 和自动驾驶,主要面向 100~250m 的中长距探测,例如自适应巡航等。随着技术的发展,精度更好的 77GHz 正在逐渐蚕食 24GHz 毫米波雷达的市场份额,而 60GHz 的车规级毫米波雷达也在日本等少数国家进行定位服务。不过在 2015 年日内瓦世界无线电通信大会上,77.5~78.0GHz 频段被划分给无线电定位业务,以支持短距离高分辨率车载雷达的发展,从而使 76~81GHz 都可用于车载雷达,为全球车载毫米波雷达的频率统一指明了方向。

拓展阅读

在频段受限的情况下,60GHz 技术以其高于 24GHz 技术的性能成为全球工业场景中雷达传感应用更合适的选择。例如,德州仪器开发的基于 60GHz 技术的毫米波传感器可实现无接触手势检测;安富利采用 60GHz 毫米波雷达实现非接触式生命体征检测;谷歌也发布了一种 60GHz 毫米

图 2-19 英飞凌 XENSIV™ 60GHz 雷达芯片

波雷达芯片,用于更轻松的跟踪和分析睡眠质量;英飞凌开发的 XENSIV™ 60GHz 雷达芯片为物体赋予"眼睛",为人机界面的变革助力,如图 2-19 所示。

问题033　什么是 IrDA 红外技术？

IrDA（Infrared Data Association，红外线数据标准协会，成立于 1993 年 6 月）红外技术是一种由红外线数据标准协会指定的利用红外线（波长为 750nm~1mm、频率为 0.3~400THz 的电磁波）进行点对点信息传输的通信方式。它的频率高于微波而低于可见光，是一种人的眼睛看不到的光线，可传输语言、文字、数据、图像等信息。

红外线可分为三部分：近红外线（高频红外线，能量较高），大致的波长范围是 0.75~2.5μm；中红外线（中频红外线，能量适中），大致的波长范围是 2.5~25μm；远红外线（低频红外线，能量较低），大致的波长为 25~1000μm。按发送速率来区分的话，IrDA 数据通信也可以分为三大类：串行红外（Serial Infrared，SIR）、中红外（Mid-infrared，MIR）和高速红外（Fast Infrared，FIR）。其中，SIR 的速率覆盖了 RS-232 端口通常支持的速率（9600bit/s~115.2kbit/s）；MIR 可支持 0.576Mbit/s 和 1.152Mbit/s 的速率；高速红外通常用于 4Mbit/s 的速率，有时也可用于高于 S1R 的所有速率。通常而言，IrDA 数据通信采用近红外线，波长范围限定在 0.85~0.9μm 之内。

IrDA 红外技术具有稳定性高、功率低、成本低、连接方便等特点，但与此同时，这种信号传输方式比较容易受到墙壁等障碍物的阻碍，另外，收发端必须要尽量对准才能提高通信效率（红外线发射角度一般不超过 30°），因而适用于小型、封闭的区域。其在生活、军事、医学、汽车等领域有较为广泛的应用，我们日常见到的许多小型的移动设备，如笔记本电脑、掌上电脑、机顶盒、游戏机、移动电话、仪器仪表、数码相机以及打印机等都搭载有这一技术。

问题034　IrDA 红外技术在汽车领域有哪些应用？

在汽车领域，IrDA 红外技术最广为人知的应用便是汽车夜视系统（Night Vision System，NVS）。这是一种利用红外成像技术辅助驾驶员在黑夜中看清道路、行人和障碍物等，从而减少事故发生，增强主动安全性的系统。基于工作原理的不同可将其分为两种：被动红外夜视系统（远红外，FIR-Far Infrared Ray）和主动红外夜视系统（近红外，NIR-Near-Infrared Ray）。

（1）被动红外夜视系统

被动红外夜视系统通过热成像技术，其基于目标与背景的温度和辐射率差别，接受人、动物等发热物体发出不同的红外辐射，并利用辐射测温技术对人、动物等目标进行逐点测量，从而形成人、动物等的热图像。图 2-20 所示为奥迪 A8L 搭载的被动红外夜视系统，其拍摄角度为 24°，有效成像范围为 300m。

这里需要提醒一点，由于被动红外夜视系统本身没有光源而仅仅对目标物体发出的光线进行识别，因而只能对温度明显高于环境温度的物体或活体做出反应；而且，图像的清晰度与天气情况和时间段有比较大的关系，比如前方如果有行人，在特定情况下是可以识别的，但如果是前方车辆突然制动，这个系统并不能识别前方的制动灯，所以在驾驶的时候仍不能只盯着车内的显示屏。

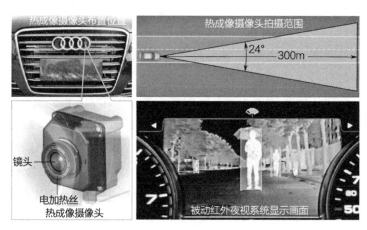

图 2-20　奥迪 A8L 搭载的被动红外夜视系统

（2）主动红外夜视系统

顾名思义，主动红外夜视系统采用的是主动红外成像技术，其利用车上搭载的红外光源主动发射近红外线，然后把人、动物等目标反射或自身辐射的红外信号转换成人眼可观察的图像。这个系统的前提是必须具备人造光源（LED、激光器等），因而即便是不发出热量的物体也可以被识别并通过图像处理技术输出到显示屏上。图 2-21 所示为岚图 FREE 搭载的主动红外夜视系统，可实现 ≥ 95% 的识别率，可监测的距离为 150m。

图 2-21　岚图 FREE 搭载的主动红外夜视系统

问题 035　什么是 RFID 射频识别技术?

射频识别技术（Radio Frequency Identification，RFID）是 20 世纪 80 年代逐渐发展起来的一种通过无线射频方式进行非接触双向数据通信从而达到识别目标和数据交换目的的技术，常被称为感应卡、非接触卡、电子标签、电子条码等。

RFID 系统一般由电子标签（TAG）、阅读器（Reader，也被称为应答器，Transponder）和数据管理系统等组成，如图 2-22 所示。

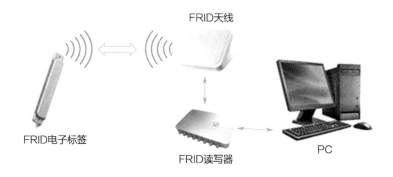

FRID天线

FRID电子标签

FRID读写器

PC

图 2-22　RFID 射频识别技术系统组成

其工作流程是：阅读器发射一定频率的无线电波能量给电子标签，电子标签接收到阅读器发出的信号之后便在感应电流所获得的能量的驱使下将内部的产品信息等数据送出，此时阅读器便接受并解读数据，并发送给应用软件系统进行相应的处理。

其中，电子标签一般是由耦合元件及芯片组成，每个电子标签都有一个全球唯一的 ID 号码——UID（用户身份证明）存储在芯片的 ROM 中；阅读器是识别电子标签后将标签信息输入至数据管理系统的设备；另外，电子标签和阅读器之间的射频信号传递是通过天线来实现的，当电子标签的天线进入到阅读器发送的射频信号能量的空间时便会接收电磁波能量，从而实现二者之间的通信。从 RFID 阅读器和电子标签之间的通信及能量感应方式来看，RFID 射频识别技术可以分为两类：感应耦合方式和反向散射耦合方式。前者大多适用于低频 RFID 射频识别系统，后者适用于高频 RFID 射频识别系统。

依据电子标签的供电方式，RFID 射频识别系统可以分为三类：无源 RFID、半有源 RFID 和有源 RFID，见表 2-8，当下应用最广的是无源 RFID。

综合来看，RFID 射频识别技术具有读取便捷性高、识别速度快、穿透性较强（可穿透纸张、塑料等非金属非透明材质）、使用寿命长、标签上数据可以加密、存储数据容量大、存储信息更改便捷、可适应恶劣环境（防水、防磁、耐高温）等优点，目前在多个行业均有广泛的应用。

表2-8   RFID 射频识别系统按电子标签供电方式分类

名称	无源 RFID	有源 RFID	半有源 RFID
定义	又称为被动式 RFID，在收到读卡器的微波信号后，可将部分微波能量转化为直流电供自己作业，当无源 RFID 标签靠近 RFID 读卡器时，无源 RFID 标签的天线将接收到的电磁波能量转化成电能，激活 RFID 标签中的芯片，并将 RFID 芯片中的数据发出	又称为主动式 FRID，指标签工作的能量由电池提供，电池、内存与天线一起构成有源电子标签，作业电源完全由内部电池供给，与此同时也有部分电池的能量供给转换为电子标签与阅览器通信所需的射频能量	又称为低频激活触发技术，通常情况下半有源 RFID 标签处于休眠状态，仅对标签中保持数据的部分进行供电，因此耗电量较小，可维持较长的时间，当标签进入射频识别阅读器识别范围后再激活
工作特点	属于近距离接触式识别类，主要工作频率有低频 125kHz、高频 13.56MHz、超高频 433MHz 和 915MHz	具有远距离自动识别的特性，主要工作频率有微波 2.45GHz 和 5.8GHz，超高频 433MHz	阅读器先以 125kHz 的低频信号在小范围内精确激活标签使之进入工作状态，再通过 2.4GHz 的微波与其进行信息传递
优点	体积小，重量轻，成本较低，无需供电可终生使用，可制成不同形状适应不同场景	作用距离远，可达几十米甚至上百米	灵活性高，近距离激活定位，远距离识别及上传数据
缺点	通信距离受到限制，通常在几米以内	体积大，成本高，使用时间受到电池寿命的限制	价格比无源 RFID 贵，但比有源 RFID 便宜
应用方向	饭卡、公交卡、银行卡、宾馆门禁卡、身份证等	智能医院、智能停车场、智能交通、物联网等	工厂流水线、交通系统自动收费、交通系统车辆身份识别等

问题036   RFID 射频识别技术在汽车领域有哪些应用？

在汽车领域，得益于 RFID 技术对高速移动目标快速识别的特性，其可用于汽车无钥匙进入/启动系统、汽车电子标识等，此外，其在交通信息采集与监管、交通信号灯优化控制等领域有着更多更广的应用。

（1）汽车无钥匙进入/启动系统

汽车 PEPS 无钥匙进入/启动系统（Passive Keyless Entry/Passive Keyless Start，PKE/PKS，业内也合并成为 PEPS）是基于 RFID 无线射频技术和车辆身份编码识别技术开发的一种小型化、小功率射频通信方案，如图 2-23 所示。

通常而言，在一个 PEPS 系统中，会在车内布置 3 根低频天线，目的是检测钥匙

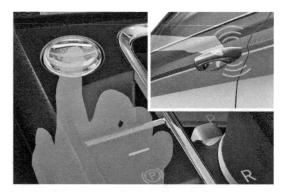

图 2-23   大众宝来基于 RFID 技术的汽车无钥匙进入/启动系统

是否在车内；在车外，前排两侧的外门把手内也各有一根天线（对于部分全车搭载无钥匙进入功能的车型而言，四个外门把手内都会有天线），驾驶员携带智能钥匙进入特定范围后（部分车型需要按下门把手上的微动开关），ECU 便会与智能钥匙产生双向通信，通过低频信号来判断智能钥匙的当前位置，通过钥匙反馈的高频信号验证车主身份，如验证正确，便会解锁车门（或行李舱盖）；而在上车后，只需要按下一键启动开关便可启动车辆，如图 2-24 所示。

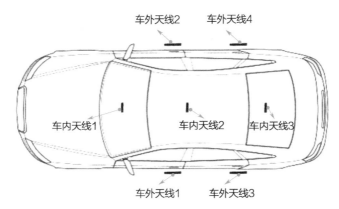

图 2-24　基于 RFID 的 PEPS 系统天线布置示意图

（2）汽车电子标识

汽车电子标识（Electronic Registration Identification，ERI）又叫汽车数字化标准信源，俗称"电子车牌"，就像是汽车的身份证一样。它基于 RFID 射频识别技术，通过在汽车上安装一个芯片，以实现高速状态下对车辆身份的识别、动态的监测以及汽车流量的监测等功能，其工作原理如图 2-25 所示。

图 2-25　基于 RFID 的汽车电子标识工作原理

在使用寿命方面，电子车牌要求芯片中的数据保存时间不少于 10 年，数据可擦写次数不小于 10 万次，如图 2-26 所示。它的主要功能和作用可以分为四个方面：防伪、防借用、防盗用、防拆卸。其主要应用场景包括：交通违法（违章）行为的识别；快速辨别假牌/套牌、故意遮挡号牌、逾期未年检车辆及逾期未报废车辆等违法行为；不合法上路车辆及违停识别；动态监测道路交通状况；实施公交信号优先控制和停车诱导服务等。

值得一说的是，目前已经有车型将 RFID 技术应用于无线电池管理系统（wireless Battery Management System，wBMS），如图 2-27 所示。在提高系统可靠性、安全性的同时，它还能提高电池包装配效率，减少电池包相关线束的用量，降低电池包的技术复杂性和整体成本。目前，搭载这一技术的凯迪拉克 LYRIQ 锐歌已经量产。

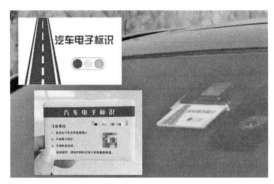
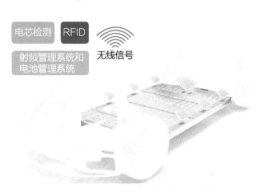

图 2-26　汽车电子标识实体卡及安装位置　　图 2-27　基于 RFID 技术的无线电池管理系统

问题 037　什么是 NFC 技术？

NFC（Near Field Communication）技术是一种通过频谱中无线频率部分的电磁感应耦合方式传递信息，允许电子设备之间进行非接触式点对点信息传输的短距离高频无线通信技术。看上去，NFC 和 RFID 的物理设计比较相似，但二者依然有不少区别：NFC 采用的是 13.56MHz 频率，传输距离比 RFID 要小，一般在 20cm 以内；传输速率有 106kbit/s、212kbit/s 和 424kbit/s 三种。

NFC 有三种工作模式，分别为读卡器模式（Reader/Writer Mode）、卡模拟模式（Card Emulation Mode）和点对点模式（P2P Mode）。在手机市场中，支持这三种模式的便可以被称为"全功能 NFC"。

（1）读卡器模式

读卡器模式又称为主动模式，在这种模式下，NFC 终端作为一个读卡器发出射频信号，在识别到目标 NFC 设备之后对其进行读写操作。例如，某些展览信息、广告、海报上有个 NFC 的感应区，把手机放上去就可以读取对应的内容，又如获取公交站站点信息、公园地图、商品的打折促销信息等，都属于读卡器模式的操作（图 2-28）。

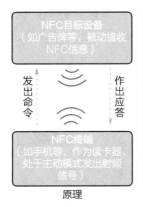

图 2-28　NFC 读卡器模式原理及应用场景

（2）卡模拟模式

卡模拟模式又称为被动模式，在这种模式下，NFC 终端被模拟成了一张卡并在 NFC 目标设备发出射频信号中被动响应，被 NFC 目标设备完成读写操作。卡模拟模式可以将具有 NFC 功能的设备（如手机）等模拟各种非接触卡，如信用卡、门禁卡、优惠券、会员卡等，并且像正常卡片一样去使用，在日常生活中应用非常广泛（图 2-29）。

图 2-29　NFC 卡模拟模式原理及应用场景

（3）点对点模式

点对点模式又称为双向模式，在这种模式下，NFC 终端和 NFC 目标设备都可以主动发出射频信号来建立点对点的通信。例如，我们用手机与手机或手机与个人计算机之间通过点对点模式来相互传一些照片或者电子书，又如将支持 NFC 功能的打印机和手机相连接后把手机拍摄的照片快速在打印机上打印出来，都属于点对点模式的操作（图 2-30）。

通过 NFC 技术，我们可以交换数据、图片和视频等信息，目前，NFC 技术已经成为得到越来越多主流厂商支持的正式标准，在移动支付、身份证识别、设备连接等多个领域都有着广泛的应用。

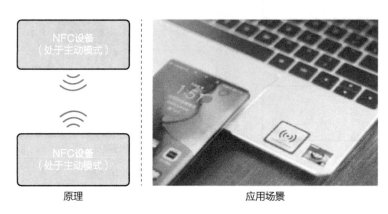

原理　　　　　　　　　　　应用场景

图 2-30　NFC 点对点模式原理及应用场景

问题 038　NFC 技术在汽车领域有哪些应用？

在汽车领域，NFC 技术最广泛的应用之一便是 NFC 钥匙，其又有两种形式：NFC 卡片钥匙和手机 NFC 车钥匙。

NFC 卡片钥匙的应用代表是特斯拉。以 Model 3 为例，用户只需要将黑色 NFC 卡片钥匙放置于 B 柱车门解锁感应区域时，感应器感应到 NFC 信号后车辆便可解锁；进入车内，将 NFC 卡片钥匙放置到杯托后方感应区域后，便可启动车辆，如图 2-31 所示。

图 2-31　特斯拉 Model 3 NFC 卡片钥匙

NFC 手机车钥匙是通过车企 APP 来完成的，针对车辆具有这一功能的用户，可在 APP 内开通 NFC 卡片，激活车钥匙功能，随后便可以使用手机在指定感应区域（例如比亚迪旗下车型的感应区域在驾驶员侧外后视镜标识区）轻轻一刷就可以完成车辆解锁、上锁的动作；并且，手机在亮屏、灭屏及关机状态均能使用，如图 2-32 所示。值得一说

图 2-32　比亚迪宋 MAX DM-i 手机 NFC 车钥匙

的是，这一功能还支持授权多部手机，从而实现共享，如果手机丢失，在其他手机上登录账号就能删掉丢失手机的解锁权限。

问题 039　什么是 VLC 技术？

可见光通信（Visible Light Communication，VLC）技术，是指利用可见光波段（380~780mm）的光作为信息载体而不使用光纤等有线信道的传输介质，实现在空气中直接传输光信号的一种通信方式。其核心便是在 LED 灯内加入微小芯片，使其成为通信基站，甚至还具备精准定位功能（图 2-33）。

VLC 技术具有响应时间短、无辐射、高速率、宽频谱、低成本、高保密性、高实用性、寿命长等优点，但同时，其也有着信号易遮挡（比如无法穿墙）、传输距离短、数据难回传、无专用探测器、产业化推广难等缺点。因此，在目前 VLC 技术的应用并不算太广泛，离真正的产业化还需要一段时间。

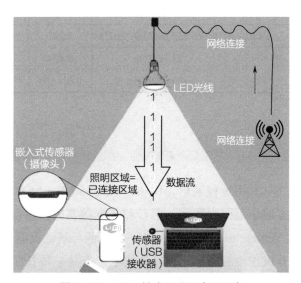

图 2-33　VLC 技术原理及应用示意

问题 040　VLC 技术在汽车领域有哪些应用？

半导体工业技术的飞速发展使得 LED 在市场中尤其是在交通设施和车载照明系统上的应用愈发广泛，这也为 VLC 技术在智能交通、车联网等领域中的应用提供了契机。例如，在智能交通系统中，可以利用车灯、路灯、交通灯、广告牌等 LED 载体为信息的发送端，在不影响原功能的情况下，实现车辆对车辆（如车辆 A 的车灯作为信息发送端，车辆 B 的光电探测器作为信息接收端）、车辆对交通设施（如车辆的车灯作为信息发送端，固定在交通设施上的光电探测器作为信息接收端）、交通设施对车辆（路灯、交通灯作为信息发送端，固定在车辆上的光电探测器作为信息接收端）之间的可见光通信，从而实现信息的交互，带来更好的出行体验。

问题 041　各种短距离无线通信技术有何特点？

各种短距离无线通信技术的主要特点见表 2-9。

表2-9　各种短距离无线通信技术特点对比

技术名称	工作频率	传输速率 /（Mbit/s）	通信距离 /m	发射功率 /MW	安全性	成本	应用范围
蓝牙（5.3）	2.4GHz	4	300	1~100	高	适中	无线个域网
ZigBee	0.868/0.915/2.4GHz	0.02~0.25	10~100	1~3	中	较低	无线个域网
Wi-Fi	2.4/5GHz	600	300~900	100	低	较高	无线个域网
UWB	0.5~7.5GHz	500~1000	< 10	< 1	高	较高	无线个域网
60GHz	57~66GHz	> 1000	1~10	10~500	高	较高	无线个域网
IrDA	0.3~400THz	16	0.1~1	< 40	高	较低	无线个域网
RFID	0.125/13.56/433/915MHz	0.001	< 10	10	高	较低	无线个域网
NFC	13.56MHz	0.424	0.2	10	高	较低	无线个域网
VLC	400~800THz	0.01~500	1000~2000	—	—	—	无线个域网

问题042　什么是专用短程通信（DSRC）技术?

专用短程通信（Dedicated Short Range Communication，DSRC）技术是一种高效地实现小范围内图像、语音和数据等实时、准确、可靠进行双向传输，从而将车辆与车辆（Vehicle to Vehicle，V2V）、车辆与基础设施（Vehicle to Infrastructure，V2I）之间进行有机连接的短程无线通信技术，也是一种长距离RFID技术，又称为电子标签。国际上，DSRC技术曾出现3个主要的工作频段：800~900MHz、2.4GHz和5.8GHz频段；我国的DSRC是指ETC系统专用的5.8GHz通信技术。

DSRC系统由车载单元（On Board Unit，OBU）、路侧单元（Road Site Unit，RSU）和专用通信链路三个部分组成，通过OBU与RSU提供车间与车路间信息的双向传输，RSU再通过有线光纤将交通信息传送至后端智能运输系统平台（Intelligent Transport System，ITS）内进行数据交互，如图2-34所示。

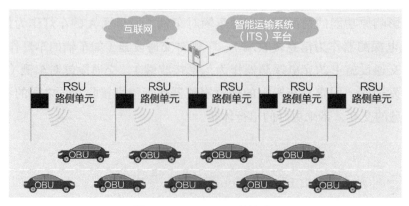

图2-34　DSRC系统构成

问题 043　DSRC 技术在汽车领域有哪些应用?

在汽车领域,DSRC 技术的初衷便是开发避免车辆碰撞相关的应用,这些应用依靠 V2V、V2I 之间的频繁数据交换实现通信,从而提高道路安全和交通效率。目前,DSRC 在电子不停车收费系统、V2X 通信等中有着比较广泛的应用。

(1)汽车电子不停车收费系统

汽车电子不停车收费系统(Electronic Toll Collection,ETC)是通过车载电子标签与在收费站 ETC 车道上的微波天线之间通过专用短程通信,从而实现车辆通过高速公路或桥梁收费站无需停车便能缴纳高速公路或桥梁费用的一种技术。在我国,ETC 采用的是工作频段为 5.8GHz 的 RFID 技术。

ETC 系统由车载电子标签、读写器、环路感应器、中心管理系统等构成,储存有车辆信息的车载电子标签一般安装在前风窗玻璃下,读写器安装在收费站边,环路感应器安装在车道地面下。其系统原理图如图 2-35 所示。

图 2-35　基于 RFID 的电子不停车收费系统

当车辆进入收费站口并被环路感应器感知到时,环路感应器会向读写器发出询问信号,安装在车辆上的嵌入式车载单元(On Board Unit,OBU)做出响应并进行双向通信和数据交换,收费站的读写器对车载电子标签进行读写识别,便可自动从预先绑定的射频卡或者银行账户上扣除对应的通行费用,无需停车,也无需人工缴费,从而可以快速通过收费站,进一步提升用车便利性和道路通畅性。有统计数据显示,高速公路上采用人工系统对客车进行收费耗时一般为 20s 左右,而采用 ETC 系统仅需 1~3s。

(2)V2X 通信

在一个基于 DSRC 的 V2X 通信系统之中,车辆与车辆之间、车辆与基础设施之间会持续通过 DSRC 进行一定频率的通信。例如,车辆可以通过车载 DSRC 设备向其他车辆发送自己的位置、车速、方向等信息,其他车辆收到这些信号时便可以进行判断,并在必要时采取一定的声、光、振动等措施提醒驾驶员,以使其采取必要的安全措施。

当然,对于 DSRC 在 V2X 通信系统中的应用,也存在一定的挑战,比如如何提高其可靠性以应对不同的天气、路况等,以及如何处理危险误报和危险漏报等。

拓展阅读

汽车电子标识（ERI）系统和汽车电子不停车收费系统（ETC）之间的差异对比如图2-36所示。

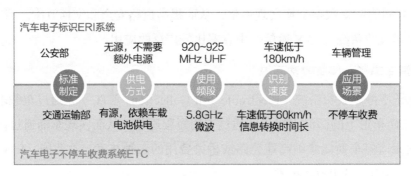

图2-36　ETC和ERI的区别对比

问题044　什么是微波通信技术？

微波通信（Microwave Communication）指的是使用频率范围300MHz~3THz、波长范围为0.1mm~1m的微波作为载波以携带信息进行通信的一种方式。微波通信不需要电缆、光纤等固体介质，也不需要卫星参与，而是直接使用微波作为介质进行通信。

微波通信需要传输的双方之间没有障碍时便可进行微波通信，也被称为视距传输（发送天线和接收天线之间没有障碍物阻挡，可以相互"看见"），因而容易受到山体、建筑物的影响，当然，也会受到地球表面弧度的限制。对于安装在正常高度的铁塔上的微波天线而言，其传输距离可达50km左右（中间没有障碍物），因此，如果需要进行远距离信号传输，那就需要进行"接力"，增加微波中继转接站，如图2-37所示。

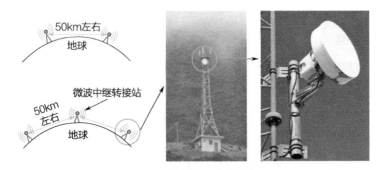

图2-37　微波接力通信示意图

微波通信具有频率范围宽、通信容量大、传输比较稳定、抵御破坏能力强、设备功耗低等优势，是现代通信网中的主要信号传输方式之一，主要应用于电话 / 电视信号传输、临时通信（救灾或战时等情况）、军事通信等。

问题 **045**　什么是卫星通信技术？

卫星通信技术指的是以人造地球卫星作为无线电通信中继转接站转发无线电信号，以实现两个或多个地面站（如手机终端）之间或地面站与航天器之间的通信方式。它是微波通信技术的"强化版"，相当于把微波中继转接站"挂"到太空中，从而实现更远距离的无线通信，如图 2-38 所示。

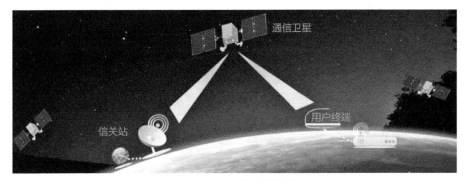

图 2-38　卫星通信技术

卫星通信技术具有通信距离远、覆盖面积大、灵活性高等优势，当然，它也有技术难度高、传播时延大等缺点。该技术在全球卫星定位系统（Global Position System，GPS）、交通运输管理、智能交通等领域有着广泛的应用。

拓展阅读

一般而言，通信卫星采用的是位于地球赤道上空 35786km 处的地球静止轨道，卫星在这条轨道上以 3075m/s 的速度自西向东绕地球旋转，绕地球一周的时间为 23h 56min 4s，恰与地球自转一周的时间相等，因而从地面来看，卫星是"静止"的。地面接收站对准卫星所在的方位不间断地与其进行通信。"站"得高望得远，一颗通信卫星便可覆盖 40% 的地球表面，包括地面、海上、空中等，只要在地球静止轨道上空等距离布置 3 颗地球静止轨道通信卫星可以实现除两极部分地区外的全球通信。1965 年 4 月 6 日美国成功发射了世界第一颗实用静止轨道通信卫星——国际通信卫星 1 号。

问题 046　什么是移动通信技术？

移动通信技术（Mobile Communication）指的是通信的双方之中有一方或两方处于运动状态下的一种通信方式，它是移动体之间或移动体与固定体之间的通信。经过第一代（1G）、第二代（2G）、第三代（3G）、第四代（4G）技术的发展，目前，已经迈入了第五代（5G）、第六代（6G）发展的时代，如图 2-39 所示。不难发现，移动通信技术大约每 10 年完成一次代际演进，其中，5G 将支持多达 20Gbit/s 的峰值数据速率，而6G 数据传输速率可能将达到 5G 的 50 倍，时延缩短到 5G 的十分之一。6G 在峰值速率、时延、流量密度、连接数密度、移动性、频谱效率、定位能力等方面远优于 5G，其目标是天地互联、陆海空一体、全空间覆盖的超宽带移动通信系统，预计 2030 年左右可正式投入商用。

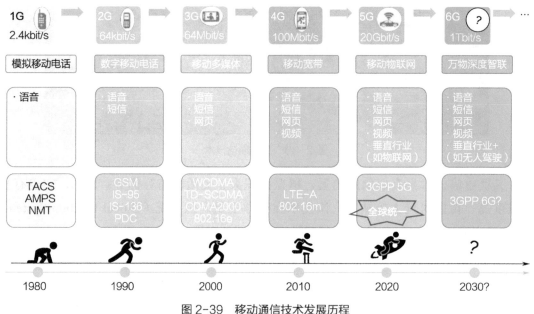

图 2-39　移动通信技术发展历程

问题 047　什么是 5G 移动通信技术？

5G 移动通信技术即第五代移动通信技术，它是在已有的无线技术（包括 2G、3G、4G 和 Wi-Fi）的基础上集成了多种新型无线接入技术演进而出的解决方案的总称，被认为是真正意义上的通信技术与互联网的融合。5G 网络也是多种网络技术的融合，包括传统蜂窝网络、大规模多天线网络、认知无线网络、无线局域网等。在 2015 年瑞士日内瓦召开的无线电通信会议上，国际电联无线电通信部门（ITU-R）正式确定了 5G 的法定名称是"IMT-2020"（International Mobile Telecommunications-2020），换句话说，5G 的外文名字是 IMT-2020。

从实际的应用来看，5G 不仅需要服务于人与人之间的通信，还要服务于人与物、物与物之间的通信，不同类型的设备和终端，都需要接入到 5G 通信网络中来，如图 2-40 所示。

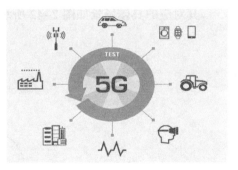

图 2-40　5G 环境下不同设备接入示意图

拓展阅读

在目前的在售车型中，比亚迪宋 PLUS DM-i 5G 版采用了 5G 网络速联，速度是 4G 的 10 倍，可以更好地满足用户在娱乐资讯、定位导航、人机交互、辅助驾驶等场景下对于大流量传输与低时延通信的高要求，如图 2-41 所示。

图 2-41　搭载 5G 网络速联技术的比亚迪宋 PLUS DM-i 5G 版

问题 048　5G 移动通信技术有哪些应用场景？

2015 年 6 月，国际电信联盟（International Telecommunication Union，ITU）为 5G 定义了三大应用场景，具体如下：

1）增强移动宽带（enhanced Mobile Broadband，eMBB）：主要面向移动互联网流量爆炸式增长，为移动互联网用户提供更加极致的应用体验。

2）超可靠和低延迟通信（Ultra Reliable & Low Latency Communication，URLLC）：主要面向工业控制、远程医疗、自动驾驶等对时延和可靠性具有极高要求的垂直行业应用需求。

3）大规模机器类型通信（massive Machine Type of Communication，mMTC）：主要面向智慧城市、智能家居、环境监测等以传感和数据采集为目标的应用需求。

其对应的具体场景如图 2-42 所示。

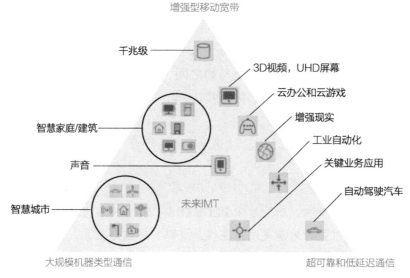

图 2-42　5G 的三大应用场景

拓展阅读

图 2-43 所示为华为 5G 科技互联技术加持的 2022 款极狐 ARCFOX αS 华为 HI 高阶版，支持支持 5G NR/TD–LTE/FDD–LTE/UMTS/GSM/ 多模多频段，这也是其实现高阶自动驾驶的基础之一。

图 2-43　华为 5G 科技互联技术加持的极狐 ARCFOX αS

问题 049　5G 移动通信技术有哪些关键指标？

目前，5G 已经确定的关键能力指标除了峰值速率达到 20Gbit/s、流量密度 10Tbit/s/km^2、用户体验速率达到 100Mbit/s、连接密度达到 10^6/km^2、时延达到 1ms、移动性达 500km/h 之外，还有频谱效率比 IMT–A 提升 3 倍、能效比 IMT–A 提升 100 倍。图 2-44 所示为移动通信专家们在描绘 5G 关键能力指标时画出的"5G 之花"，花瓣代表了 5G 的 6 个性能指标，绿叶则代表 3 个效率指标，这也将助力 5G 全面渗透到万物互联的各个领域。

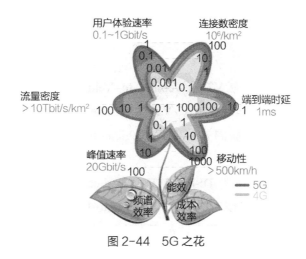

图 2-44　5G 之花

拓展阅读

2022 年 5 月上市的岚图梦想家是支持 5G 技术的首个搭载高通骁龙 8155 旗舰型车载芯片的旗舰型 MPV，匹配千兆以太网，时延更低，在提升座舱娱乐系统体验的同时，也可以提升车内域控制器的网联性能，为整车其他部件 OTA 升级提供高速传输通道，如图 2-45 所示。

图 2-45　首款搭载高通骁龙 8155 旗舰型车规级芯片的 MPV 岚图梦想家

问题 050　什么是 V2X 技术？

V2X（Vehicle to Everything）对应的中文意思是"车辆对万物"，指的是车辆与整个驾驶环境内的所有相关方之间以无线通信方式进行的信息交互，其目的是减少事故发生、减缓交通拥堵、降低环境污染以及提供其他信息服务。说得再直白些，V2X 相当于驾驶员的"第二双眼睛"，可以帮助驾驶员识别难以注意到的区域，从而降低由于注意力分散、能见度低等情况造成的交通事故率。

问题 051 V2X 技术有哪些类别？

从模式上来讲，V2X 包含有 V2V（Vehicle-to-Vehicle，车 - 车）、V2I（Vehicle-to-Infrastructure，车 - 交通管理基础设施）、V2P（Vehicle-to-Pedestrian，车 - 行人）、V2N（Vehicle-to-Network，车 - 互联网）、V2H（Vehicle-to-Home，车 - 家）等几种基本的通信模式，如图 2-46 所示。

从技术上而言，V2X 分为 DSRC-V2X（Dedicated Short-Range Communication-Vehicle to Everything）和 C-V2X（Cellular-Vehicle to Everything）两种，其中，由中国主导推动的 C-V2X 技术逐步成为了全球范围内的行业标准，并且，在 C-V2X 的基础上也演变出了基于 LTE 蜂窝网络的可以实现辅助驾驶的 LTE-V2X 和基于 NR 蜂窝网络的 NR-V2X（也称为 5G-V2X，网络类型 NR 是 New Radio 的简写，意为新空口，主要应用于 5G 领域），如图 2-47 所示。

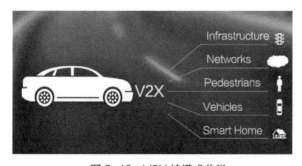

图 2-46 V2X 按模式分类

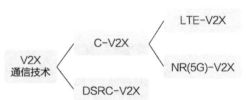

图 2-47 V2X 按通信技术分类

在实际的应用场景中，摄像头采集红绿灯信号，雷达监测车辆或障碍物信号本身就是车辆与其他物体间的交互，但现在未被纳入 V2X 技术范畴。这或许是因为，摄像头 / 雷达采集周边信息就像两个不说话陌生人之间直观的"猜测"，由于没有进行沟通，其中一个陌生人只能根据其动作行为来判定其意图，有时难免出现误判；而目前我们常说的 V2X 技术更像两个熟人间默契的眼神、语言的交流，车与物体之间"无话不谈"，误判、漏判的概率大大降低。V2X 的部分应用场景如图 2-48 所示。

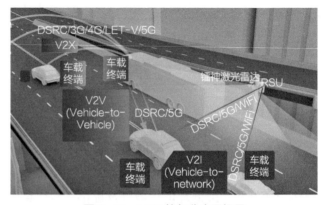

图 2-48 V2X 的部分应用场景

问题 052　什么是 V2V 技术?

V2V（Vehicle to Vehicle）即"车辆对车辆"，指的是车辆与周围环境中其他车辆之间的互联通信，目的是减少甚至避免车辆与车辆之间的交通事故、优化车辆监督管理、提高交通秩序等，是一种以短距离车联网技术为基础的新应用场景，如图 2-49 所示。

二维码视频 2-3
V2V 应用场景

图 2-49　V2V 应用场景示意

V2V 的主要价值体现在智能驾驶技术上，比如多辆同时搭载有 V2V 技术的汽车在行驶过程中，可以通过全方位信息的收发对周围环境中的车辆实现 360° 感知，尽可能地避免事故的发生。用一个通俗的解释就是：两个人在低头看手机走路时很容易相撞，但打个招呼之后则基本没有撞上的可能。

关于 V2V 在智能网联汽车上的应用，包括但不限于以下几种。

（1）前碰撞预警（Forward Collision Warning，FCW）

该功能用于提示驾驶员前方有碰撞风险，提前减速避让。根据统计的事故数据，将追尾事故分为三个场景：前车停车、前车减速、前车正常行驶。前车停车和前车减速这两种场景发生事故的原因有两种情况：①紧挨着本车正前方的车辆停车或减速；②驾驶员视野范围以外的前方车辆停车或减速。

对于情况①下，如果车辆保持足够车距，驾驶员有足够注意前方，这种事故完全可以避免。但是对于情况②的事故，驾驶员不知远处交通状况很难避免此交通事故，这就是为何高速公路上经常会出现连环交通事故，如果 V2V 技术普及后，那么驾驶员可以提前制动或变道，从而避免事故。目前市场上大部分量产车型做的前碰撞预警功能都是借助雷达和摄像头传感器实现。

（2）失控预警（Control Losing Warning，CLW）

当车辆失控时，该功能将车辆失控信息至少提供给周边左右 1.5m、前后 150m 的车辆，周边车辆收到信息后提示驾驶员进行紧急避让，减少事故发生。

（3）紧急电子制动灯（Electronic Emergency Brake Light，EEBL）

当周边车辆（不一定在同一车道上）进行紧急制动时，系统向周边车辆发送紧急制动预警信号，驾驶员接收到预警信号后提前做好减速、避让准备。这与目前很多量产车型类似，在车速超过一定值后驾驶员紧急制动时，汽车危险警告灯会自动点亮，如图2-50所示。

图2-50　紧急电子制动灯示意图

（4）禁止通过预警（Do Not Pass Warning，DNPW）

在双向两车道的道路上行驶时，后方车辆想要超过前方车辆，必须要临时占用对向车道，当本车与对向车辆有超车碰撞隐患时，系统及时提醒驾驶员谨慎通过。

（5）左转辅助（Left Turn Assist，LTA）

在驾驶员想要进行左转向时，此时对向如果有车辆正在靠近，系统及时提醒驾驶员注意前方车辆，如图2-51所示。目前仅有当驾驶员打开转向灯时才可触发此功能，未来系统可以不通过转向灯识别驾驶员左转意图，但是也有一定误报风险，毕竟让系统准确识别驾驶员模棱两可的意图目前还是有一定难度的。

图2-51　左转辅助示意图

（6）交叉路口辅助（Intersection Movement Assist，IMA）

交叉路口是交通事故高发区，车辆通过复杂路口时采用V2V技术进行相关通信，理解对方行驶意图，减少事故发生的概率。该功能对于无信号灯的路口直行、左转，在有信号灯的路口右转，闯红灯和闯禁行区等场景都有较好的应用，可及时提示驾驶员注意路口周边车辆。

（7）盲区/变道预警（Blind Spot Warning/Lane Change Warning，BSW/LCW）

由于车体和内外后视镜在设计上与生俱来的角度问题，导致驾驶员在驾驶车辆的时候，在车身的左右后侧方都存在一个无法根除的视觉盲区，驾驶员很难察觉到视角盲区的车辆。借助于 V2V 技术，驾驶员变道前能够及时察觉到盲区车辆，减少事故的发生。这项功能与通过雷达、红外、摄像头实现变道辅助系统功能类似。

在日常应用中，V2V 将会给驾驶员带去更多的便利性和安全性。我们再举个例子，相信许多人都有过这样的经历，新手开车在早高峰市区道路的中间车道上，此时导航示意前方路口需要进行右拐，却因无法判断后方车距不敢变道。此时，如果有 V2V 技术加持，那么，在打转向灯的同时，系统可以快速给后方来车发出请求变道信号，后方车辆在收到请求后立即返回允许变道的信息，此时便可以放心变换车道了。

在车联网的研究中，V2V 通信被认为是车联网中车辆之间最有效的组网方式，所以对 5G 车联网效用的研究中，如何提高车联网中 V2V 通信的效用自然而然成为了车联网效用的研究热点。

问题 053　什么是 V2I 技术?

V2I（Vehicle to Infrastructure）即"车辆对基础设施"，指的是车辆与智能基础交通设施（如红绿灯等）之间的互联通信，目的是实现车辆与基础设施之间的实时信息服务、智能识别车道、减速限速提醒、车辆监控管理等，借此提前进行风险预警与规避，其可以达到厘米级的定位精度，如图 2-52 所示。

图 2-52　V2I 应用场景示意

关于 V2I 在智能网联汽车上的应用，包括但不限于以下几种。

（1）红灯预警（Red Light Violation Warning，RLVW）

当车辆接近有交通信号灯的路口，即将亮起红灯且 V2I 设备判断车辆无法及时通过此路口时，系统及时提醒驾驶员减速停车。这与基于摄像头采集到红灯提醒功能类似，但是它的优点是能与交通设施进行通信，尤其是在无红绿灯倒计时显示屏的路口具有"预知"红绿灯时间的作用，减少驾驶员不必要的加速和制动操作，如图 2-53 所示。

（2）弯道限速预警（Curve Speed Warning，CSW）

车辆从平直路面进入转弯工况时，V2I 设备接收到相关弯道限速信号后及时提醒驾驶员减速慢行，这与基于 GPS 地理信息导航提醒或摄像头采集到限速标志提示驾驶员慢行的功能类似。

（3）限速施工区域预警（Reduced Speed/Work Zone Warning，WZW）

当车辆行驶至限速区域（如学校）附近时，系统通过路边 V2I 设备向驾驶员传递显示提示或者仅仅当车辆超过限定车速时才提示驾驶注意车速。当车辆行驶至限行区域（如燃油车限行、单双号限行、货车限行）或施工区域附近时，系统通过车载 V2I 设备向驾驶员提示前方即将进入限行区域，如图 2-54 所示。

图 2-53　红灯预警示意图

图 2-54　限速施工区域预警示意图

（4）天气预警（Spot Weather Impact Warning，SWIW）

当车辆行驶至恶劣天气的地带时，如多雾、雨雪天气时，系统及时提醒驾驶员控制车速、车距以及谨慎使用驾驶员辅助系统，这与目前高速公路边的提示雨雪天气减速慢行的功能类似。

（5）人行横道行人预警灯（Pedestrian in Signalized Crosswalk Warning，Transit-PSCW）

人行横道线上安装有行人探测传感器，当车辆靠近人行横道时，交通信号设施向周边车辆发送行人信息，提示车辆减速及停车，这与通过雷达或摄像头实现的自动紧急制动（AEB）功能类似，如图 2-55 所示。

我们还可以举个简单的例子：在设定好导航之后，车辆可以提前获知前方

图 2-55　人行横道行人预警灯示意图

的红绿灯状态以及拥堵情况，在智能驾驶状态下可以设定一个"绿波车速"，即走到任何一个路口都恰好是绿灯、车辆不用停下等红灯的车速，借此来提升用户的驾驶体验。

问题 **054**　什么是 V2P 技术？

V2P（Vehicle to Pedestrian）即"车辆对行人"，指的是车辆与弱势交通群体（包括行人、骑行者等）等之间的互联通信，在根据车与人之间速度、位置等信号判断有一定的碰撞隐患时，车辆通过仪表及蜂鸣器，手机通过图像及声音提示注意前方车辆或行人，其目的是减少甚至避免交通事故以及提供信息服务等，如图 2-56 所示。

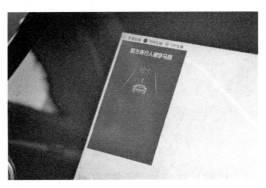

图 2-56　V2P 技术应用场景示意

关于 V2P 在智能网联汽车上的应用，包括但不限于以下几种。

（1）道路行人预警

行人穿越道路时，在道路上行驶的车辆与人进行信号交互，当检测到具有碰撞隐患时，车辆会收到图片和声音提示驾驶员，同样行人收到手机屏幕图像或声音提示。这项技术非常实用，因为目前手机"低头族"非常多，过马路时经常有人只顾盯着手机屏幕，无暇顾及周边环境，如图 2-57 所示。

图 2-57　道路行人预警示意图

（2）倒车预警

行人经过正在倒车出库的汽车时，由于驾驶员受视觉盲区影响未能及时发现（尤其是玩耍的儿童），很容易发生交通事故。这与借助全景影像进行泊车功能类似，对于在倒车场景下的行人预警具有一定的意义，如图 2-58 所示。

图 2-58　倒车预警示意图

目前，这项技术仍然有很大的发掘潜力，比较可靠的一种解决方案是将可穿戴设备置于行人身上，它可以是智能手机的一个 APP，也可以是装在书包上或自行车上的一个小挂件，这种挂件可以在数百米范围内与车辆进行通信，根据距离车辆的远近而发出警报或让车辆提前预警等。这项技术无论是对于行人，或者是对于公路上施工的工人和保洁员来说，都比较具备落地应用价值。

问题 055　什么是 V2N 技术？

V2N（Vehicle to Network）即"车辆对网络"，指的是车辆上的车载设备与互联网进行连接以实现互联网与车辆之间的互联通信。其目的是给车辆提供所需要的各类应用服务，包括车辆导航、信息娱乐服务等，相比较于 V2V、V2I、V2P 等近距离通信而言，V2N 技术实现的是远程数据传输。

问题 056　什么是 V2H 技术？

V2H（Vehicle to Home）即"车辆对家"，指的是车辆与家庭之间进行互联通信，目的是通过车辆查看和控制家里的智能家居。例如，车主对着中控屏说"帮我打开家里窗帘"，便可以在车主下班前打开窗帘给家里通风；车主对着中控屏说"我到家了"，家里的室内灯便自动打开；还可以让车主回家后可以继续收听路上没听完的音频节目等。反过来，当车主在家里的时候，也可以通过智能终端如手机 APP、家用智能音箱等查看汽车的门锁、空调、车窗甚至油量、制动液量等信息。

拓展阅读

IDC（International Data Corporation）发布的一份报告显示，在 2025 年，平均每个中国家庭拥有的智能家居设备数量为 6.8 台，如图 2-59 所示。相对而言，智能汽车的用户对智能设备的拥有量将会更高。

图 2-59　平均每个中国家庭智能家居设备数量

问题 057　基于 DSRC 的 V2X 前景如何？

早在 1999 年，美国联邦通信委员会（FCC）就将 5.850~5.925GHz 频段划分给智能运输系统，其目的是提高公路运输的安全性和效率。到 2016 年，美国基本完成了基于 DSRC 的 V2X 标准体系的制定，然而，由于发展过于缓慢，2022 年 11 月，美国联邦通信委员会将原来分配给 DSRC 通信的频段 5.9GHZ 完全取消，分别划分给 Wi-Fi 和 C-V2X。这也意味着 DSRC 技术在 V2X 领域已经被放弃，这也从侧面印证了 C-V2X 的车辆网通信协议的主导地位。

问题 058　什么是 C-V2X 技术？

C-V2X（Cellular-Vehicle to Everything）指的是基于蜂窝网络的 V2X 技术，可以让车辆、道路基础设施、城市管理平台、骑行者和行人通过各自的通信设备共享当前状态、行动意图等信息，使重要警示信息能够被准时推送，并辅助车辆和其他道路交通参与者做出更安全高效的决策。它是一种可以保证低时延和高可靠性的车联网专用无线通信技术，实现交通参与者之间互联互通的目的，如图 2-60 所示。

图 2-60　基于蜂窝网络的 C-V2X 技术

C-V2X 包含基于 4G 网络的 LTE-V2X（Long Term Evolution-V2X）以及未来 5G 技术的 5G NR-V2X 两种，其目的都是实现 V2V、V2I、V2P、V2N、V2H 等信息交互，以满足更复杂、更多变的应用场景。值得一说的是，由于 C-V2X 可复用现有 4G 和 5G 移动基站和通信网络，所以其大规模普及的成本会更低一些。

拓展阅读

2017 年 4 月，中国提出的 C-V2X 标准立项申请在法国巴黎举行的 ISO TC 204 第 49 次会议上获得通过，C-V2X 被确定为 ISO ITS 系统的候选技术。2017 年 9 月，第二阶段 C-V2X 标准发布，包括基于蜂窝网的车车通信（V2V）、车路通信（V2I）、车人通信（V2P）等。

问题 **059**　什么是 LTE-V2X 技术？

LTE-V2X 是一种基于 TD-LTE（Time Division- Long Term Evolution，分时长期演进）的智能交通系统（Intelligent Transport System，ITS）解决方案。

LTE 具有数据速率高、渗透率高、覆盖范围广等特点，能够为不同的 V2X 应用提供高速率和低延迟，并且无需重新建网，具有极大的应用潜力。

实际上，LTE-V2X 是我国具有自主知识产权的一种技术，包含有集中式广域 / 热点接入技术 LTE-V-Cell 和分布式直通技术 LTE-V-Direct 两个工作模式，前者需要以基站为控制中心去实现大带宽、大范围的通信，后者不需要基站直接实现车辆与车辆、车辆与周边环境节点的通信。二者的差异化应用场景如图 2-61 所示。

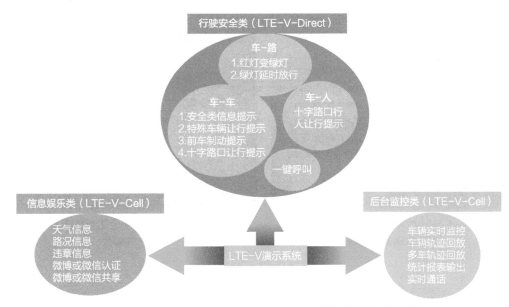

图 2-61　LTE-V-Cell 和 LTE-V-Direct 的差异化应用场景示意

一般而言，LTE-V2X 系统包含有用户终端（User Equipment，UE）、路侧单元（Road Side Uni，RSU）和基站三部分。

拓展阅读

　　在 2022 年 6 月的第六届世界智能大会上的"2022 智能网联汽车产品检测与认证技术国际论坛"中，奥迪中国成为国内首个获得中国汽车技术研究中心有限公司（简称中汽中心）颁发的"LTE-V2X 安全预警功能认证"证书的汽车品牌。以下实例是 LTE-V2X 安全功能预警认证的多个场景：前方有故障车（图 2-62）、前方路滑（图 2-63）、前方车辆紧急制动（图 2-64）、前方有事故（图 2-65）。目前，奥迪 A7L 和奥迪 A6L 等量产车型上已经搭载了 5G 通信模块和 C-V2X 功能。

图 2-62　LTE-V2X 安全功能预警认证——前方有故障车

图 2-63　LTE-V2X 安全功能预警认证——前方路滑

图 2-64　LTE-V2X 安全功能预警认证——　　　　图 2-65　LTE-V2X 安全功能预警认证——
　　　　前方车辆紧急制动　　　　　　　　　　　　　　前方有事故

问题 **060**　什么是 5G-V2X 车路协同?

5G-V2X 车路协同指的是基于 5G 通信技术的车辆与一切（包括其他车辆、道路基础设施、行人等）之间的实时通信和协同。它利用 5G 网络的高带宽、低延迟和大连接性，使车辆能够与周围环境进行高效、快速的信息交换和合作，如图 2-66 所示。

二维码视频 2-4
高合 HiPhi X 5G-
V2X 示意

图 2-66　5G-V2X 方案示意图

相比于 LTE-V2X 来看，5G-V2X 可以结合 5G NR 功能，在高吞吐量、宽带载波支持、低延迟和高可靠性等优势的加持之下，实现更多的应用场景，融合更多样化的无线接入方式，可以充分利用低频和高频等频谱资源，在为道路安全类业务提供通信服务的基础上，还可以服务于远程驾驶、车辆编队驾驶、自动驾驶等更多应用场景。当然，这也对传输的可靠性与实时性提出了更高的要求。

在 5G 高速车联网的加持下，5G-V2X 大多数功能的流畅程度都比 LTE-V2X 功能更具优势，这也是未来的重点发展方向，但同样道理，其发展成形的时间也更长。

值得强调的是，就像是在 5G 手机越来越普遍的当下 4G 甚至 3G 手机仍可正常使用一样，在未来，5G-V2X 依然可以向下兼容 LTE-V2X，换句话说，搭载 LTE-V2X 设备的车辆依然可以与搭载 5G-V2X 设备的车辆进行信息沟通。这也意味着：LTE-V2X 仍将在很长一段时间内与 5G-V2X 共存。

[拓展阅读]

已上市的量产车高合 HiPhi X 搭载有 5G+V2X 模块的车型，设计有 4 根车载天线，5G+V2X 车载前装模组 AG550 下行速度最大 1.77Gbit/s，上行最大 490Mbit/s，数据速率可达到 4G 网络的 100 倍以上，可以实现毫秒级的数据采集，Gbit/s 级别的数据传输，具备传输信号好、传输速度快两大特点，从而支持高阶自动驾驶、视频显示等应用（图 2-67）。

图 2-67　搭载 5G+V2X 技术的高合 HiPhi X

问题**061**　DSRC、LTE-V2X、5G-V2X 差异有多大？

DSRC、LTE-V2X 与 5G-V2X 的相关指标对比见表 2-10。不难发现，LTE-V2X 相比较 DSRC 有着明显的优势，而且已经具备了一定的商用基础条件，其也将是基于 5G 技术的 5G-V2X 的前一个阶段；而 5G-V2X 则主要是为了满足未来高等级自动驾驶应用场景的需求，在未来，它也将与 LTE-V2X 一起长期共存于人类的出行生活中。

表 2-10 DSRC、LTE-V2X、5G-V2X 相关指标对比

指标	DSRC	LTE-V2X	5G-V2X
指出时间	1999 年	2016 年	/
应用场景	V2V、V2I	V2V、V2I、V2P、V2N	可应用于 V2X 的所有领域
传输范围	小（100m 左右）	较大（400m 左右）	大（理论可达 1000m）
传输速率	低（兆级）	较高（十兆级）	高（百兆级）
传输时延	差（百毫秒级）	较好（十毫秒级）	好（毫秒级）
通信带宽	窄	较宽（20~30MB）	宽（40MB 左右）
适应车速	< 250km/h	< 250km/h	最高 500km/h
可靠性	低	较高	高
成熟度	相对成熟	目前停留在试点和示范区	相关产品还处于研发阶段

问题 062 V2X 技术有哪些网络连接模式？

针对 V2X 的网络模式，目前主要有两种：一种是以通用、上汽、吉利等为代表的短距离直连通信模式（简称"直连模式"）；另一种是以福特为代表的"车-路-云"网络模式，如图 2-68 所示。

图 2-68 V2X 技术的两种网络模式

图 2-69 所示为福特"车-路-云"网络模式的 V2X 技术架构。直连模式的实时性强、时延低，但通信距离较短；网络模式不受距离限制，但时延相对较长。

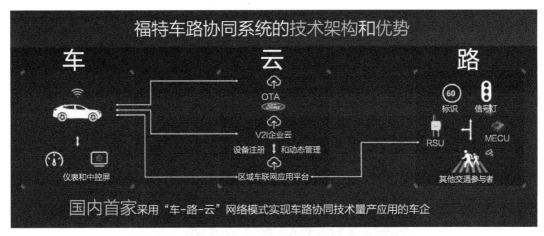

图 2-69　福特"车－路－云"网络模式的 V2X 技术架构

问题063　V2X 技术有哪些应用场景？

V2X 的出现可以让车辆获得更多的信息，有人将它比喻为汽车的"顺风耳"和"千里眼"，看得更广，听得更多，甚至可以预测未来，在提升盲区感知、避免碰撞危险、优化通行时间等方面有着很大的作用，让智能驾驶有更多可能，并且其后续功能的增加和优化有机会通过 OTA 来达成，是实现更高阶自动驾驶的重要辅助技术。搭载了 V2X 技术的车型，可以通过使用车载传感器等感知周围环境，从而对交通信息进行实时分析并采取一定的响应，从而让交通体系变得更加高效，其将在多个场景下被广泛应用。

以福特汽车推出的基于网络模式的 V2X 为例，它根据中国城市路况和车主用车习惯开发了六大车路协同功能，包括红绿灯信号推送、绿波车速、绿灯起步提醒、闯红灯预警、道路信息播报、电子路牌等，能够有效提高路口通过效率，降低城市道路拥堵，如图 2-70 所示。

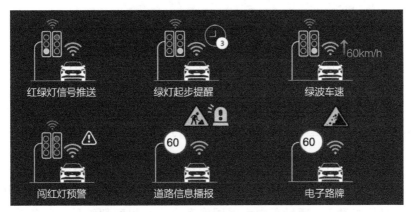

图 2-70　福特"网络模式"V2X 应用场景

二维码视频 2-5
福特车路协同

（1）红绿灯信号推送

在前方路口道路交通状况复杂、前方有大车挡住视线、雾霾雨天而看不清红灯信号等场景下，红绿灯信号推送可以在驾车通过路口前，通过车内大屏图像和声音来提醒驾驶员采取相应的措施，从而避免错失绿灯和闯红灯的风险，如图2-71所示。

二维码视频2-6
红绿灯信号推送

图2-71　福特V2X应用场景——红绿灯信号推送

（2）绿波车速

基于绿波车速这一功能，系统会结合每一个路口的红绿灯信息、车辆当前状态和用户驾驶意图等进行综合计算，并告诉驾驶员以怎样的速度驾驶便可以在绿灯状态下通过路口。有了这一提示，我们就再也不会体验到"一路红灯"的状态，也无需为了抢一个绿灯而急加速，全程都可以用一种相对省油、相对平稳的状态到达目的地，如图2-72所示。

二维码视频2-7
绿波车速

图2-72　福特V2X应用场景——绿波车速

绿波车速功能比较适合长距离的路线和比较平直的路段，图2-73所示为功能界面，提醒车主当前路段可以保持28km/h左右的车速行驶。

（3）绿灯起步提醒

基于绿灯起步提醒功能，系统可以在红灯倒计时的最后几秒（用户可以设置具体参数），通过车内大屏图像和声音来提醒驾驶员，避免等红灯时因

二维码视频2-8
绿灯起步提醒

为分神而错失绿灯通行，也避免后车催促，如图 2-74 所示。

（4）闯红灯预警

在前方有大车挡住视线人眼无法预判路口红绿灯信息等场景下，闯红灯预警功能将依据前方的红绿灯状况及剩余时间，结合车辆当前状态等信息作出判断，一旦系统判定有闯红灯风险时，便会通过屏幕画面和声音来提醒驾驶员采取相应的措施，避免到了路口才发现是红灯而紧急制动的情况，如图 2-75 所示。

二维码视频 2-9
闯红灯预警

（5）道路信息广播

基于道路信息播报功能，系统可以及时播报限速、临时施工路段、危险路段等信息，帮助驾驶员提前调整行车路线，从而提高通勤效率，如图 2-76 所示。

二维码视频 2-10
道路信息广播

图 2-73　福特 V2X 应用场景——绿波车速功能界面

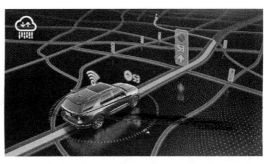

图 2-74　福特 V2X 应用场景——绿灯起步提醒

图 2-75　福特 V2X 应用场景——闯红灯预警

图 2-76　福特 V2X 应用场景——道路信息广播

（6）电子路牌

基于电子路牌功能，系统可以及时播报限速、道路拥堵等信息，帮助驾驶员提前调整行车路线，从而提高通勤效率，如图 2-77 所示。

针对上述功能，福特车主还可根据个人驾驶习惯，对灵敏度调整、声音提醒开启 / 关闭等进行个性化设置。据悉，在未来，福特汽车将采取以网络模式为主、以直连模式为辅的方案，并通过在新车型上搭载新的硬件，实现诸如紧急电子制动灯预警、交叉路口碰撞预警、路面散落物提醒、高速路段的前方事故预警、与5G网络结合的前方事故视频实况直播以及危险异常车辆提醒等场景下的应用，以进一步提高行车安全以及出行效率，如图2-78所示。

2022年6月，继无锡、长沙和广州三城之后，福特汽车宣布车路协同系统落地西安，帮助车主解决"等灯"难题。针对上述V2X功能，除了新车型在出厂

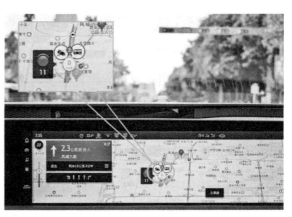

图2-77　福特V2X应用场景——电子路牌

时会配备这一系统之外，部分福特车主也可以通过OTA推送安装，无需增加任何硬件便可接入当地的智慧交通体系，体验到车路协同带来的畅行体验。

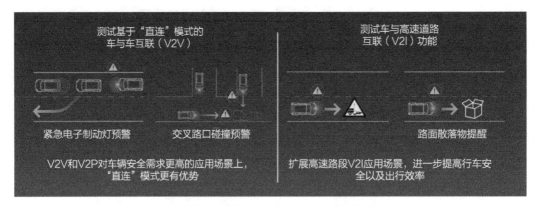

图2-78　福特V2X的更多应用场景探索

不过，在未来，V2X技术的普及除了要对车辆本身的配置进行一定的升级之外，也对公路等基础设施的建设提出了更高要求，短时间内实现还是有一定困难的。

我们再来看看别克汽车推出的基于直连模式的V2X系统，其可以赋予车辆与车辆（V2V）之间相互"沟通"的能力，不同车辆之间可发送和接收车速、加速度、转向角度等多种行驶数据，进而计算和预测可能出现的碰撞风险，通过仪表盘、HUD、提示音等方式对驾驶员进行预警。同时，在逐步完善的智能交通基建的情况下，其还可以赋予车辆与道路基础设施（V2I）之间进行通信的能力，搭载V2X技术的车辆能够接收来自路侧单元（RSU）的信息，同时根据自身位置和速度等情况，提示用户更安全舒适地驾驶车辆。其具体应用场景如图2-79所示，主要功能介绍如下：

1）交叉路口碰撞预警（Intersection Collision Warning，ICW）：车辆驶向交叉路口时，若与驶向同一路口的其他车辆存在碰撞威胁，系统将对驾驶者进行预警，帮助避免或减轻侧向碰撞。

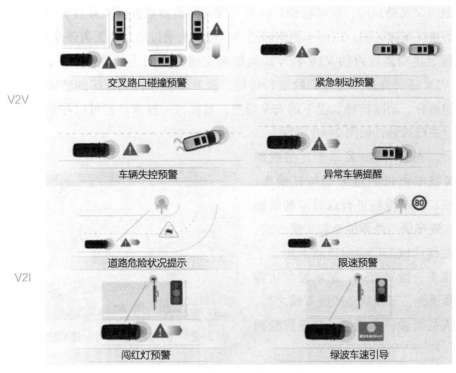

图 2-79　别克"直连模式"V2X 应用场景

2）紧急制动预警（Emergency Brake Warning，EBW）：当前方车辆紧急制动时，会将这一信息通过短程无线通信广播出来，若自身车辆检测到与前车存在碰撞风险时，系统将对驾驶员进行预警。

3）车辆失控预警（Control Loss Warning，CLW）：当前车的制动防抱死系统、车身稳定系统、牵引力控制系统等任意功能触发时，前车对外广播状态信息，若自身车辆根据收到的消息识别出该车属于车辆失控，且可能影响自身行驶路线时，系统将对驾驶员进行提醒。

4）异常车辆提醒（Abnormal Vehicle Warning，AVW）：辅助驾驶员及时发现前方异常车辆，从而避免或减轻碰撞。

5）道路危险状况提示（Hazardous Location Warning，HLW）：当道路存在危险状况时，附近路侧单元或临时路测设备对外广播道路危险状况提示信息，包括位置、危险类型、危险描述等，行经该路段的车辆将根据信息，及时采取避让措施。

6）限速预警（Speed Limit Warning，SLW）：若超出限定速度，系统将对驾驶员进行预警，提醒减速行驶。

7）闯红灯预警（Signal Violation Warning，SVW）：通过有信号控制的交叉路口或车道时，若车辆不按信号等或指示行驶，系统将对驾驶员进行预警。

8）绿波车速引导（Green Light Optimal Speed Advisory，GLOSA）：当车辆驶向信

号灯控制的交叉路口时，能够根据路侧单元发送的道路数据及信号灯实时数据，系统给予驾驶员建议车速区间，以便车辆能够经济、舒适地通过路口，无需停车等待。

包括上述功能在内的 V2V 和 V2I 是解决交通安全问题的关键技术，在此基础上，别克的 V2X 还可穿透部分障碍物进行传输，提升车辆在视线盲区的感知力，并通过与 ADAS 相融合，消除特殊状况下的安全隐患。目前这一技术已经可以在别克 GL8 Avenir 等车型上进行选装，如图 2-80 所示。

此外，高合 HiPhi X 基于其搭载的 5G+V2X 技术可以通过云端与其他车、人、网络、基础设施进行点对点的数据传输，实现车辆与外界的全新交流方式。譬如，在其盐城工厂内的道路上集成了高精摄像头、激光雷达、毫米波雷达等边缘计算系统，新车从生产线下线之后，不需要人员驾驶，车辆便可自动行驶到停车位。

图 2-80　别克 GL8 Avenir 搭载的 V2X 技术展示

问题 **064**　5G 对车联网有何帮助？

与传统车联网相比，5G 技术加持的车联网融合了大规模天线阵列、全双工通信、超密集组网等技术，具有高速率（5G 可实现 10Gbit/s 的峰值速率，相当于 4G 的 100 倍）、低时延（5G 的空口时延可以低到 1ms，相当于 4G 的十分之一）、大连接（5G 的连接数可以达到 $10^6/km^2$，与 4G 相比用户容量可以大大增加）三大优势，再加上 5G 与云计算、大数据、AI 技术、AR 技术、VR 技术等新技术的深度融合，5G 车联网带来的体验也将会发生质的变化。其具体作用主要体现在以下几个方面：

1）影音娱乐：在 5G 技术的赋能之下，智能网联汽车内的音乐从有损 MP3 到无损 Flac，视频从 720P 到蓝光再到 4K 分辨率，大量的短视频、游戏等车载应用 APP 也走入到了大屏化的智能网联汽车中，车载的影音娱乐系统的功能和体验与手机、IPAD、笔记本电脑等愈发同步，高清晰度、高品质感、高多样性的影音娱乐可以极大地丰富出行生活。此外，各种多样化的智能设备的接入甚至车家互联下的智能家居的接入，也可以让出行生活的体验进一步升级。图 2-81 所示为支持 5G 技术的凯迪拉克 LYRIQ 锐歌座舱。

2）自动驾驶：在高速率、低延时的同时，5G 车联网的另一大优势便是大连接，这对于智能网联汽车与道路交通环境中的一切实体的信息交互有极大的帮助，这便是 V2X。在 5G 技术加持之下，道路环境中的其他车辆、交通灯、行人（及其智能手表、手机等）、路灯、广告牌、路障、建筑等，都有可能与智能网联汽车进行信息交互从而实现 V2X，为自动驾驶带来更为全面的保障，甚至可以对交通拥堵状况进行合理的提前预测，从而进行更智慧的路径规划，达成更高效的出行体验。此外，精准度更高、更新频率更快、展现形式更加多样化（包括 2D 地图、3D地图、卫星地图及全景地图等）的车载导航也为自动驾驶保驾护航。

图 2-81　支持 5G 的凯迪拉克 LYRIQ 锐歌座舱

3）车辆诊断：通过 5G 车联网技术，智能网联汽车可以将车辆的静态数据（如车辆基本信息、车辆故障信息等）和动态数据（如车辆轨迹数据等）传输至云平台；云平台可以结合云计算、大数据等技术对收到的数据进行分析，并为用户反馈车辆健康状况、车辆故障情况、驾驶员驾驶行为等，有助于提升用车品质、保障驾乘安全。

拓展阅读

在 2022 年 8 月上市的新奥迪 A6L 部分车型上，搭载有智能 5G 网联系统，在部分适配有 5G-V2X 功能的道路上，其可以为驾驶员带来车车互联、车路互联等出行体验。

问题 065　为什么无人驾驶汽车必须采用 5G 技术？

无人驾驶应用的场景正在逐渐扩大，包括封闭园区、高速公路、城市道路、非结构化人车混行道路等，道路环境逐渐复杂，对无人汽车的感知带来的挑战也逐渐升级。单车感知需要升级到多车以及车与基建的 V2X 协同感知才能应对这些挑战。那么，V2X依赖的网络需要有什么特质？这些特质是否只有 5G 网络才能满足？

我们不妨先看看 V2X 需要依赖什么样的网络，其主要要求如下：

1）传输速度快：V2X 利用路端元素 RSU、他车的传感器数据进行区域共享，来扩展单车的感知范围。由于其中涉及一些诸如摄像头、激光雷达点云等大带宽数据的传输，需要网络具备高带宽传输能力。表 2-11 所列为不同等级的车辆自动化对传输速率的要求。

2）延迟低：一般而言，从危险车辆出现到车辆做出制动动作一般延迟需要在 100ms以内，其中感知数据传输、结果下发属于网络延迟，需要控制在 10ms 以内。

表 2-11 不同等级的车辆自动化对传输速率的要求

车辆自动化等级程度	传输时延 /ms	传输速率 /（Mbit/s）
1 驾驶辅助	100~1000	0.2
2 部分自动化	20~100	0.5
3 条件自动化	10~20	16
4/5 高级自动化 / 全自动化	1~10	100

资料来源：《华为 5G 无线网络规划解决方案白皮书》。

3）隐私性好：在 V2X 中存在多车隐私数据交互，用户甚至后续的法律极大概率不会允许大部分数据流入到公网或者互联网企业的数据库中，一些数据处理与流转只允许在特定的区域开展。

4）阶梯形可靠性：无人驾驶中的数据对延迟、丢帧率要求是有差异的，如安全类数据要求延迟低、丢帧率低；娱乐类数据可适当降低延迟、丢帧率有容错。运营商的网络承担了大量的传输任务，要求实现阶梯形可靠性。

V2X 要求的这些网络特点对于当前的 4G 网络具备较大的挑战，原因如下：

1）4G 频段大概在 1.8GHz，峰值速度 100Mbit/s。

2）由于 4G 的架构并没有很好地做好控制面与数据面的分离，所有的数据云计算都需要走接入端→中心云数据库→接入端，链路较长，延时难以控制。

3）4G 网络由于没有边缘计算节点，难以做到数据处理与流转只在局部区域开展。

4）除非开设专线，否则 4G 网络很难对特定类型的通信提供阶梯形可靠性。

不过，以上这些 4G 面临的挑战，到了 5G 就会迎刃而解，之所以这么说，是因为得益于 5G 网络的通信架构、无线接入技术与 4G 的差异，5G 祭出三个特有的杀手锏：边缘计算、网络切片、大速率传输。

（1）边缘计算（MEC）

边缘计算指的是在局部地区建立提供特定服务的云服务器（如路边数据感知融合云服务），在接收到附近的摄像头、雷达数据后，直接在边缘服务器（或本地）完成数据运算，然后直接下发到 V2X 的参与单元。整个过程的数据流链路非常短，因此在边缘计算的支持下，网络延迟可以做到 3~5ms；不仅如此，边缘计算过程中的数据都在局部区域流转，并没有上传到更开放的公网中，这也一定程度保证了数据的隐私性。边缘计算得以实现，是基于 5G 网络架构的控制面与用户面的良好分离，控制面数据会走到核心网，链路长，但是用户面数据则可在本地 / 局部路由，链路短。

（2）网络切片

网络切片是一个虚拟技术，在同一个网络基础设施上提供多个逻辑网络，每个逻辑网络服务于特定的业务类型或者行业用户。每个网络切片都可以灵活定义自己的可靠性和安全性等级，以满足不同业务、行业或用户的差异化需求，运营商根据定义的切片的可靠性、安全性等级差异进行差异化收费。在 V2X 中，可以利用网络切片，对影响事故的数据或者数据流定义高可靠性、高安全性等级、低延迟的切片类型；对于一些延迟不敏感的事件性数据则定义中可靠性等级。另一方面，网络切片也能够将 V2X 的大负载数据、隐私数据与公网进行隔离，进一步保证了 V2X 用户的数据隐私安全。

（3）大速率传输

5G 技术在第二阶段将进入 30~60GHz 传输的波段（即毫米波波段），平均下载速度到 1Gbit/s。这一速率为视频传输、地图更新、车载软件 OTA 升级带来了所需要的带宽。

与前几代移动网络相比，5G 网络的能力将有飞跃发展。例如，其下行峰值数据速率可达 20Gbit/s，而上行峰值数据速率可能超过 10Gbit/s；此外，5G 还将大大降低时延及提高整体网络效率：简化后的网络架构将提供小于 5ms 的端到端延迟。

换句话说，5G 给我们带来的是超越光纤的传输速度（Mobile Beyond Giga）、超越工业总线的实时能力（Real-Time World）以及全空间的连接（All-Online Everywhere），5G 将开启充满机会的时代。

通过为汽车和道路基础设施提供大带宽和低时延的网络，5G 能够提供高阶道路感知和精确导航服务。

拓展阅读

2020 年 8 月，我国首条支持 5G 自动驾驶测试与应用的"智慧高速"——G5517 湖南省长益扩容高速全线建成通车，如图 2-82 所示。长益扩容高速长沙段约 30km 路段是湖南唯一的在建高速项目试点路段，在高速公路两侧，每 150m 已连续布设 5G 基站和摄像头等配套设施，可满足无人驾驶路况要求。此外，在长常北线高速互通式立交、服务区段以及隧道段，每 100m 也布设了相应的数据采集摄像机等路测设备。

图 2-82　我国首条支持 5G 自动驾驶测试与应用的"智慧高速"

问题 **066** 国内 5G 的研究进展如何？

根据 2022 年世界电信和信息社会日大会上的数据，目前我国已建成 5G 基站近 160 万个，5G 网络已覆盖全国所有地级市和县城城区，一季度，新增 5G 移动电话用户数达到 4811 万户，总数累计达到了 4.03 亿户，占移动电话用户总数的比例达到了 24.3%。我国成为全球首个基于独立组网模式规模建设 5G 网络的国家。5G 应用涵盖交通、医疗、教育、文旅等诸多生活领域，案例累计超过 2 万个。

2021 年 7 月，工信部联合中央网信办等 9 部门印发《5G 应用"扬帆"行动计划（2021—2023 年）》，重点推进 5G 在工业互联网、金融、教育、医疗等 15 个行业的应用，如图 2-83 所示。其中，车联网是 5G 的重要应用场景之一，5G 的高传输、低时延、高稳定等特性能够满足未来对车联网更高的要求。

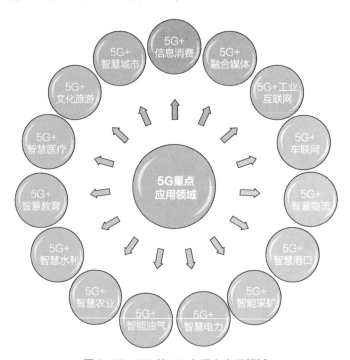

图 2-83 5G 的 15 个重点应用领域

表 2-12 所列是 5G 应用发展的关键指标。

下一步，工信部将统筹谋划、适度超前，加快基础设施建设。其中将系统化推进 5G、千兆光网、数据中心建设，深化数网融合、算网融合和云边协同发展，提升覆盖深度和广度；推动大数据、云计算、人工智能、区块链等新技术对传统基础设施改造升级，构筑技术创新领先优势；推进数字基础设施助力智能交通、智能电网、智慧水利、智慧城市等建设发展，构筑融合发展坚实支撑。

表 2-12　5G 应用发展的关键指标

序号	指标	指标含义	指标值
1	5G 个人用户普及率	5G 个人用户普通率 =5G 移动电话用户数 / 全国人口数。其中，5G 移动电话用户数是指使用 5G 网络的个人用户	40%
2	5G 网络接入流量占比	5G 网络接入流量占移动互联网接入总流量的比例	50%
3	5G 在大型工业企业渗透率	在生产经营等环节中开展 5G 应用的大型工业企业数在我国大型工业企业总数中的占比	35%
4	5G 物联网终端用户数年均增长率	行业企业 5G 物联网终端用户数年均增长率	200%
5	万人拥有 5G 基站数	全国每一万人平均拥有的 5G 基站数量	18 个
6	5G 行业虚拟专网数	利用 5G 公网为行业企业构建的 5G 虚拟网络数目	3000 个
7	重点行业 5G 应用标杆数	每个重点行业遴选的 5G 应用标杆数量	100 个

拓展阅读

工信部发布的数据显示，截至 2023 年 2 月末，我国 5G 基站总数达 238.4 万个，占移动基站总数的 21.9%；同样是截至 2023 年 2 月末，三家基础电信企业的移动电话用户总数达 16.95 亿户，其中，5G 移动电话用户达 5.92 亿户，占移动电话用户的 34.9%。

问题 067　国内 C-V2X 车联网的研究进展如何？

在经历了起步阶段、手机互联阶段、车载娱乐阶段之后，我国的车联网技术正处于 5G 技术的融合时期，如图 2-84 所示。

图 2-84　中国车联网发展历程

蜂窝车联网 C-V2X 的标准化工作可分为三个阶段：支持 LTE-V2X 的 3GPPR14 版本标准已经于 2017 年正式发布；支持 LTE-eV2X（增强版）的 3GPPR15 版本标准于 2018 年 6 月正式完成；支持 5G-V2X 的 3GPPR16+ 版本的标准已经宣布于 2018 年 6 月启动研究，这三者将会形成互补关系。

有统计数据显示，2016—2019 年以来，全国范围内的 V2X 国家级示范区、地方级示范区、智能网联高速公路数量从 5 个增加到了 26 个，如图 2-85 所示。

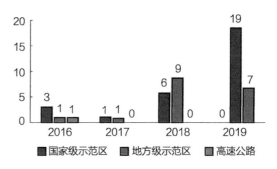

2018 年 9 月，在首届中国移动 5G 自动驾驶峰会上，位于北京房山高端制造业基地的国内第一条 5G 自动驾驶车辆测试道路宣布开通，帮助科技创新企业开展网联自动驾驶汽车的研发、生产、质检测试，为 5G 自动驾驶产业打造良好的研发、孵化环境。

图 2-85　2016—2019 新建 V2X 示范区数量

2018 年 11 月，天津联通联合中国汽车技术研究中心、华为共同打造的国内首个 5G+V2X 融合网络无人驾驶示范区亮相，如图 2-86 所示，其依托 5G 大带宽、低时延、高可靠的通信能力，结合 V2X 短距传输、高安全特性，通过车与万物互联、全量信息上云台、云台指令 / 地图实时下发的方式，实现车辆在 5G 网络下的 L4 级别无人驾驶业务应用。

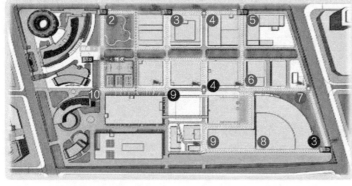

图 2-86　国内首个 5G+V2X 融合网络无人驾驶示范区

随后，在 2021 年 10 月，该 5G+V2X 融合网络无人驾驶示范区在天津实现整体运营，目前示范区试点路段总长 5km，共设置 12 个测试项目和 7 个障碍点，无人驾驶车辆速度可达 120km/h。现场测试 5G CPE 终端速率峰值可达 810M，基本稳定在 750M 以上。图 2-87 所示为正在进行中的行人识别与躲避测试项目。

从 2021 年 5 月开始，工信部和住建部先后

图 2-87　行人识别与躲避测试项目

确定了 16 个城市成为智能网联汽车和智慧城市基础设施的"双智"试点城市,其中,北京、上海、广州、长沙、武汉、无锡 6 个城市作为第一批"双智"试点,重庆、深圳、厦门、南京、济南、成都、合肥、沧州、芜湖、淄博 10 个城市作为第二批"双智"试点,如图 2-88 所示。

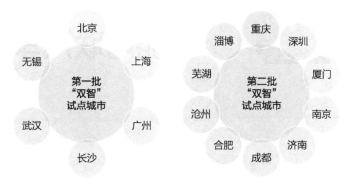

图 2-88　国内 16 个"双智"试点城市

上述都是行业层面宏观的一些进展,再回归到日常出行场景的话,C-V2X 也在逐步改变着越来越多消费者的出行生活。例如,在北京,市民可以体验商业化运营的自动驾驶出租车;在长沙,全国首条面向通勤场景的智慧定制公交线路可以让行程时间平均缩短 13.3%,高峰准点优化率达到 80%,有效提升了市民通勤效率。这些新技术、新应用的进一步成熟和推广,都将给广大消费者的交通出行带来更大的便利。

拓展阅读

上汽飞凡汽车的 MARVEL R 是第一个真正获牌获证、国家认定合法合规上路的"真 5G"智能车,包含有 SRRC 车载车规 5G/C-V2X 终端产品认证和中国 5G 终端电信设备进网许可证。其中,将 5G 等技术整合在车中的是上汽自主研发的 iECU 和 iBOX 系统,前者是国内第一款达到 ASIL D 标准的智能驾驶域控制器,而可实现 5G/C-V2X 功能的 i-BOX,是首个进入国家认证实验室测试的 5G 智能网联直连通信车载终端,如图 2-89 所示。

图 2-89　第一款获得双 5G 认证的"真 5G"智能车 MARVEL R

03

第3章
智能网联汽车网络技术

问题 068　智能网联汽车由哪些网络构成？

智能网联汽车的网络构成，其实是随着汽车网络互联技术的发展而不断跃迁的。

在传统汽车上，电气系统中各个功能模块之间采用点对点的通信方式，每个模块的功能单一，模块和模块之间通过线束连接而保持畅通的信号传递，因此，一辆采用传统布线方式的高档汽车的导线长度可达 2km。随着汽车电子电气功能的不断增加，如果依然采用传统线束来传递信号的话，线束系统将过于庞大繁杂，一方面会增加更多的成本，另一方面也会导致车内空间受限。

于是，现代汽车开始采用车载控制器和车载网络技术来解决这一问题。车载控制器通常被称为电子控制单元（Electronic Control Unit，ECU），不同的 ECU 承载不同的功能，如车身稳定系统（ESC）、电池管理系统（BMS）、整车控制器（HCU）、车身控制器（BCM）、多功能数字仪表（IC）、电动空气悬架（ECAS）等。控制器之间通过多种数据总线（如 CAN、LIN、FlexRay 等）组成车内通信网络，实现信息传递。这极大地减少了车内线束的使用数量，线束的布置更加方便，成本也得到了降低，车重也因此得到了减轻，这便是车内网（车载网络）。

随后，在电动化、网联化、智能化和共享化的汽车"新四化"发展中，以往车载控制器各自集成部分功能的发展方式也遇到瓶颈，因为智能网联汽车上每秒都会产生海量的数据，不同功能模块之间要共享和传递数据，传统的分布式系统和网络总线已不堪重负，随之而来的便是整车电子电气架构的变革，从分布式架构向域集中式演化，最终走向中央计算平台式架构。整车电子电气架构的变革，离不开汽车网络技术的发展，尤其是在车载以太网技术的飞速发展和应用之后，在车辆内部通信的基础之上，车辆还开始逐步与其他车辆、路侧单元及行人等开放式移动自组织网络进行通信，这便是车际网（车载自组织网络）。

现如今，基于 3G、4G、5G 等远距离通信技术，智能网联汽车可以实现与互联网之间进行相互连接，从而实现车与各种服务信息在车载移动互联网上的传输，这便是车云网（车载移动互联网）。

智能网联汽车的网络构成如图 3-1 所示。

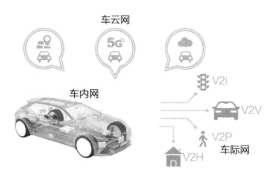

图 3-1　智能网联汽车的网络构成

问题069　什么是车内网（车载网络）?

车内网又被称为车载网络，是以 CAN、LIN、FlexRay、MOST、以太网等总线技术和以蓝牙、Wi-Fi、NFC 等车辆与手机无线连接技术为基础建立的标准化整车网络，目的是实现车内电器（如显示屏等）、车内控制器（如车身控制器等）、车上的传感器（如雷达等）之间的状态信息和控制信号的传输，从而实现车辆的状态显示、故障诊断和智能控制等功能。其总线结构如图 3-2 所示，需要注意的是，不同车型的车内网在不同区域采用的协议可能会有差异。

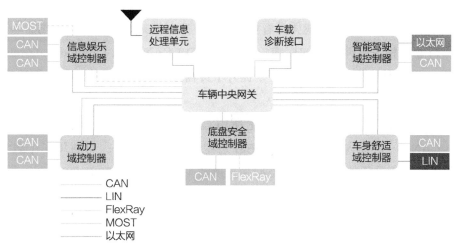

图 3-2　车内网（车载网络）总线结构

问题070　什么是 CAN 总线?

CAN 总线（Controller Area Network，控制器局域网络）是德国 Bosch（博世）公司于 20 世纪 80 年代为汽车监测、系统控制而设计的一种支持分布式控制系统的串行数据通信总线，模块之间的信号传递仅需要一条或两条信号线，无需中继的情况下 CAN 总线的最远传输距离可达 10km（速率 5kbit/s 以下）。在此之前，汽车 ECU 是复杂的点对点布线。由于 CAN 总线高性能高可靠性及独特的设计，它在汽车领域很快得到广泛的应用，目前几乎所有的汽车制造厂商都在使用。CAN 总线诞生至今一直在不断发展进化，应用范围从乘用车扩展到商用车，再扩展到工程机械、现场工业等领域；近年来随着 CAN FD 的出现，CAN 总线的传输速率也提升到 5Mbit/s，下一代 CAN XL 的传输速率将达到 10Mbit/s。表 3-1 所列为 CAN 总线发展史。

表 3-1　CAN 总线发展史

年份	发展事件
1986 年	德国 Bosch 公司开发设计了 CAN 总线协议作为解决方案
1987 年	第一块 CAN 控制器芯片由 Intel 公司设计成功
1990 年	第一辆应用 CAN 总线的量产车 Mercedes S-Class 出现
1991 年	德国 Bosch 公司发布 CAN2.0（CAN 2.0A；11 位；2.0B:29 位）
1993 年	CAN 成为国际标准 ISO 11898（高速应用）和 ISO 11519（低速应用）
2003 年	ISO 11898 成为标准系列
2012 年	博世（Bosch）发布了 CAN FD 1.0
2015 年	CAN FD 协议标准化（ISO 11898-1），数据传输速率提高到 5Mbit/s
2023 年	CAN XL 仍在开发中，数据传输速率可达 10Mbit/s

从实际应用来看，CAN 总线凭借着可靠性高、实时性好、成本低、应用简单等特点，成为汽车行业和相关硬件厂商的标准。而 CAN FD（CAN with Flexible Data rate）总线则在继承 CAN 总线主要特性的基础上，提升了传输速率，增加了传输的数据长度，从而实现更好的传输效果。

值得注意的是，通常而言，乘用车上所用 CAN 总线类型为标准帧，采用 11 位报文标识符（CANID），其内容都是使用 OEM 自定义的专用协议；而商用车（载货汽车、工程机械等）上面采用的 CAN 总线类型为扩展帧（CAN2.0B，SAE J1939），采用 29 位的报文标识符，有大量的通用报文，都是 SAE J1939 规定好的协议内容。

拓展阅读

别克旗下昂科威 S 搭载的全新一代 VIP 电子架构，采用 CAN FD 总线和高速车载以太网数据链替代传统 CAN 总线，大幅提升车辆通信能力和带宽。

问题 071　CAN 总线在汽车领域有哪些应用？

在汽车领域，CAN 总线主要应用在对信息传递实时性和稳定性要求较高，数据传输量不大的控制器之间。由于 CAN 网络是共享总线，总线上所有节点都可接收所有控制器发出的报文，且 CAN 报文通过 ID 做优先级仲裁，优先级高的报文在总线上会优先传递，因此汽车的 CAN 网络划分通常按"域"进行区分，避免不同域间的报文在同一总线上传递而影响信号交换效率。

智能网络汽车常用的 CAN 速率有 250kbit/s、500kbit/s 和 2Mbit/s、5Mbit/s（CAN FD），这取决于设计时对网络总线上挂载的节点数量和数据量的分配，不同速率的 CAN 节点通常不能挂载在同一条 CAN 总线上。

常见的车辆 CAN 网络通常有动力 CAN（动力域相关的控制器，如 EMS、VCU、TCU、HMS、IMCU、FCU 等）、底盘 CAN（底盘域相关的控制器，如 ESC、EPS、EPB、ECAS 等）、车身 CAN（车身舒适域相关的控制器，如 BCM、PEPS、DCU、AC 等）、信息 CAN（信息娱乐域相关的控制器，如 IC、IVI、HUD、TBox 等）、ADASCAN（智能驾驶域相关控制器和传感器，如 ADU、Radar、Camera、DMS、IMU 等）、诊断 CAN 等。由于近来车载控制器的数量和传递的数据量增多，有的车辆还会有其他 CAN 总线分类，如新能源 CAN、热管理 CAN 等；由于网络负载的限制，部分域的 CAN 网络会分成多个，如底盘 CAN1、底盘 CAN2 等，如图 3-3 所示。不同 CAN 总线之间的信息传递通过网关进行路由，网关是网络信息路由交换的中枢。

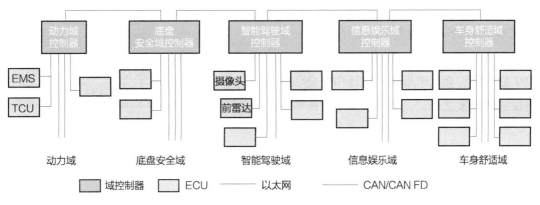

图 3-3　域集中式电子电气架构中的 CAN/CAN FD 的应用示意图

由于 CAN 总线的诸多良好特点，除了在汽车上应用广泛之外，它在大型仪器设备、工业控制、智能家居、智能机器人等领域也得到了广泛应用。

问题 072　什么是 LIN 总线？

LIN 总线（Local Interconnect Network）是一种针对汽车分布式电子系统而定义的一种低成本单线串行通信协议，它工作电压为 12V，只需要一根信号线（需要配合地线），在 40m 长的总线上支持高达 19.2kbit/s 的通信，是对于现有汽车网络（如 CAN 总线）的一种补充，其主要目的是用低成本的方式实现汽车中的分布式电子系统控制。LIN 总线网络由一个主节点与若干个从节点构成，节点总数不超过 16 个，通常 12 个以下，没有 CAN 总线那样的仲裁机制。

在成本低的同时，LIN 总线的可靠性和传输速率也比较低，但它具有配置灵活、支持睡眠和唤醒模式等特点，这些特点也推动了 LIN 总线的普及。

问题073　LIN 总线在汽车领域有哪些应用？

在汽车领域，LIN 总线主要应用于不影响车辆性能、对速度和容错性要求较低的部件，如图 3-4 所示。LIN 总线在汽车领域的应用主要包括方向盘区域、天窗、空调、车门、座椅、刮水器、车灯等，当然，具体的设计上会由于产品的网络架构和车型的定位的差异而有所不同。

随着汽车网络安全需求的与日俱增，CAN FD、FlexRay 以及汽车以太网在汽车网络上的应用也愈发增多，与此同时，LIN 总线成本优势的下降使得 LIN 的应用也在逐步减少，但仍有人认为，LIN 总线依然会是未来汽车设计中的低成本方案之一。

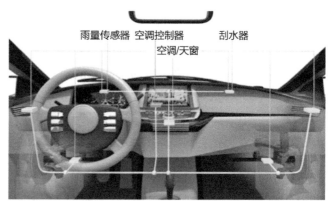

雨量传感器　空调控制器　　刮水器
空调/天窗

图 3-4　LIN 总线在汽车上的应用

问题074　什么是 FlexRay 总线？

FlexRay 总线是一种基于时间触发机制，用于汽车的高速可确定性的、具备故障容错能力的总线系统。它使用非屏蔽双绞线电缆连接节点，每对线缆上的差分信令可减少外部噪声对网络的影响，从而使得其不需要昂贵的屏蔽。

FlexRay 总线的主要特点包括传输速率高、确定性、高容错性、高灵活性等，它可以提供关键的安全功能，在多传感器、执行器和电子控制单元需要在同步时提供高端的性能。FlexRay 总线在汽车领域中的应用已经证明了它的价值。

拓展阅读

第一款采用 FlexRay 的量产车宝马 X5 于 2006 年推出，该技术应用在电子控制减振系统中。

问题 075　FlexRay 总线在汽车领域有哪些应用？

FlexRay 的安全性、实时性要比 CAN 强，传输速度也比 CAN 高，但 FlexRay 相比 CAN 工作机理要复杂得多，因此，在汽车领域，FlexRay 主要用在安全性要求更高的地方，如动力、底盘等。

由于 FlexRay 的成本比 CAN 要昂贵得多，并且，随着 CAN FD 的成熟和普及，FlexRay 的应用还未得到广泛的普及，目前只在一些高端车上有所应用。

问题 076　什么是 MOST 总线？

MOST（Media Oriented System Transport）总线是一种专门针对车内使用而开发的、服务于多媒体应用的系统传输总线，是四大主流的汽车总线之一。它使用光纤或双绞线作为传输介质，可以同时传输音频 / 视频流数据、异步数据和控制数据，最高可支持 150Mbit/s 的传输速率。

对比来看，MOST 总线具有传输速率高、抗电磁干扰能力强、占用空间小、易于集成和拓展、成本低等优点。

问题 077　MOST 总线在汽车领域有哪些应用？

在汽车上，MOST 总线主要应用于车载多媒体数据的传输，包括汽车 GPS 导航系统、车载电话、音频视频设备等。

由于 MOST 为多媒体定向系统传输，而环形结构的使用使得其只能朝着一个方向去传输数据，如果其中一个节点发生故障而中断的话，其余节点也无法进行数据的传输，系统鲁棒性差，所以没有得到大规模普及，目前仅在国外部分中高端车型上进行应用。

问题 078　什么是以太网？

以太网（Ethernet）是一种规定了包括物理层的连线、电子信号和介质访问层、传输层以及应用层等协议内容的计算机网络技术，它采用双绞线或光纤将计算机和其他设备连接起来。

根据传输速率的不同，以太网分为两大类：第一类是经典以太网，它是以太网的原始形式，运行速度为 3~10Mbit/s；第二类是交换式以太网，使用了一种称为交换机的设备连接不同的计算机，是广泛应用的以太网，可运行在 100~10000Mbit/s 那样的高速率，分别以快速以太网（100Mbit/s）、千兆以太网（1000Mbit/s）和万兆以太网（10Gbit/s）的形式呈现。图 3-5 所示为以太网的发展历程。

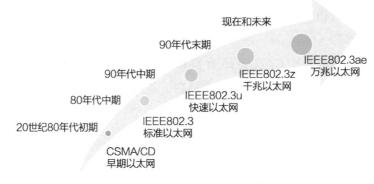

图 3-5　以太网技术的发展历程

区别于常见的工业以太网的 2 对或 4 对双绞线，车载以太网物理层采用 1 对双绞线进行信号传输，其在传统以太网协议基础上，改变了物理接口的电气特性，并结合车载网络需求制定了一些新标准，从而适用于要求高稳定性、轻便性的车载环境。量产的车规级以太网物理层连接，也不再采用工业以太网 RJ45 的水晶头连接方式，而是类似 CAN 总线，采用特殊要求的车用接插件连接。

问题079　以太网在汽车领域有哪些应用?

在智能网联汽车上，车载以太网通常用于智能座舱域、智能驾驶域等需要大数据量通信的地方。随着智能化的升级，消费者对汽车多媒体及影音系统的需求越来越高，这也就意味着，在未来，车联网的需求会不断拓展，网络带宽的需求也会不断加大。将以太网应用到车载领域，便是一个十分理想的解决方案。

自 2015 年起，宝马开始在其全系车型中引入车载以太网技术，以实现娱乐、安全和通信子系统之间的整合，构建车载以太网系统。

随后，车载以太网技术得到了更多企业的认可和采用，捷豹、路虎和大众等厂商都在其部分车型中集成了该技术。

2015 年，奇瑞汽车与博通公司签署共同开发车载以太网应用的合作谅解备忘录。此外，在造车新势力中，包括蔚来汽车、理想汽车和小鹏汽车等企业，也在汽车的车载娱乐系统、车载导航系统、车载安全系统中广泛的应用着车载以太网技术。

需要注意的是，我们通常所说的以太网，多指的是物理层的那对看得见摸得着的"双绞线"，实际上，以太网是一个庞大的协议家族，由一系列的各层标准共同组成。

在车载领域，除了通过实际双绞线传输的总线网络应用了以太网之外，在控制器内部、应用程序之间经常会通过基于以太网的应用层协议进行通信，比如基于 AUTOSAR（Automotive Open System Architecture，汽车开放系统架构）的 SOME/IP（Scalable service-Oriented MiddlewarE over IP，基于 IP 的面向服务的可扩展性通信中间件），以及 DDS（Data Distribution Service，数据分发服务）等。此外，车载无线通信所用的 Wi-Fi 技术、车载音视频传输所用的 AVB（Ethernet Audio VideoBridging，以太网音视频桥接）技术、用于 OTA 的 DoIP（Diagnostic communication over IP，基于 IP 的诊断通信）等，也是基于以太网的应用层协议。因此，广义上的车载以太网通信在智能网联汽车上已经非常普遍。

问题080　什么是车际网（车载自组织网络）？

车际网又称为车载自组织网络，是指在交通环境中，以车载单元（On Board Unit，OBU）、路侧单元（Roadside unit，RSU）及行人携带的电子设备等为节点而构成的开放式移动自组织网络。它通过 DSRC、LTE-V、5G 等短距离无线通信技术进行无线连接，从而为高速移动状态的车辆提供高速率的数据交互服务。

问题081　车际网有哪些应用？

车际网可以实现 V2X 之间的信息交互，包括 V2I、V2V、V2P 等，从而达成让车辆具有超视距环境感知、信息预测、智能控制等功能，如图 3-6 所示。

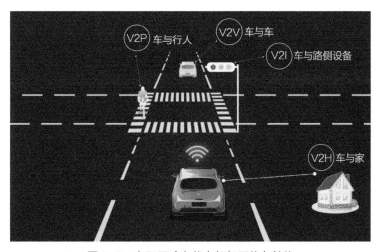

图 3-6　车际网（车载自组织网络）结构

问题082 什么是车云网（车载移动互联网）？

车云网又称为车载移动互联网，是基于 3G、4G、5G 等远距离通信技术构建的车辆与互联网之间连接的网络，目的是实现车与各种服务信息在车载移动互联网上的传输，如图 3-7 所示。

图 3-7　车云网（车载移动互联网）结构

对于一辆汽车而言，如果车辆本身没有与外界进行通信的能力，那么，车内网就是一个局限在汽车内部的局域网，就像一座孤岛一样，由此可见车际网和车云网的重要性。

第4章
智能网联汽车导航定位

问题 083 什么是车载导航定位系统?

车载导航定位系统是指安装在汽车中能够提供实时定位和导航功能的系统,除了卫星系统之外,它主要由定位模块、地图数据、计算处理器和人机界面等部分组成,如图4-1所示。

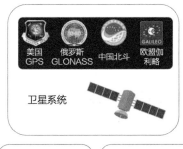

图4-1 车载导航定位系统构成

定位模块通过使用GPS、北斗卫星、GLONASS和Galileo等卫星系统,获取汽车当前所处的位置和速度等重要信息;地图数据是车载导航定位系统的核心部分,它记录了道路信息、建筑物、交通标志等各种地理信息,并将其以数字化方式制成电子地图,为导航过程提供依据;人机界面则是驾驶员与导航系统之间的交互平台,它通过触摸屏、语音识别等方式展现地图信息和驾驶路径,并为驾驶员提供各种操作指令;计算处理器是车载导航定位系统的指挥中心,保障整个系统快速准确地运行。

车载导航定位系统能够帮助驾驶员合理规划行驶路线,找到合适的道路或变换车道,避免交通堵塞和车祸等情况。其具有指引算法高效、导航精度高、路况实时更新等特点,已经成为现代汽车上的一种基本配置。在未来，随着智能网联车技术的不断发展，车载导航定位系统将会更加智能化，提供更为丰富和个性化的路线推荐和服务，为人类出行生活带来更多的便利与安全。

拓展阅读

2021年2月27日，应用"北斗+5G"技术的40余辆自动驾驶出租车在"中国车谷"湖北省武汉市经开区投入运营，当地推进自动驾驶车辆商业化运营取得积极进展。本次上路的40余辆自动驾驶出租车，全部搭载了北斗系统终端，如图4-2所示。车辆依托北斗系统高精度定位等有关技术，可按照既定路线自主行驶至目的地。在实际体验过程中，约10km的路程，该自动驾驶出租

图4-2 应用"北斗+5G"技术的自动驾驶出租车

车先后遭遇会车、转弯、等待红灯、前车紧急制动、上下高架桥等多种交通场景，车辆均能自动平稳应对。在普通道路上，车速最高可达40km/h。

问题084 全球四大卫星导航系统有哪些?

全球四大卫星导航定位系统主要指的是美国GPS、俄罗斯GLONASS、中国北斗和欧盟伽利略，它们也是全球卫星导航系统国际委员会（International Committee on Global Navigation Satellite Systems，ICG）的四大卫星导航系统供应商。除此之外，还有两个区域性的卫星导航定位系统：日本QZSS和印度IRNSS，如图4-3所示。

图4-3 全球卫星导航系统概览

（1）全球定位系统（GPS）

全球定位系统（Global Position System，GPS）起始于1958年美国的一个军方项目。它从20世纪70年代开始开发，于1993年建成并投入运行的卫星导航、定位、授时系

统, 到 1994 年共有 24 颗 GPS 卫星星座布设, 全球覆盖率高达 98%, 与 UTC 时间保持同步, 是目前世界上同步精度最高、覆盖范围最广的导航系统。2000 年 1 月美国关于"局部屏蔽 GPS 信号"的技术试验获得成功之后, 美国取消了长达 10 年的 SA (Selective Availability) 政策以提高民用 GPS 定位的授时精度, 民用定位精度可达 10m 之内, 使得 GPS 成为一种高度共享的全球性资源。

（2）俄罗斯全球导航卫星系统（GLONASS）

俄罗斯全球导航卫星系统（Global Navigation Satellite System, GLONASS）的正式组网时间比 GPS 还早, 由苏联于 1976 年开始启动, 1982 年开始发射导航卫星, 1993 年开始启用, 也是由 24 颗卫星实现全球导航, 2011 年该系统在全球正式运行。与美国的 GPS 相似, 该系统也开设民用窗口。到 2023 年, GLONASS 系统已经拥有约 30 颗工作卫星, 并通过不断升级和增强系统功能来适应不同领域和应用的需求, 相比较而言, 它的民用定位精度比 GPS 要差一些。

（3）欧洲伽利略全球卫星导航系统（Galileo）

欧洲伽利略全球卫星导航系统（Galileo satellite navigation system）是欧洲计划建设的新一代民用全球卫星导航系统, 是欧洲国家为了减少对美国 GPS 系统的依赖于 2002 年 3 月启动的一项计划, 整个计划由分布在 3 个轨道上的 30 颗卫星组成。其中 27 颗卫星为工作卫星, 3 颗为候补卫星。2005 年和 2008 年先后发射其第一颗、第二颗导航卫星, 2009 年 11 月地面站落成, 2011 年和 2012 年分别发射第三颗、第四颗卫星, 首批 4 颗运行卫星组网成功。2016 年 12 月, 欧洲伽利略全球卫星导航系统正式开始提供初始服务。2020 年 12 月, 欧洲伽利略全球卫星导航系统进入完全运行状态。截至 2023 年初, Galileo 系统已经发展成为由 22 颗卫星构成的卫星导航系统。

（4）北斗卫星导航定位系统（BDS）

北斗卫星导航定位系统（BeiDou (COMPASS) Navigation Satellite System, BDS）是中国正在实施的自主研发、独立运行的全球卫星导航系统, 于 1983 年提出方案, 2000 年 10 月和 12 月, 2 颗北斗导航试验卫星发射上天, 组成北斗一号导航系统。2012 年, 第 16 颗北斗导航卫星被成功送入预定轨道, 这是我国二代北斗导航工程的最后一颗卫星, 标志着我国北斗导航工程区域组网顺利完成, 2012 年底, 由 14 颗卫星组成的北斗二号导航系统（5 颗静止轨道导航卫星 +5 颗倾斜地球同步轨道导航卫星 +4 颗中圆地球轨道导航卫星）正式建成, 同期, 北斗卫星导航定位系统正式对亚太地区提供无源定位、导航、授时、短信息通信服务, 授时精度优于 100ns, 定位精度优于 20m。2019 年底, 我国已发射 28 颗北斗三号全球组网卫星（1 颗静止轨道导航卫星 +3 颗倾斜地球同步轨道导航卫星 +24 颗中圆地球轨道导航卫星）。2020 年 6 月 23 日 9 时 43 分, 我国在西昌卫星发射中心用长征三号乙运载火箭成功发射了北斗系统的第55颗导航卫星，完成30颗卫星发射组网，全面建成支持有源服务和无源服务两种技术体制的北斗三号系统，服务范围也扩大到全球，为全球用户提供优于5m精度的定位服务。图4-4所示为北斗卫星导航定位系统发展的三个阶段。

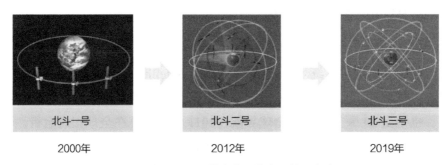

图4-4　北斗卫星导航定位系统发展的三个阶段

根据2023版《北斗卫星导航系统建设与发展》报告，北斗系统目前在轨卫星共45颗，包括北斗二号15颗，北斗三号卫星30颗，提供基本导航定位授时服务，空间信号保持稳定，近两年各项技术指标优秀，如图4-5所示。

目前，北斗卫星导航定位系统主要提供导航定位和通信数传两大类、七种服务，包括：面向全球范围，提供定位导航授时、全球短报文通信（GSMC）和国际搜救（SAR）三种服务；面向中国及周边地区，提供星基增强（SBAS）、地基增强（GAS）、精密单点定位（PPP）和区域短报文通信（RSMC）四种服务，如图4-6所示。

图4-7所示为北斗卫星导航定位系统在道路运输车辆中的应用。

图4-6　北斗卫星导航定位系统的"技能"展示

图4-5　北斗卫星导航定位系统

图4-7　BDS在道路运输车辆中的应用

2021 年 4 月 19 日，中国移动在第十九届上海国际汽车工业展览会上宣布，由中国移动牵头，联合一汽等车企以及博世、华为等产业链合作伙伴共同实施的"5G+北斗高精度定位星耀行动路测计划"正式启动。未来三年内，该计划将完成覆盖全国 100 万 km 道路、100 座城市的路测，把全天候、全天时、全地理的精准时空服务，深度应用于智能网联、自动驾驶、车路协同等领域。换句话说，"5G+北斗高精度定位"技术在我国将正式进入大规模实测应用阶段，其价值在于进一步将精准时空服务，深度应用于智能网联、自动驾驶、车路协同等领域。截至目前，依托现有 5G 基站，在全国范围建设超过 2200 座北斗地基增强基准站，建成了全球规模最大的"5G+北斗高精度定位"系统。"5G+北斗高精定位"系统将通过 5G 网络实时提供亚米级、厘米级、毫米级高精度定位服务，构建全天候、全天时、全地理的精准时空服务体系。

问题 085　卫星导航系统是如何定位的？

卫星导航系统定位的基本原理是：通过卫星与地面接收机之间的卫星信号（包含有卫星的位置信息和信号传播的时间信息）传输，测量出卫星到地面接收机之间的距离，然后综合多颗卫星的数据，就可以获取地面接收机的具体位置。

理论上而言，只要地面接收机能同时和空间中 3 颗卫星进行通信，便可以获得 3 个位置参数，从而可以确定地面接收机的唯一位置，进而实现定位。

但实际上，由于卫星上的原子钟时间与地面接收机的时间很难完全对准，为了获得这个时间差参数，通常而言地面接收机还需要通过第 4 颗卫星以获得 1 个时钟偏差参数，这也意味着需要同时观测到 4 颗卫星的信号才能实现精确定位，如图 4-8 所示。

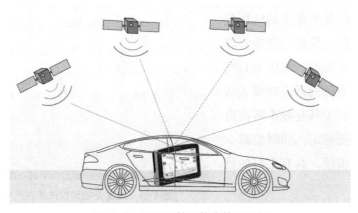

图 4-8　卫星导航系统定位原理图

2022 年 1 月，工业和信息化部印发《关于大众消费领域北斗推广应用的若干意见》，鼓励车辆标配前装北斗终端，提升北斗在车辆应用中的渗透率，探索车辆北斗定位 + 短报文 +4G/5G 的一键紧急救援模式，在车联网中推广应用北斗高精度定位技术。

问题086 什么是 GPS/DR 组合导航定位系统？

GPS/DR 组合导航定位系统是一种基于全球定位系统（GPS）和惯性导航系统（DR）的定位系统，它将二者结合利用，实现高精度、高稳定性的位置、速度、姿态等参数的测量。其中，GPS 通过接收卫星信号确定空间位置，DR 则可以通过惯性测量单元（如加速度计和陀螺仪）对运动载体进行测量并计算出载体相对于起点位置的位移和姿态变化，综合利用二者得到的信息，可以在 GPS 信号不好或者信号干扰的情况下依然实现高精度定位。

目前，GPS/DR 组合导航定位系统已经在航空、船舶、汽车等领域得到广泛应用，提高了导航定位的可靠性和准确性，同时也促进了相关设备技术的发展和创新。

问题087 蜂窝无线定位技术是什么？

蜂窝无线定位技术是一种利用移动通信网络中的基站信号进行位置测量的技术，通俗地说，就像我们打电话发短信需要寻找附近的基站进行通信一样，这些基站就像一个个"蜂窝"覆盖在大地上，而我们的位置信息就可以通过计算我们与周边多个基站信号的时差等参数来实现精确定位。

蜂窝无线定位技术常见的应用包括移动设备的定位、导航、交通管理等领域，如图 4-9 所示。相比于 GPS 等卫星导航定位系统而言，蜂窝无线定位技术的优势在于其在城市等高密度区域定位表现更稳定，同时也减少了对天空视野的依赖，具有更好的覆盖性和可靠性。

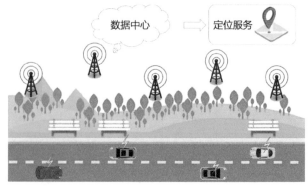

图 4-9　蜂窝无线定位技术在汽车领域的应用

问题 **088**　无人驾驶汽车定位方法有哪几种?

精确的车辆定位是实现无人驾驶的前提,目前在无人驾驶汽车领域常用的定位方法包括卫星定位、惯性导航定位、地图匹配定位、VISLAM 定位、激光 SLAM 定位等几种,其技术特点见表 4-1。

表 4-1　5 种常见的定位技术及特点

定位技术	定位精度	优点	缺点
卫星定位	米级	成本低、全天候	环境遮挡
惯性导航定位	米级	不依赖于外界环境	累积误差大
地图匹配定位	厘米级	精度高	需要先验地图
VISLAM 定位	厘米级	成本低	光照影响大
激光 SLAM 定位	厘米级	精度高	成本高

(1)卫星定位

卫星定位指的是基于全球导航卫星系统对车辆进行定位的一种方式,车辆需要接收到卫星信号才能实现定位,定位误差在米级。但在隧道、地下室等信号被遮挡的区域,车辆会由于信号弱甚至信号无法接收导致无法进行精准定位,因此,在某些场景下卫星定位无法满足无人驾驶汽车的高精度需求。

(2)惯性导航定位

惯性导航定位指的是利用惯性测量单元(Inertial Measurement Unit,IMU)来测量汽车本身的加速度,然后通过积分和运算得到车辆的速度和位置,从而达到对无人驾驶汽车进行定位的目的。惯性导航定位不依赖外界信息,不易受到外界环境干扰,是一种自主式的测量单元,但是 IMU 测量有一定的误差,且误差随着时间的推移会不断增大,因而只能作为辅助定位使用。

(3)地图匹配定位

地图匹配定位指的是将自动驾驶汽车行驶轨迹中的经纬度采样序列与高精地图进行匹配以识别出位置信息的方式。它可以将汽车的定位信息与高精地图提供的道路位置信息进行对比并通过算法确定当前的行驶路段及其在当前路段中的位置。换句话说,它是在汽车位姿信息已知的情况下进行高精地图局部搜索的过程。

(4)视觉 SLAM 定位

视觉 SLAM 定位又称为视觉惯性同步定位与构图(Visual-Inertial Simultaneous Localization and Mapping,VISLAM),其依靠视觉传感器来感知周围环境,结合 IMU

测量到的加速度、角速度等信息，通过多特征匹配获取无人驾驶汽车的定位结果，能够在光线强度足够的环境中获得厘米级精度的定位结果，但在低可见度环境中精度会降低，甚至会导致定位困难。图 4-10 所示为视觉 SLAM 地图构建示意。

本质上来讲，视觉 SLAM 定位是一种基于深度学习的定位，它将输入到传感器的数据（如视觉、惯性、激光雷达或其他传感器数据）与输出目标值（如位置、方向、场景几何或语义）之间的关系总结为某种映射函数关系，从而去解决传感器测量不完善、环境动态变化带来的复杂性等问题。

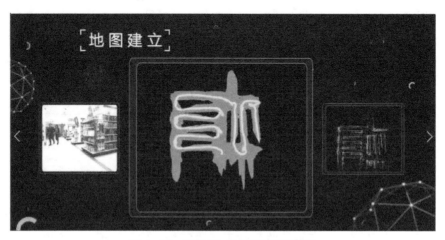

图 4-10　视觉 SLAM 地图构建示意

（5）激光 SLAM 定位

和视觉 SLAM 定位不同的是，激光 SLAM 定位采用的传感器是激光雷达。虽然激光雷达的成本目前仍然居高不下，但激光 SLAM 定位具有精度高、不易受环境干扰等特质，受到了越来越多的自动驾驶技术相关企业的青睐。图 4-11 所示为激光 SLAM 地图构建示意。

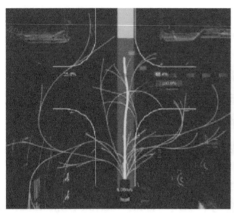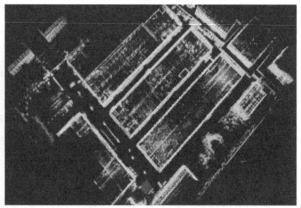

图 4-11　激光 SLAM 地图构建示意

无人驾驶汽车的定位还可以分为全局定位、局部相对定位和局部绝对定位。全局定位指的是基于信号的定位，比如 GPS；局部相对定位指的是基于航迹估算的定位，比如里程估计；局部绝对定位指的是基于环境特征匹配的定位，比如地图匹配。这三种方法有各自的优势和弊端，目前会交叉或整合使用，以达到互为冗余和补充的定位结果。

问题089　智能网联汽车的路径规划技术是什么？

简单来讲，智能网联汽车的路径规划技术就是根据地图环境信息规划出一条从 A 点到 B 点的最优路径，在规划的过程中，需要考虑到达终点的时间、道路长度、避障能力、应对突发情况的能力、乘客舒适性等多方面的因素。按照对周围环境掌握能力的不同，路径规划可以分为两类：全局路径规划和局部路径规划。

全局路径规划是指智能网联汽车在对周围环境信息已经充分验证、车辆地图数据库已知的基础上进行的路径规划；局部路径规划是指智能网联汽车在传感器感知信息的基础上，在满足动力学、运动学约束的同时兼顾稳定性、舒适性、安全性等指标的情况下对车辆进行的路径规划。

目前，大部分智能网联汽车的路径规划采用的都是全局路径规划与局部路径规划相结合的方式。

问题090　什么是车载导航地图？

所谓车载导航地图，主要指的是运行在车载设备（如车机）上的一种电子地图系统，如图 4-12 所示，它利用全球定位系统（GPS）等技术，在行驶过程中提供关于路线、方向、速度等信息的实时导航和地图显示，能够帮助驾驶员快速准确地找到目的地，规划最佳的行驶路线，并提供实时路况信息和相关服务，如加油站、餐厅、旅馆等位置的查询。

从使用上来说，车载地图与手机地图在功能设定上并没有太大的不同，只不过，车载地图由于运行环境的特殊性，在应用场景上和手机地图存在差异，车载地图主要是为了在驾驶过程中提供导航服务，而手机地图则更适合步行、骑行等出门和旅行时使用。另外，车载地图一般会更加精准和及时地反映位置信息以及实时路况，其对车辆实时状态进行监测，并紧密结合 GPS 定位信息和车辆传感器数据等多个方面的信息来处理和分析，车载地图还会根据车辆行驶速度和路径来进行动态优化路线规划，使之更加贴近实际情况和操作需求；手机地图则更注重用户体验和便携性，具有搜索、推荐、评论、分享等互动功能，可以更好地满足日常逛街、找店、约会、旅游等各种需要。

图 4-12　车载导航地图

拓展阅读

大众 ID 系列全系车型标配的是 GNSS 全球导航卫星系统，除了中国北斗卫星导航系统（BDS）之外，还有美国 GPS、俄罗斯 GLONASS、欧洲 Galileo，是一个四网合一的聚合式全球定位系统。ID 系列车型的卫星导航信号接收天线位于车顶鲨鱼鳍里面，负责卫星信号的接收和处理，同时，鲨鱼鳍天线还负责 2G/3G 移动通信信号的接收，如图 4-13 所示。

图 4-13　大众 ID 系列车型卫星导航信号接收天线位置

问题091　什么是 AR 实景导航地图？

AR 实景导航地图指的是利用 AR 现实增强技术，结合实时的道路交通环境，在摄像头实时拍摄到的真实道路画面的基础之上将真实世界中的一切呈现在屏幕上，同时在画面上叠加上指示箭头、指示标识、虚拟模型等信息给用户指引前进方向的导航技术，以提供更丰富的导航体验。图 4-14 所示为高德地图的 AR 实景导航。

当你使用 AR 导航地图时，你可以看到屏幕上的实景图像，同时，在这个界面上，你可以看到电子标记所标识的建筑和商店名称、餐馆的排队情况等。此时，在陌生的城市中找到具体的餐馆或者商店就变得轻而易举。

路口转弯指引

在智能网联汽车上，AR 实景导航地图是一种将视觉识别、定位结果及地图导航等技术融合在车内屏幕上的一种技术，通过将 AR 元素叠加到实景道路上，屏幕可以显示车速、车距等实时信息。相比较传统的车载地图而言，AR 实景导航地图在地图精度、使用便利性、内容清晰度、体验效果等方面有一定的优势。

并线变道指引

图 4-14　高德地图 AR 实景导航

图 4-15 所示为搭载 AR 增强实景仪表导航的长安 UNI-K，在使用地图导航过程中，系统可以载入摄像头捕捉到的实际环境作为地图场景，以提升导航准确性和使用便捷性。

图 4-15　搭载 AR 增强实景仪表导航的长安 UNI-K

[拓展阅读]

2019 年上市的荣威 Marvel X 是全球首款搭载 AR 增强实景导航功能的车型，如图 4-16 所示。依靠位于车前的前置摄像头，Marvel X 可以还原道路的真实场景，通过车端导航引擎，结合千寻位置提供的融合定位能力，车辆能够准确"感知"所处车道，将导航指引呈现在全液晶仪表盘上，为驾驶员提供更精准可靠、易于识别的车道级实景导航。

图 4-16　全球首搭 AR 增强实景导航功能的 Marvel X

问题092　什么是高精地图？

　　高精地图指的是一种针对道路、建筑物等地理信息进行高精度采集与处理，包含道路形状、道路标记、交通标志和障碍物等地图元素，定位精度达到厘米级别的用于自动驾驶的高精度地图，如图 4-17 所示。它具有精度更高、信息更全等优势，能够提供更为精准的地理数据和更细致的地图更新，从而让我们在路上行驶时能够更加顺畅和安全。

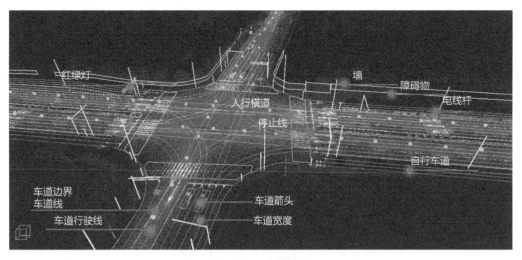

图 4-17　高精地图

　　相比于常规地图而言，高精地图会有更准确的道路形状以及每个车道的坡度、曲率、航向、高程、侧倾等，除此之外，它与传统地图还有一些其他的差异，详见表 4-2。

　　高精地图包含的内容主要分为道路属性、车道模型、交通设施模型等三大类，如图 4-18 所示。

表 4-2　高精地图和传统地图的区别

类别	传统地图	高精地图
地图信息	简单道路线条、信息点（POI）、行政区划边界	详细道路模型，包括车道模型、道路部件、道路属性和其他的定位图层
街道名称信息重要性	重要	一般
道路曲率数据互要性	一般	重要
道路几何特征	重要	重要
所属系统	信息娱乐系统	车载安全系统
功能	辅助驾驶的导航功能	高精度定位、辅助环境感知、规划与决策
使用者	驾驶员	机器
更新频率	低	高
精度	米级	厘米级
地图生产	卫星图片 +GPS 定位	集中制图、众包制图

图 4-18　高精地图包含的内容

在实际的生活中，在高精地图的帮助下，我们可以更准确地了解某个地区的实时交通情况，并且能够根据这些数据做出更加科学合理的出行决策，从而避免因为道路拥堵而产生的交通延误。此外，在高精地图中，我们还可以获得更加详细的城市三维地图，这将让我们更加准确地感知到城市的形态和特征。

除此之外，通过融合多种传感器数据和高精地图数据，智能网联汽车可以更好地理解周围环境，提高驾驶的安全性和可靠性。高精地图甚至可以记录街道上的细微变化和路面状况，帮助车辆在行驶过程中更轻松地避开路上的障碍，从而实现更为优秀的自动驾驶控制。

拓展阅读

自然资源部办公厅 2022 年 8 月下发了《关于做好智能网联汽车高精度地图应用试点有关工作的通知》，支持在北京、上海、广州、深圳、杭州、重庆等 6 个城市首批开展智能网联汽车高精度地图应用试点。随后在 2022 年 9 月，广州和深圳率先开启了高精度地图城市广泛应用试点。2022 年 11 月，上海市规划和自然资源局正式印发了《上海市智能网联汽车高精度地图管理试点规定》，在坚守安全底线的前提下，围绕数据采集与制作、地图审核和地图服务等重点环节加大改革创新力度，为上海占据智能网联新能源汽车发展的制高点发挥了积极作用。

问题093　高精地图是怎么"制造"出来的？

一般来讲，高精度地图的"制造"过程通常分为五个步骤：数据采集、数据处理、对象检测、手动验证和地图发布。在业内，高精地图的"制造"又分为两个技术路线：集中制图和众包制图。图 4-19 所示为部分企业的高精地图技术路线。

（1）集中制图

集中制图指的是采用专用的地图信息采集车在实际道路形式期间进行数据采集（包括车道线、车道坡度、车道曲率、让行标志、停止线、交通信号灯、标识牌、龙门架、防护栏、树木等），然后再经过数据处理、对象检测、手动验证等流程，直到完成地图发布。这一方式的优势是采集到的地图非常精准；劣势是采集设备昂贵，地图数据的生产周期比较长。目

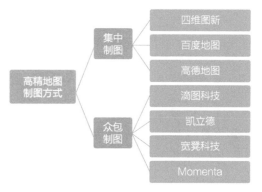

图 4-19　部分企业高精地图制图方式

前 Google、Here 等图商采用的就是这样的方式。举个例子：高德高精地图的基础部分采集主要是由专业采集设备完成的，如图 4-20 所示，据悉，一套采集设备成本高达 800 万元，配备两个高频单线激光雷达、6 个工业级摄像头、一个 GNSS 天线以及 IMU 等设备，是目前国内精度最高的高精地图采集设备，相对精度在 10cm 之内。

（2）众包制图

众包制图指的是向第三方普通车辆（比如整车厂的量产车）来发送测绘任务，动员整个车队的所有传感器来采集到实际道路上的数据，并通过云技术将其上传到数据库。这一方式的优势是采集速度块、周期短；劣势是由于采集数据的车辆是数据采集性能一般量产车，而大部分量产车目前都没有激光雷达，所以数据精度比较低，对数据处理算法的要求就比较高了。目前，Tesla、Mobileye 等公司采用的就是这样的方式。图 4-21 所示为特斯拉的众包制图模式，它通过调动车队的传感器来收集数据并通过云技术将其上传至中央数据库，因此，每辆车都是地图数据的贡献者，当然，也是受益者。

高德地图高精专业采集
AMAP HD Professional Collection

·精度　　：0.5cm
·点云密度：110万点/s

·民用最高等级
·最大射程：420m

·双激光头，防遮挡，360°全覆盖
·无限次回波，强穿透力

·启动"0"标定时间
·长工作周期，维护频率低
·最大采集时速：100kph

更专业的设备造就更优质的数据

图 4-20　高德地图基于集中制图的高精地图

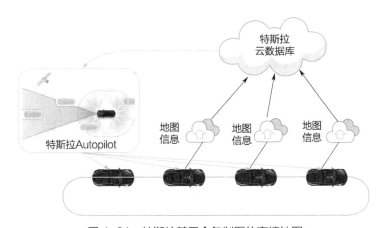

特斯拉云数据库

特斯拉Autopilot

地图信息　地图信息　地图信息

图 4-21　特斯拉基于众包制图的高精地图

[拓展阅读]

　　在国内高精地图领域，高德、百度、四维图新已有广泛的积累，储备可以覆盖全国高速公路、城市快速路甚至城市内普通路的高精地图。借助高精地图去完善导航辅助驾驶的下游主机厂也越来越多，比如蔚来NOP使用的是百度的高精地图，小鹏NGP使用的是高德的高精地图，而四维图新也在2021年发布公告称将为未来3年内在国内销售的沃尔沃汽车的相关车型提供高精地图产品。表4-3所列是盖世汽车发布的2023年1—4月中国高精度地图解决方案市场份额，市场前5大高精度地图解决方案提供商，包括高德、腾讯、朗歌科技（亿咖通）、华为、中海庭，目前占据超过90%的市场份额。

表4-3　2023年1-4月中国高精度地图解决方案市场份额

排名	厂商	市场份额	装机量
1	高德	53.8%	94797
2	腾讯	17.6%	31056
3	朗歌科技（亿咖通）	13.2%	23299
4	华为	7.4%	12981
5	中海庭	5.1%	8988
6	百度	1.8%	3184
7	四维图新	0.7%	1238
8	其他	0.4%	757

问题094　高精地图大规模量产应用有哪些关键问题？

就目前的情况来看，高精地图大规模量产应用主要存在三个方面的问题：地图生产效率、地图更新频率、海量数据存储，如图4-22所示。

（1）地图生产效率

对于集中制图模式而言，统计数据显示，基于传统测绘车的方式，分米级地图的测绘效率为每天每车500km，成本大约10元/km；如果上升到厘米级，那么测绘车的效率为每天每车100km，成本大约为1000元/km。而对于众包制图模式而言，不同车辆采集到的地图质量的可靠性、一致性是个难题，与此同时，在海量的众包数据中快速梳理出符合规范的地图是另一个难题。

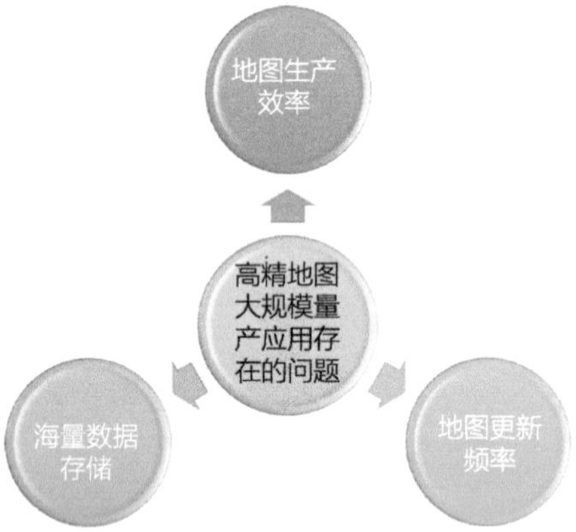

图4-22　高精地图大规模量产应用存在的问题

（2）地图更新频率

对于高级别的自动驾驶而言，实时更新是车载高精地图的必要条件。然而，如何在车辆行驶的过程中完成高频率的地图在线更新，是高精地图量产应用的一个关键问题。如果更新频率太低，那么地图将会和实际道路的情况差异过大，必然会成为自动驾驶过程中的不可靠因素。

（3）海量数据存储

按目前的情况来看，米级精度的车载导航地图存储密度约为0.01MB/km，分米级的

ADAS 地图提高到了 10MB/km，再看厘米级的无人驾驶用的高精地图，其存储密度预计将会达到 1GB/km，这已经远远超出了目前主流的控制器方案的存储容量。

问题095　高精地图是不是自动驾驶的"必需品"？

目前的汽车业内的共识是，针对 L3 以下的辅助驾驶，高精地图不是必需品，但对于 L3 及以上的自动驾驶，还存在较大的争议，争议的核心，仍然在于高精地图在 L3 级别及以上自动驾驶中的优势和劣势上，如图 4-23 所示。

图 4-23　高精地图在 L3 级别及以上自动驾驶中的优势和劣势

（1）优势

1）定位精度高。高精地图的核心功能是分米级甚至厘米级的高精定位，将高精地图的定位信息和自动驾驶车辆实施检测到的信息进行融合，可以获得精确度更高的定位信息。

2）感知能力强。高精地图的环境感知作用（探测到的道路上的各种环境信息），可以在一些特殊场景下（如光线较暗、大幅度转弯、路标不清晰等）为自动驾驶车辆的行车路经规划提供帮助。

3）一定的预判性。高精地图可以为自动驾驶车辆提供预判决策依据。在一些特殊场景下（如超视距的路况、自动驾驶车辆感知信息缺失情况等），车辆可以借助高精地图的云服务功能来进行提前预判。

（2）劣势

1）"鲜度"跟不上。覆盖全道路的高精地图本就需要巨大的人力财力物力，而在当下，道路的基础建设存在较大的不确定性，尤其是城市场景下，道路新建、道路变更、道路整修、红绿灯状态变化等信息更新的速度非常块，地图多久更新一次是一个关键点，更新频率太慢的话，地图信息的准确度存在问题，而更新频率太快的话，则会消耗更多的人力物力。例如，道路施工时经常会摆放锥形桶，但如果仅仅依靠高精地图而图上又没有及时更新这些参照物的话，车辆很可能不会变道绕行。

2）区域的局限性。在很多地区，高精地图数据不完整，车路协同设施不齐全，此时，车辆必须依靠多传感器融合的单车智能模式才有可能实现自动驾驶。同时，国内许多城市的道路交通状况比国外更复杂，例如道路相互交错、单行道比较多的天津市，又如山多、桥多、路杂得让导航都崩溃的重庆，在这样的场景下，高精地图也很难发挥出它的作用。

因此，在"多传感器融合＋高精地图"技术路线之外，"轻地图＋重感知"的技术方案逐步出现在了市场中，在高精地图辅助的同时，通过数据积累、算法迭代、大规模训练等，让自动驾驶系统有更好的适应性，同时也有更佳的实用性。

拓展阅读

自 2020 年起，特斯拉引入了 BEV 感知方法（Bird's Eye View，鸟瞰图），它可以将多个传感器采集的数据输入到统一的空间进行处理，从而一定程度上避免误差叠加；与此同时，Transformer 模型也取代了 NLP（Natural Language Process，自然语言处理）中的 RNN 网络结构（Recurrent Neural Network，循环神经网络），具有可以计算的特点。于是，"BEV+Transformer" 这种新的感知算法架构让车企开始思考"去图化"的可能，很多企业都公布了不依赖高精地图的方案，其大致流程是通过 "BEV+Transformer" 组合将传感器收集到的数据实际构建在线矢量地图，我们也可以将其理解为"新鲜出炉"的一种高精地图。

问题 096　高精地图对无人驾驶有什么意义？

高精地图对无人驾驶有着非常重要的意义，主要有以下四个方面，如图 4-24 所示。

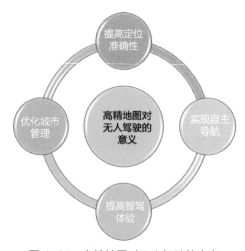

图 4-24　高精地图对无人驾驶的意义

（1）提高定位准确性

高精地图可以提供更加准确的交通标志、道路边缘线、车道线等信息，这些信息对于车辆的定位非常重要。因为无人驾驶需要通过激光雷达、摄像头等多种传感器来定位自身的位置，而这些传感器本身就有一定的误差，高精地图可以弥补这些传感器误差，使车辆的定位更加准确。

（2）实现自主导航

高精地图不仅可以提供精准的地图信息，还可以包含更多的场景信息，如路况、交通状况、建筑物、路线限制等。这些信息可以帮助无人驾驶车辆实现更精细的自主导航，同时也可以提高驾驶的安全性。

（3）提高智驾体验

车载智能终端可以通过高精地图获取到更加丰富的地图信息，从而可以基于实时获得的更新后的交通信息针对提前规划好的最优路径进行优化，进而让用户在使用自动驾驶技术时获得更优的路径，感受到更流畅、更自然的驾驶体验。

（4）优化城市管理

高精地图可以帮助城市管理部门优化道路规划，改善交通拥堵和安全状况，提高城市管理水平。

发展至今，地图从最开始的跑长途的驾驶员人手一本的手册，到现在已经变成了数据流，这中间的发展和进程着实有些让人感叹不已。但即便是最先进的高精地图也没有代表其应用的究极形态，在规模化的应用之后或许还会有再度的进阶和进化，最终为用户带来更好的出行体验。

拓展阅读

目前，不少图商都推出了"轻量级高精地图"方案，通过降低精度来规避前文提到的地图鲜度、成本以及法规等一系列问题。业内主流的"轻量级高精地图"主要分为两种：

其一是特斯拉目前采用的技术路线，采取的是众包地图的逻辑。简单来说就是通过已售出的车辆收集道路信息，然后绘制地图，部署在车端，依然属于预装地图，不过严格来说，也可以归为"轻高精地图"的行列，只不过是"当场绘制"而已。

而另一种，则是来自各大图商的解决方案，采用轻高精地图解决方案。这种地图介于导航地图和高精地图之间，其在精度、要素的丰富度上要比传统的导航地图更高，但弱于高精地图，在保留智能驾驶所必需的基础要素基础上，简化了部分必要性不大的元素。

05

第 5 章
智能网联汽车环境感知

问题**097** 什么是智能网联汽车的环境感知系统？

智能网联汽车的环境感知系统指的是车辆通过搭载在车内、车外以及道路上的传感器（如车载摄像头、超声波雷达、毫米波雷达、激光雷达等），对车内人员、车外车辆、车外行人、自然环境等进行感知并将感知到的信息经过一系列的计算和处理后进行识别的系统。智能网联汽车能够"认得清路况""看得清环境"，从而为智能网联汽车提供决策依据，就像人类通过"眼耳鼻舌身"去感受外界的信息一样，如图 5-1 所示。

环境感知能力是自动驾驶汽车的四大核心技术之一，不仅在大家耳熟能详的"自动驾驶"中有着广泛的应用，还在驾乘舒适性、安全性等方面默默地发挥着作用。

图 5-1 智能网联汽车的环境感知

问题**098** 智能网联汽车的环境感知如何分类？

根据感知对象的差异，智能网联汽车的环境感知可以分为车内感知和车外感知。

车内感知包含：驾乘人员舱内位置分布识别、驾乘人员视线识别、身份识别、舱内特殊人员（如小孩子遗留情况）识别等。

车外感知包含：动态交通参与者感知，其他车辆、行人、非机动车的位置状态、速度等属性识别，静态交通要素感知，车道线、交通标识等识别，自然环境感知，前方地面颠簸、坡度情况、地面雨雪湿滑情况识别，道路中石块、杂物遮挡物存在情况的判断等。

根据传感器位置的分布情况，环境感知又可以分为单车感知、多车（协同）感知。智能网联汽车的环境感知分类如图 5-2 所示。

图 5-2　智能网联汽车的环境感知分类

问题099　环境感知的需求者都有哪些？

环境感知的需求者，便是智能汽车设计定义、投产制造、销售过程这个迭代循环的参与者，大致可以概括为三方：用户、车企、产业。三者的关系如图 5-3 所示。

那么，这三方在这个迭代循环过程中对环境感知又提出了什么诉求呢？

首先是消费者（用户）。试想一下，消费者购车过程会考虑哪些核心因素？品牌调性、底盘舒适性、续航、外观、内饰、科技感、安全性等，都是消费者购车的关注点。概括起来分为 5 种需求：以操控性、

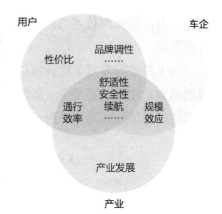

图 5-3　智能网联汽车环境感知
需求者关系

舒适性、续航、动力、空间等为代表的驾乘基本盘需求，以碰撞提醒、主动安全等为代表的安全性需求，以辅助驾驶等为代表的便利性需求，以品牌调性、科技感等为代表的情绪性需求，以及部分消费者以行业发展为代表的社会性需求，如图 5-4 所示。

其次是车企。车企的核心诉求是盈利，盈利离不开两个点：规模效应、品牌溢价。规模效应是降低成本的核心，需要简化生产工艺、优化供应链、简化零件数量等；品牌溢价是车企获得高利润的重要杠杆，品牌溢价包括以续航、底盘、智能化构建的技术溢价，以及以车主社群、服务、文化调性构建的情绪溢价。

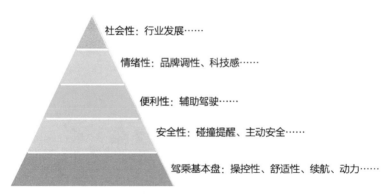

图 5-4   消费者对智能网联汽车环境感知的诉求

最后是行业。智能网联汽车能够发展起来离不开行业政策的推动以及各种行业引导基金的影响。政府以智能网联汽车发展为依托，进行长远的行业能力建设并促进社会发展，创造地区就业，获得出口，促进中等制程芯片（处理器、SiC）制造、电子与传感器产业、能源产业的长期发展，背后是产业升级、生产力提升、国家安全以及人民生活水平提高的诉求。

将这三方的诉求放到一起，你会发现其中一些诉求和各参与方产生不同程度的交叠，交叠越多，关注度越高；与此同时，将环境感知基本组成与三方诉求进行结合，你还会发现一些高价值的技术与产品功能，这些碰撞点对于我们理解环境感知的现状和未来非常有帮助。

基于各参与方对车的诉求以及环境感知的基本特点，可以总结出以下的诉求交叉点：智能底盘、主动功能安全/危险提醒、辅助驾驶/人机共驾、个性化设计/个性化服务、尖端传感器等，如图 5-5 所示。

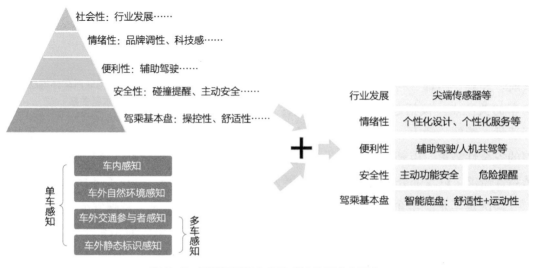

图 5-5   智能网联汽车环境感知的诉求交叉点

问题 100　智能网联汽车环境感知的硬件有哪些?

传感器是智能网联汽车环境感知系统最重要的信息来源,相当于汽车的"眼睛"和"耳朵",是实现自动驾驶的关键因素。对于一辆智能网联汽车的环境感知而言,其涉及的传感器主要包括:车载摄像头(包括行车记录仪、人脸识别摄像头等)、超声波传感器(业内也称"超声波雷达")、毫米波雷达、激光雷达,如图 5-6 所示。此外,惯性单元(加速度计和陀螺仪)、GPS/ 北斗系统可以获取的实时加速度信息、车辆行驶方向、车辆地理位置、车辆实时速度对于智能网联汽车的决策也有着决定性的作用。

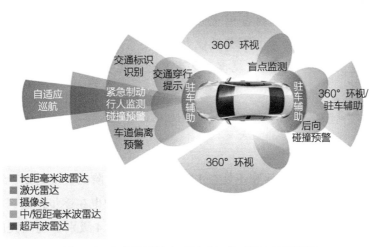

图 5-6　智能网联汽车环境感知传感器布置示意图

图 5-7 所示,为搭载 33 个智驾传感器的飞凡 R7,其中包含 1 个激光雷达、2 个 4D 成像雷达、12 个高感知摄像头、1 个高精度定位系统、1 个驾驶员状态监测系统、4 个远距离点云角雷达和 12 个超声波雷达。

图 5-7　搭载 33 个智驾传感器的飞凡 R7

二维码视频 5-1
搭载 33 个智驾传感器的飞凡 R7

拓展阅读

在 2022 百度世界大会上，百度发布了成本仅为 25 万元的第六代量产无人车 Apollo RT6，全车配备 38 个车外传感器，包含 8 个激光雷达、6 个毫米波雷达、12 个超声波雷达、12 个摄像头。多传感器深度融合使得 Apollo RT6 感知能力更强，精度更高，具备比上一代车型更强的 L4 级自动驾驶能力，能更好地支撑中国复杂城市道路条件下，更大范围、更大规模、更高安全性的全无人驾驶，如图 5-8 所示。

图 5-8　百度第六代量产无人车 Apollo RT6

二维码视频 5-2
百度第六代量产无人车 Apollo RT6

问题 101　智能网联汽车到底需要多少个环境感知传感器？

当前智能网联汽车的自动驾驶正处在 L2 向 L3 级别进阶的关键时期，结合全球各大车企自动驾驶量产计划来看，L3 甚至更高级别的自动驾驶也在逐步推进，相应的传感器数量也在不断增加。德勤 2019 年 4 月的分析报告显示，L4 级别自动驾驶的传感器数目约 29 个，L5 级别将达到约 32 个。但实际上，按照目前最新的行业技术发展来看，L4 及以上等级的自动驾驶，想要通过传感器做到无盲区，且能适应各种天气，基本需要 37 个甚至更多的传感器，其中，超声波雷达 12 个（前 4、后 4、侧 4）、毫米波雷达 6 个（角 4、前 1、后 1）、摄像头 12 个（鱼眼 4、周视 4、前视 3、后 1）、激光雷达 5 个（主 1、补盲 4）、高精度定位 2 个（RTK、惯导）。

从技术的角度来看，L1~L2 级别的自动驾驶需要有 1 个前向长距毫米波雷达和 1 个摄像头，用于自适应巡航控制、紧急制动辅助和车道偏离警告 / 辅助等；2 个后向的中距毫米波雷达，可实现盲点检测；外加 4 个摄像头和 8~12 个超声波雷达，用于实现 360°视角的泊车辅助功能。

L3 级别的自动驾驶需要在 L1~L2 的配置基础上，外加 1 个前向的远距离激光雷达；此外，对于高速公路领航系统（Highway pilot）而言，通常还需要增加 1 个后向的远距离激光雷达，预计会使用 7~12 个摄像头（鱼眼 4、前 3、周视 4、后 1），8~12 个超声波雷达和 4~8 个毫米波雷达以及 1~2 个激光雷达。因此，预计 L3 级别的传感器总数量约为 20~34 个。

到 L4~L5 这个级别之后，我们便需要通过多种传感器进行 360°视角的交叉验证，以消除每种传感器的弱点，预计会使用 12~15 个摄像头、8~12 个超声波雷达和 6~12 个毫米波雷达，外加 3~5 个激光雷达。因此，预计用于 L4~L5 级别的传感器总数量约为 30~44 个。

不同等级的自动驾驶汽车所需要的传感器数量如图 5-9 所示。

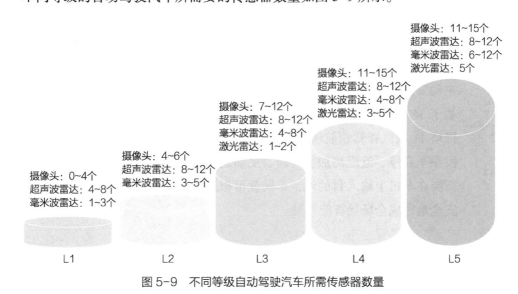

图 5-9　不同等级自动驾驶汽车所需传感器数量

表 5-1 所列为市面上几款热门的智能网联汽车搭载的传感器数量和传感器类型汇总。

表 5-1　几款热门的智能网联汽车传感器数量和传感器类型

车型	传感器数量	传感器类型
极狐阿尔法 S 先行版（华为 Hi 版）	34	激光雷达 3、毫米波雷达 6、高清摄像头 13、超声波雷达 12
阿维塔 11	34	激光雷达 3、毫米波雷达 6、高清摄像头 13、超声波雷达 12
小鹏 G6	31	激光雷达 2、毫米波雷达 5、高清摄像头 12、超声波雷达 12
蔚来 ET7	29	激光雷达 1、毫米波雷达 5、高清摄像头 11、超声波雷达 12
理想 L9	26	激光雷达 1、毫米波雷达 2、高清摄像头 11、超声波雷达 12
极氪 001	28	毫米波雷达 1、高清摄像头 15、超声波雷达 12
智己 L7	29	毫米波雷达 5、高清摄像头 12、超声波雷达 12（兼容激光雷达软件硬件架构冗余方案）
飞凡 R7	29	激光雷达 1、毫米波雷达 4、高清摄像头 12、超声波雷达 12
特斯拉 Model S/Model 3	21	毫米波雷达 1、高清摄像头 8、超声波雷达 12
宝马 iX	28	激光雷达 1、毫米波雷达 5、高清摄像头 10、超声波雷达 12

以阿维塔 11 为例，其搭载了包括 3 个半固态激光雷达在内的 34 个智驾传感器，构建起 4 层感知防护体系，并通过 AI 算法的训练实现了对周围环境的 360° 全集感知能力（图 5-10）。3 个激光雷达的加持，让阿维塔 11 可以主动精准探测与周围障碍物的距离，

二维码视频 5-3
阿维塔 11 搭载的
34 个传感器的超
感系统

二维码视频 5-4
阿维塔 11 AVATR
ANS 智能领航系
统视频

即便面对落石、土堆、白墙等无法预先穷尽训练的长尾场景，也能通过"我不知道你是什么，但我知道你阻挡了我"的策略规划安全行驶路线，以此来提升车辆的主动安全可靠性。并且，

图 5-10　搭载 34 个智驾传感器的阿维塔 11

基于 360° 全集感知能力和高性能智能驾驶计算平台的全融合感知算法，阿维塔 11 城区智驾领航辅助（City NCA）可以实现无保护路口通行、拥堵路段跟车启停、近距离加塞处理、主动超车换道等城区典型场景的全覆盖，只需要在车机上输入目的地，车辆就可根据导航规划，辅助驾驶员更轻松、更安全地完成全场景智能驾驶。

拓展阅读

2022 年 1 月，小马智行公开了下一代自动驾驶系统设计，继续沿用多传感器深度融合（Sensor Fusion）的技术路线，在传感器数量、选型上都朝着量产方向全面升级，首次大规模采用了固态激光雷达，传感器总数量达 23 个，其中自研信号灯识别摄像头分辨率提升 1.5 倍。传感器方案具体包含了 4 个位于车顶的固态激光雷达，3 个分布在左右两侧和后向的补盲激光雷达，4 个位于车顶四角的毫米波角雷达，1 个前向长距毫米波雷达，以及 11 个摄像头（其中 7 个位于车顶，4 个位于车身四周），如图 5-11 所示。

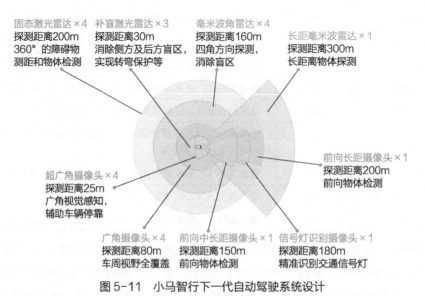

图 5-11　小马智行下一代自动驾驶系统设计

问题102　智能网联汽车到底需要多少算力?

算力是计算机设备或计算 / 数据中心处理信息的能力,是计算机硬件和软件配合共同执行某种计算需求的能力,它的评估单位是 TOPS(Tera Operations Per Second),1TOPS 代表处理器每秒可进行一万亿(10^{12})次操作。

智能网联汽车的算力对应的主要是输入和输出的计算需求,输入包括感知、定位、地图构建等任务,而输出则包括路径规划、控制指令等。从实际的需求来看,智能网联汽车需要的算力与其所对应的自动驾驶等级密切相关,自动驾驶等级越高,算力要求便会越高,不同等级的自动驾驶所需要的算力估计值如图 5-12 所示。

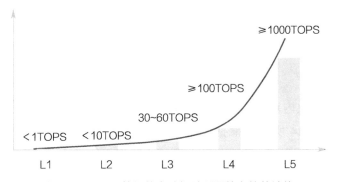

图 5-12　不同等级的自动驾驶所需算力的估计值

表 5-2 所列为当下的一些热门车型及其芯片算力参数汇总。

表 5-2　热门车型及其芯片算力参数汇总

车型	SoC 芯片型号	单车 SoC 芯片数量	算力(TOPS)
极狐阿尔法 S 先行版(华为 Hi 版)	麒麟 990A	1	3.5
阿维塔 11	华为 MDC 810	1	400
小鹏 G6	NVIDIA Orin X	2	508
蔚来 ET7	NVIDIA Drive Orin	4	1016
理想 L9	NVIDIA Orin	2	508
极氪 001	Mobileye EyeQ5H	2	48
智己 L7	NVIDIA Orin X	1	254
飞凡 R7	NVIDIA Drive Orin	1	254
特斯拉 Model S/Model 3	Tesla FSD	2	144
宝马 iX	Mobileye EyeQ5H	1	24

2022年9月，英伟达创始人黄仁勋在2022秋季GTC大会上宣布，英伟达将于2024年推出算力达到2000TOPS的最新一代集中式车载计算平台NVIDIA DRIVE SoC Thor，直接代替了原计划于2024年量产的Atlan（1000TOPS），并且，Thor既可以被用作单独的自动驾驶芯片，也可以用作座舱融合芯片，同时满足自动驾驶和智能座舱所需的算力，如图5-13所示。

图 5-13　2000TOPS 算力的最新一代NVIDIA DRIVE SoC Thor

问题103　什么是超声波雷达？

超声波雷达是行业内对利用超声波测算距离的传感器装置的通行叫法，如图5-14所示。根据传感器种类，超声波雷达可细分为等方性传感器超声波雷达和异方性传感器超声波雷达，二者的区别在于探测方式的不同。

在实际用车生活中，大家在倒车的时候经常会发现，在慢慢挪动车辆位置的过程中，在驾驶室内能听到"滴滴滴"的声音，以提醒我们快要碰到障碍物或是其他车辆了。而车辆之所以能发出"滴滴滴"的声音，便是汽车上的超声波雷达在发挥作用。图5-15所示为魏牌拿铁DHT上搭载的前后超声波雷达。

图 5-14　超声波雷达

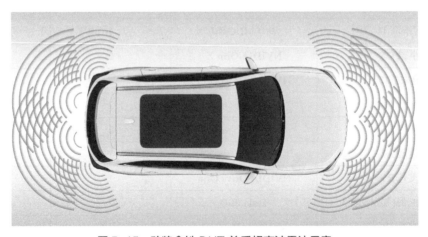

图 5-15　魏牌拿铁 DHT 前后超声波雷达示意

问题 104　超声波雷达的工作原理是怎样的?

超声波雷达的工作原理并不复杂,雷达利用超声波发射装置向外发射超声波(注意,这种超声波是机械波而不是电磁波),随后,系统再根据接收器接收返回来超声波的时间差来测算距离。其工作原理如图 5-16 所示。

超声波雷达的探头一般有 40kHz、48kHz 和 58kHz 三种,探测范围在 0.1~3m 之间,另外,超声波雷达防水、防尘,即使有少量的泥沙遮挡也不影响。

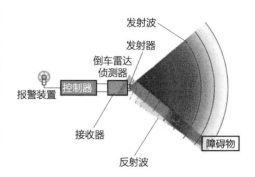

图 5-16　超声波雷达工作原理

问题 105　超声波雷达一般布置在汽车上什么位置?

超声波雷达一般布置在汽车上的两类不同的位置,第一类是安装在汽车前后保险杠上的,也就是用于测量汽车前后障碍物的倒车雷达,这种雷达业内称为 UPA 超声波雷达(Ultrasonic Parking Assistance),探测距离一般在 15~250cm 之间;第二类是安装在汽车侧面的,用于测量侧方障碍物距离的超声波雷达,业内称为 APA 超声波雷达(Automatic Parking Assistance)。APA 超声波雷达探测距离胜过 UPA 超声波雷达,可以达到 30~500cm,更远的探测距离让 APA 超声波雷达可以检测左右侧的障碍物,当然,APA 超声波雷达的功率更大,成本会稍贵一些。二者布置位置如图 5-17 所示。

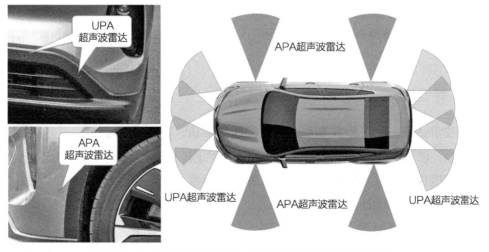

图 5-17　UPA 超声波雷达和 APA 超声波雷达布置位置

问题 106 超声波雷达在智能网联汽车上有哪些应用场景？

超声波雷达在智能网联汽车上的应用场景主要包括自动泊车辅助、前方防碰撞预警等功能。

（1）自动泊车辅助

为了更好地达成辅助停车功能，部分车型搭载的超声波雷达系统可以实时监测车辆与障碍物之间的距离，并把信息反馈给车辆，以帮助车辆及时调整车身姿态和速度，顺利完成自动泊车，这也是超声波雷达在智能网联汽车上应用最为广泛的场景之一，如图5-18所示。

（2）前方防碰撞预警

低速情况下（25km/h或更低）的前方防碰撞预警功能利用超声波雷达来实现车距的实时监测和识别，通过不断获取目标障碍物的距离信息，进行分析处理，传输给执行机构，一旦发现存在潜在碰撞危险时便会对驾驶员进行警告。需要注意的是，前方防碰撞预警系统本身不会采取任何制动措施去控制车辆来避免碰撞，如图5-19所示。

图5-18 超声波雷达在自动泊车辅助中的应用　　图5-19 超声波雷达在前方碰撞预警中的应用

问题 107 什么是毫米波雷达？

毫米波雷达是一种工作在毫米波频段的探测雷达，其频段介于30~300GHz，波长1~10mm，介于微波和厘米波之间，主要用来探测距离、角度以及通过不同时间的距离计算相对速度。车载级别的毫米波雷达如图5-20所示。

毫米波雷达具有穿透力强、分辨率高、抗干扰性强等优势，它不受白天、黑夜、雨雾烟尘和强光逆光等影响，具有全天候的特点。

图5-20 毫米波雷达

问题 108　毫米波雷达的工作原理是怎样的?

毫米波雷达是通过振动器向外发波，碰到物体之后反弹，被接收天线接收，在采样、滤波、转换之后，根据时间差计算出周边目标的方位、相对距离和速度，随后信息再输入至车辆的决策及控制系统进行智能化处理，从而实现多种辅助驾驶功能。其工作原理如图 5-21 所示。

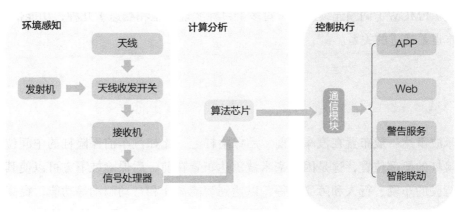

图 5-21　毫米波雷达工作原理

问题 109　毫米波雷达有哪些种类?

按照不同的分类方法，毫米波雷达有不同的类别。

毫米波雷达一般按距离可以分为四类：超短程毫米波雷达（Ultra Short Range Millimeter Wave Radar，USRR）；近距离毫米波雷达（Short Range Millimeter Wave Radar，SRR），一般探测距离小于 60m；中距离毫米波雷达（Middle Range Millimeter Wave Radar，MRR），一般探测距离为 100m 左右；远距离毫米波雷达（Long Range Millimeter Wave Radar，LRR），探测距离一般大于 200m，如图 5-22 所示。

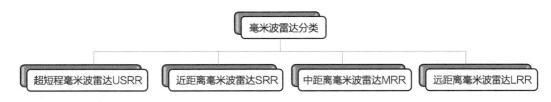

图 5-22　毫米波雷达分类

按工作频率来进行分类的话，车载毫米波雷达主要分为 24GHz、77GHz、79GHz 等几类。其中，24GHz 毫米波雷达最先投入使用，但测量精度相对有限；77GHz 毫米波雷达目前已经是汽车领域的主流产品，而按照工业和信息化部发布的《汽车雷达无线电管理暂行规定》，76~79GHz 频段用于汽车雷达，这就意味着 24GHz 已经基本退出历史舞台了。

此外，根据工作模式的差异，毫米波雷达还可以分为脉冲型毫米波雷达和连续波型毫米波雷达。顾名思义，前者是间歇性发射波形，后者则连续向外发波探测物体位置，由于功能效果一般，前者在汽车领域已基本淘汰，而连续波型毫米波雷达又大致分为CW（恒频连续波，只能测速不能测距）、FSK（频移键控连续波，可探测单个目标的具体和速度）、FMCW（调频连续波，可对多个目标实现测距和测速）几种，功能依次递进，当然成本也是递进的关系。

问题110 毫米波雷达一般布置在汽车上什么位置？

毫米波雷达一般布置在汽车的前、后保险杠上，比如汽车前保险杠的中间位置，以及后保险杠的侧部位置，这是因为毫米波雷达布置在前、后保险杠下方可以使其监测到前后方行驶的车辆、行人和障碍物等，以达到智能避让和自动制动等功能，提高车辆行驶的安全性。当然，其他位置也可以按需要进行布置。毫米波雷达的布置位置如图 5-23 所示。

图 5-23　毫米波雷达布置位置

市面上也有一些在售车型会将毫米波雷达集成在车标的后方，从而为造型设计提供更大的自由度。不过，为了保证信号传输的质量，这些车型的车标表面大多非常光滑。

问题111 什么是"4D 毫米波雷达"？

简单来讲的话，4D 毫米波雷达其实是在传统毫米波雷达的基础上增加了一个探测物体高度的能力，将雷达的功能从速度、距离、水平角度扩展到涵盖速度、距离、水平角度和垂直高度的测量，进而可以提供高精度的三维空间信息和时间信息，实现对物体在时间维度上的跟踪，形成 4D 立体图像。例如，对于传统毫米波雷达而言，同样粗细但高度不同的木墩，可能会被识别为同样的的物体，但如果用 4D 毫米波雷达，那这二者之间的差异便可以清晰地被识别出来，从而也可以一定程度上降低事故的发生概率。表 5-3 所列是全球部分企业 4D 毫米波雷达的产品进展。

表 5-3 全球部分企业 4D 毫米波雷达的产品进展

公司类别	公司名称	总部地址	4D 毫米波雷达代表产品	产品进展
国外企业	大陆集团	德国	ARS540	2021 年量产
	采埃孚	德国	FRGen21	2022 年量产
	安波福	德国	FLR4+	2021 年发布
	RADSee	以色列	—	2021.2 年发布
	Smart Radar	韩国	—	2020 年发布
国内企业	森思泰克	芜湖	STA77-8	2022 年量产
	纵目科技	上海	ZM-SDR1	2022 年量产
	福瑞泰克	杭州	FVR4	2023 年量产
	华域汽车	上海	LRR30	2021 年量产
	华为	深圳	—	2021 年发布
	木牛科技	北京	O-79	2019 年发布

拓展阅读

作为全球首个兼容高速 ADAS 应用和低速泊车应用的双模 4D 毫米波雷达，纵目科技 ZM-SDR1（Short Distance Radar Gen 1）4D 毫米波雷达可为用户提供 BSD、LCA、FCTA、RCTA、RCW、DOW 等 ADAS 功能，如图 5-24 所示。此外，ZM-SDR1 毫米波雷达提供的高致密度 4D 点云、多目标跟踪、Freespace、雷达 SLAM 等功能，可为各级别的自动驾驶系统（L1~L5）保驾护航。

图 5-24 纵目科技 4D 毫米波雷达 ZM-SDR1

在传统角雷达 ADAS 功能的基础上，ZM-SDR1 毫米波雷达针对泊车的典型应用场景（地下/地面停车场、园区等）进行专项优化，更加契合泊车场景的各种应用需求。ZM-SDR1 毫米波雷达采用 RFCMOS 工艺和 2D 的 MIMO 技术，可做到水平、垂直角度高精度检测，输出致密点云信息，清晰勾勒出周边建筑物轮廓，从而实现基于雷达点云的高精度定位。同时，ZM-SDR1 毫米波雷达探测盲区小，普通毫米波雷达最小检测距离在 0.5~1m，而 ZM-SDR1 毫米波雷达可达到 10cm。目前，ZM-SDR1 毫米波雷达已在诸多客户车型上实现了量产。

问题 **112** 毫米波雷达如何应用在智能网联汽车上？

在智能网联汽车上，毫米波雷达主要应用在自适应巡航（Adaptive Cruise Control，ACC）、前向防撞预警（Forward Collision Warning，FCW）、紧急制动辅助（Electronic Brake Assist，EBA）、自动紧急制动（Autonomous Emergency Braking，AEB）等功能上。

（1）自适应巡航

自适应续航系统一般集成了摄像头、毫米波雷达等传感器的功能，通过 ACC 控制单元与 ABS 系统、发动机控制系统协调动作，通过适当对车辆进行加速或制动，使得车辆与前方车辆始终保持安全距离，如图 5-25 所示。

（2）前向防撞预警

毫米波雷达能够实时感知和评估周边道路环境的状况，并对前方目标车辆以及本车的运动状态进行估计。它可以计算出碰撞时间、避免碰撞所需的加速度等关键信息。当工况危急情况达到一定的阈值时，毫米波雷达将通过诸如仪表图像、声音和触觉（如短促制动）等多种方式向驾驶员发出预警。无论何时，这个过程都是及时的，以确保车辆的安全（图 5-26）。

图 5-25　毫米波雷达在自适应巡航中的应用

图 5-26　毫米波雷达在前向防撞预警中的应用

（3）紧急制动辅助

当驾驶员面临紧急工况时，由于人体反应和神经肌肉的作用难以迅速响应，因此车辆无法提供足够的制动力来避免追尾碰撞事故。为了防止这种情况发生，毫米波雷达加持的紧急制动辅助系统（EBA）可以协助驾驶员增加制动力，以防止交通事故。该系统具有非常高的响应速度，能够在关键时刻提供快速、有效的制动帮助（图 5-27）。

（4）自动紧急制动

在高速公路上遇到前车突然减速或市区交叉口突然出现行人，驾驶员常常无法及时反应，这可能会导致交通事故。为了解决这一问题，毫米波雷达加持的自动紧急制动系统可以精确地感知并评估车辆周围的路况，并协助驾驶员进行制动操作（图 5-28）。在某些情况下，该系统会全面接管对车辆的控制，以保证安全。

图 5-27　毫米波雷达在紧急制动辅助中的应用

图 5-28　毫米波雷达在自动紧急刹车中的应用

问题 113　什么是激光雷达？

激光雷达（Laser Radar）是一种以激光束作为探测手段，通过发射光束来探测目标的位置、速度等信息并可以构建出物体三维模型的雷达系统。图 5-29 所示为禾塞 AT128 车规级超高清远距激光雷达，其探测距离 200m，视场角 120°×25.4°，分辨率为 0.1°×0.2°，尺寸为 137mm×112mm×48mm。激光雷达相

图 5-29　禾赛 AT128 车规级超高清远距激光雷达

二维码视频 5-5
禾赛 AT128 车规级超高清远距激光雷达

当于汽车的"眼睛"，具有强大而复杂的信息感知和处理能力，可以帮助汽车感知道路环境，规划行驶路线，控制车辆到达预定的目的地。可以说，激光雷达是帮助汽车实现高阶智能辅助驾驶功能的重要硬件配置之一。

表 5-4 所列为搭载激光雷达的部分车型概览。

表 5-4　搭载激光雷达的部分车型概览

车型	带激光雷达车型指导价（万元）	激光雷达数量
路特斯 Eletre	82.8~102.8	4
极狐阿尔法 S 先行版（华为 Hi 版）	32.98	3
阿维塔 11	31.99~38.99	3
小鹏 G6	22.99~27.69	2
蔚来 ET5	29.8~35.6	1
理想 L7	37.98	1
智己 LS7	45.98	2
飞凡 R7	38.99	1

除了在自动驾驶领域的应用之外，激光雷达在机器人导航、测绘制图、城市规划等领域都有着广泛的应用。

[拓展阅读]

表5-5所列为依据上险量数据汇总的2023年1-6月激光雷达供应商国内装车情况排名。

表5-5 2023年1-6月激光雷达供应商国内装车情况排名

排名	供应商	装车数量	排名	供应商	装车数量
1	禾赛科技	62392	4	速腾聚创	20837
2	图达通	46548	5	览沃	2466
3	华为	24994	6	法雷奥	1660

问题114 激光雷达有哪些种类？

按照不同的分类方案，激光雷达也有许多不同的种类，如图5-30所示。在智能网联汽车领域，按扫描方式来分类相对而言是一种比较常见的分类方法，这其中，机械型激光雷达最为常用，固态型激光雷达则是未来的发展方向，介于两者之间的半固态激光雷达，便是当下的一个折中方案，也是目前装车的主流选择。

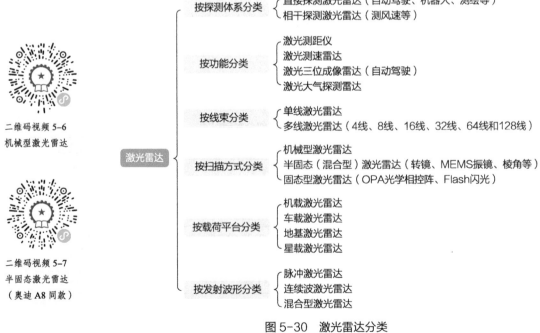

二维码视频5-6
机械型激光雷达

二维码视频5-7
半固态激光雷达
（奥迪A8同款）

激光雷达
- 按探测体系分类
  - 直接探测激光雷达（自动驾驶、机器人、测绘等）
  - 相干探测激光雷达（测风速等）
- 按功能分类
  - 激光测距仪
  - 激光测速雷达
  - 激光三位成像雷达（自动驾驶）
  - 激光大气探测雷达
- 按线束分类
  - 单线激光雷达
  - 多线激光雷达（4线、8线、16线、32线、64线和128线）
- 按扫描方式分类
  - 机械型激光雷达
  - 半固态（混合型）激光雷达（转镜、MEMS振镜、棱角等）
  - 固态型激光雷达（OPA光学相控阵、Flash闪光）
- 按载荷平台分类
  - 机载激光雷达
  - 车载激光雷达
  - 地基激光雷达
  - 星载激光雷达
- 按发射波形分类
  - 脉冲激光雷达
  - 连续波激光雷达
  - 混合型激光雷达

图5-30 激光雷达分类

问题 **115** 激光雷达的工作原理是怎样的?

激光雷达一般是由激光发射系统、激光接收系统、旋转扫描系统和信号处理系统 4 个主要部分组成。

1）激光发射系统：激励源周期性地驱动激光器，发射激光脉冲，激光调制器通过光束控制器控制发射激光的方向和线数，最后通过发射光学系统，将激光发射至目标物体。

2）激光接收系统：经接收光学系统，光电探测器接受目标物体反射回来的激光，产生接收信号。

3）旋转扫描系统：以稳定的转速旋转起来，实现对所监测区域的扫描，并产生实时的数据信息。

4）信号处理系统：接收信号经过放大处理和数模转换，经由信号处理模块计算，获取目标表面形态、物理属性等特性，最终建立物体模型。

如果一个激光雷达能在同一个空间内，按照设定好的角度发射多条激光，就能得到多条基于障碍物的反射信号，再配合时间范围、激光的扫描角度、位置信息等，经过数据处理后，这些信息配合 X、Y、Z 坐标，便会成为具有距离信息、空间位置信息等的三维立体信号，再基于预先设定的软件算法，系统便可以得到线、面、体等各种相关参数，以此建立三维点云图，绘制出环境地图，从而实现汽车的"眼睛"的功能。图 5-31 所示为激光雷达的工作原理。

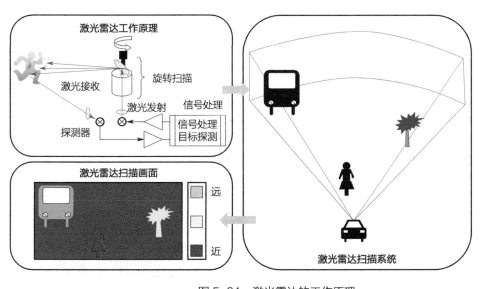

图 5-31　激光雷达的工作原理

二维码视频 5-8
小鹏 P5 搭载的激
光雷达效果展示

数据显示,禾赛科技 2023 年 1 季度激光雷达总交付量达 34834 台,其中,ADAS 激光雷达交付量为 28195 台,营收与交付量超过了 Luminar、Ouster、Innoviz、Aeva、Cepton、AEye 等 6 家美股上市激光雷达厂商的总和,成为全球激光雷达市场当之无愧的"销冠"。

问题 116 激光雷达一般布置在车上什么位置?

在布置位置方面,不同车企有着不同的策略,主要有车顶和前保险杠两种,见表 5-6。

表 5-6   部分在售车型的激光雷达布置位置汇总

车型	激光雷达数量	激光雷达布置位置
路特斯 Eletre	4	车顶前部 1、前轮轮眉 2、车顶后部 1
极狐阿尔法 S 先行版(华为 Hi 版)	3	前保险杠中部 1、前保险杠侧部 2
阿维塔 11	3	前保险杠中部 1、前翼子板 2
小鹏 G6	2	前保险杠侧部 2
蔚来 ET5	1	车顶前部 1
理想 L7	1	车顶前部 1
智己 LS7	2	车顶前部 2
飞凡 R7	1	车顶前部 1

激光雷达布置在车顶上的方案如图 5-32 所示,其中,部分车型采用的是双激光雷达方案,便会在车顶的左右侧各放置一个。

a)理想 L9 车顶单激光雷达布置方案　　　　　b)智己 LS7 车顶双激光雷达布置方案

图 5-32   车顶激光雷达布置方案

该方案由于安装位置较高，可以探测到更远的目标，整体视野也更好。同时，布局在车顶也避免了行驶过程中飞石污水等造成的污损，不容易发生碰撞。换句话说，激光雷达安装在车顶使维修成本降低不少。

至于弊端，考虑到车顶更易受到阳光直晒，所以对激光雷达的散热性能也提出了更高的要求。而且车辆的前方发动机舱盖会影响激光雷达线束向下探测，形成一定的车头视觉盲区，影响近距离目标探测。

图 5-33　奥迪 A8 前保险杠单激光雷达布置方案

激光雷达布置在前保险杠上的方案如图 5-33 所示。部分车型如果有 2 个激光雷达，便会布置在前保险杠的左右两侧，如图 5-34 所示。此外还有一部分车型会有 3 个激光雷达，便会在前保险杠的中间位置布置 1 个，车头两侧的翼子板位置各布置 1 个，如图 5-35 所示。

图 5-34　小鹏 P7 前保险杠双激光雷达布置方案

图 5-35　极狐阿尔法 S 先行版（全新 Hi 版）前保险杠三激光雷达布置方案

这种布置方案可以让整车设计看起来更和谐，散热的难度也降低了许多，同时也不会像布置在车顶那样受到发动机舱盖的视野影响，视野盲区也变小了。

但是相较于布置在车顶而言，这种布局方式更容易受到污损，比如雨天行车，溅起的泥水就有可能对激光雷达造成影响，这对激光雷达的自身清洁功能提出了更高要求；另外，万一发生碰撞，也会给用户带来更高的更换成本。

拓展阅读

在 2023 年上海车展期间，禾赛科技发布了一款名为 ET25 的汽车座舱内的激光雷达，其搭载了禾赛科技最新的自研收发芯片，具有超薄的 25mm 机身、超远的 250m 测距、超低的 12W 功耗以

图 5-36 禾赛 ET25 和 AT128 激光雷达的尺寸对比

及静音低噪的 25dB（A），既能实现更远的探测距离，又具备更高的图像分辨率。并且，这也使得激光雷达安装在车辆前风窗玻璃后面（即座舱内部）成为可能，也满足汽车制造商对高清感知和车身美观的需求。图 5-36 所示为禾赛科技 ET25 和 AT128 激光雷达的尺寸对比。

问题 117 激光雷达如何应用在智能网联汽车上？

在智能辅助驾驶中，激光雷达具有重要的作用，主要表现在高精度障碍物检测、高精度定位和导航、自动紧急制动和避障以及其他高级驾驶辅助功能等相关的应用上。图 5-37 所示为理想 L9 搭载的激光雷达。

图 5-37 理想 L9 搭载的激光雷达

（1）高精度障碍物检测

在智能辅助驾驶系统中，激光雷达通过发射激光束并测量其返回时间来精确计算车辆与周围物体之间的距离。在城市道路等繁忙环境中，激光雷达能够实时检测和识别其他汽车、行人、自行车以及静止物体等障碍物。这种高精度的障碍物检测能力使得智能辅助驾驶系统能够及时预警潜在碰撞风险，并采取相应的安全措施，例如自动制动或发出警告。

（2）高精度定位和导航

激光雷达能够扫描周围环境并提供精确的地面地图和环境模型，辅助智能辅助驾驶系统进行车辆定位和导航。通过与车辆上的其他传感器数据（如全球卫星定位系统、惯性导航单元等）的融合，激光雷达可以帮助系统确定车辆在地图上的准确位置，并提供实时的导航指引。这对于实现自动驾驶功能和精确的路径规划非常关键。

（3）自动紧急制动和避障

激光雷达能够提供车辆周围环境的三维感知能力。它能够检测和测量物体的高度、形状和轮廓，从而提供更丰富的环境信息，而基于激光雷达提供的准确距离信息，智能辅助驾驶系统可以实现自动紧急制动功能。此外，激光雷达还可以帮助智能辅助驾驶系统规避障碍物，通过路径规划和动态决策，将车辆引导到安全的行驶轨迹上。

（4）其他高级驾驶辅助功能

除了基本的障碍物检测和紧急制动功能之外，激光雷达还可以为智能辅助驾驶系统提供更高级的功能。例如，它可以与摄像头相结合用于识别道路标志和交通信号灯，帮助驾驶员获取交通规则和限速信息，从而帮助车辆合理调整速度和行驶策略。

拓展阅读

2022 年 11 月 9 日发布的沃尔沃 EX90 搭载了与 Luminar 联合开发的激光雷达，如图 5-38 所示，其具备看得远、看得清、更安全、能聚焦、更健康、抗干扰能力强等多重特点。

二维码视频 5-11 沃尔沃 EX90 搭载的 Luminar 激光雷达

图 5-38　沃尔沃 EX90 搭载的 Luminar 激光雷达

1）看得远：这款激光雷达可实现业内最远的 600m 探测距离，在夜晚 250m 外的黑色车辆仍能清晰感知，相当于 120km/h 高速行驶时可提前 7.5s 预警危险，且具备领先于行业的小物体探测能力（例如 120m 以外的横卧轮胎）。

2）看得清：这款激光雷达可实现在雨、雪、浓雾等恶劣天气中也能有效工作，拥有 0.06°×0.06° 角分辨率，优于主流 905nm 波长激光雷达 5 倍以上的成像水平。

3）更安全：这款激光雷达的水平与垂直视角分别为 120° 和 28°，使得 EX90 拥有更大视野范围，能够更精准地探测周边障碍物、车辆和行人信息，在"鬼探头"、左右有遮挡物等行车场景中，为驾驶员和他人提供更可靠的保护。

4）能聚焦：这款激光雷达具备 ROI（Region of interest，感兴趣区域）动态可调能力，能够检测出需要特别处理的关键区域，在上下坡路面行驶时，可以自适应路面起伏情况，实时调整 ROI 扫描角度，并且能产生有效性更高的 64 万探测点 /s（单次回波），最多支持 6 次回波，目标物的细节更多，对物体的识别、分辨更准确。

5）更健康：这款激光雷达使用 1550nm 波长，不会对车外交通行为参与者视网膜造成伤害，可实现一级眼球安全，保护交通参与者的眼部健康。

6）抗干扰能力强：这款激光雷达抗阳光干扰能力强，在大光比场景，比如从黑暗隧道驶入高光路面时，不需要像相机或人眼一样先来适应新的光线条件，从而可以为用户提供无间断的保护。

问题 118　什么是视觉感知摄像头？

视觉感知摄像头是一种使用光学传感器和图像处理算法的设备，旨在模拟和模仿人类视觉系统的功能，以捕捉、解析和理解周围环境中的视觉信息。摄像头通过接收和记录来自光源反射的光线，并将其转换为数字图像，从而能够提供对环境中的物体、形状、运动和颜色等视觉特征的感知，如图 5-39 所示。

视觉感知摄像头通常包括光学镜头、图像传感器和图像处理单元等核心组件，光学镜头用于聚焦光线

图 5-39　视觉感知摄像头

并控制光线进入图像传感器，后者则将光信号转换为电信号，进而数字化为图像。图像处理单元则运用复杂的算法和模型对图像进行处理和分析，以提取关键的视觉特征和模式。

视觉感知摄像头在许多领域有广泛应用，包括自动驾驶汽车、安防监控系统、机器人技术、医学成像和虚拟现实等。通过获取和解释环境中的视觉信息，视觉感知摄像头能够支持自主决策、目标检测与跟踪、姿态识别、深度感知和环境建模等任务。其能力和性能的提升对于实现智能化、自动化和增强现实等应用具有重要意义。图 5-40 所示为蔚来汽车搭载的全球首款量产的 800 万像素车规级摄像头，其可以实现更远的感知距离和更精细的感知内容。

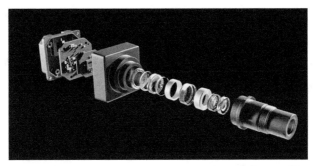

二维码视频 5-12
蔚来汽车搭载的 800
万像素高清摄像头

图 5-40　蔚来汽车搭载的全球首款量产的 800 万像素车规级摄像头

某种程度而言，视觉感知摄像头已经成为汽车最为重要的传感器，无论是特斯拉信奉的纯视觉路线，还是行业普遍采用的多传感器融合方案，视觉感知摄像头都是不可或缺的一员。

问题 119　视觉感知摄像头如何分类？

车载视觉感知摄像头可以按照不同的分类方法进行分类，图 5-41 所示为车载视觉感知摄像头几种常见的分类方法和相应的类型。

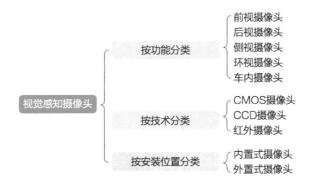

图 5-41　车载视觉感知摄像头常见分类方法和相应类型

（1）按照功能分类

1）前视摄像头：安装在车辆前部，用于识别道路标志、车道线、前方障碍物等，并支持驾驶辅助功能，如自动紧急制动、交通标志识别等。

2）后视摄像头：安装在车辆后部，用于倒车辅助、泊车辅助和后方交通监测等，帮助驾驶员进行后方视觉监测和避免碰撞。

3）侧视摄像头：安装在车辆侧面，用于辅助转向、变道和侧方停车等操作，提供侧方视觉信息。

4）环视摄像头：安装在车辆四周，通过多个摄像头组合成全景图像，提供全方位的视觉感知，帮助驾驶员进行车辆周围环境的监测和避免盲区。

5）车内摄像头：安装在车辆内部，主要用于监测车内情况，实现对驾驶员和其他乘员的身份识别、监测等功能。

（2）按照技术分类

1）CMOS（互补金属氧化物半导体）摄像头：基于CMOS传感器的摄像头，具有低功耗、高集成度和成本效益等特点。

2）CCD（电荷耦合器件）摄像头：基于CCD传感器的摄像头，具有较高的图像质量和灵敏度，适用于需要高精度图像的应用。

3）红外摄像头：使用红外传感器，能够在低光环境或夜间提供红外辐射图像，用于夜视和热成像等应用。

4）鱼眼摄像头：采用鱼眼镜头设计，能够提供广角、全景或畸变校正的图像，适用于环视和全景监测等应用。

（3）按照安装位置分类

1）内置式摄像头：安装在车辆内部，例如风窗玻璃上方的黑匣子摄像头，用于驾驶员监控和行为识别等，比如人脸识别摄像头。

2）外置式摄像头：安装在车辆外部，例如车顶、后视镜或车尾部分，用于车辆周围环境感知和驾驶辅助等。

问题120 什么是人脸识别摄像头？

人脸识别摄像头旨在实现车内人员的人脸识别和身份验证，它集成了光学传感器、图像处理算法和人脸识别技术，通过捕捉、分析和识别车内人员的面部特征，实现对车内人员的自动化识别和身份验证，从而提供个性化的驾驶和乘坐体验，并增强车辆的安全性和舒适性，如图5-42所示。它的

图5-42 哈弗初恋搭载的人脸识别摄像头

二维码视频5-13
问界M5 EV人脸识别

主要功能包括人脸检测、人脸确认、人脸鉴别和功能执行等。

1）人脸检测：人脸识别摄像头首先对人脸进行自动提取采集，从摄像头视野中提取人员的面部图像，确认检测目标的人脸属性。

2）人脸确认：系统再将采集到的人脸图像与指定人员面像进行一对一的比对，根据其相似程度（一般以是否达到或超过某一量化的可信度指标 / 阈值为依据）来判断二者是否是同一人。

3）人脸鉴别：将某人面像与数据库中的多人的人脸进行比对，并根据比对结果来鉴定此人身份，或找到其中最相似的人脸，并按相似程度的大小输出检索结果。

4）功能执行：人脸识别摄像头确认人脸识别无误，进行反馈，指示车辆开启车机、启动车辆或进行其他操作等。

问题121　单目摄像头、双目摄像头、三目摄像头有何区别？

众所周知，自动驾驶是当下智能汽车发展的大方向，车载摄像头是支持自动驾驶的必要硬件。智能网联汽车安装在前风窗玻璃上用于智能辅助驾驶相关功能的前视摄像头还可以分为单目摄像头、双目摄像头、三目摄像头。

（1）单目摄像头

单目摄像头指的是使用单个摄像头来感知和判断周边环境的摄像头系统，通过这颗摄像头识别车辆、路标、行人等固定物体和移动物体，然后依靠复杂算法或许辅助驾驶所需的信息（图 5-43）。

图 5-43　单目摄像头

（2）双目摄像头

双目摄像头是一种由两个摄像头组成的摄像头系统，每个摄像头都有一个独立的光学传感器和镜头，这两个摄像头安装在固定的距离上以捕捉来自不同视角的图像，就像模仿人眼的功能一样去对物体的距离和大小进行感知。通过对这两个视角的图像进行比较和分析，双目摄像头能够实现立体视觉和深度感知，从而提供更多的环境信息和空间认知。双目摄像头克服了单个摄像头的局限，基于两个摄像头的配合能够获得更广的覆盖范围和更精准的数据。图 5-44 所示为斯巴鲁 EyeSight 双目摄像头。

（3）三目摄像头

三目摄像头是一种由三个摄像头组成的摄像头系统，每个摄像头都有一个独立的光学传感器和镜头。这三个摄像头以一定的角度和距离安装在车辆上，以捕捉来自不同角度和视角的图像，可以解决摄像头无法切换焦距的问题，通过综合分析这三个视角的图像，三目摄像头能够提供更广阔的视野和更全面的环境感知，如图 5-45 所示。相比于单目摄像头和双目摄像头，拥有更好的视野广度和精度，但是，三目摄像头由于计算量大，对芯片的数据处理能力要求高，成本相对较高。

图 5-44　斯巴鲁 EyeSight 双目摄像头

图 5-45　小鹏 P7 三目摄像头

拓展阅读

图 5-46 所示为一款量产的三目摄像头产品，这套三目摄像系统由前视宽视野、主视野、窄视野 3 种摄像头组成，其中，150° 的广角摄像头用于监视车辆周围环境，另外还包含有一个 52° 的中距摄像头和一个 28° 的远距摄像头。

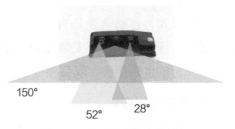

图 5-46　某三目摄像头的参数

问题 122　人脸识别摄像头如何应用在智能网联汽车上？

如图 5-47 所示，在具体的用车场景中，车载人脸识别摄像头可以提供以下功能：

1）驾驶员识别：车载人脸识别摄像头可以用于识别和验证驾驶员的身份。通过识别驾驶员的面部特征，系统可以根据个人的驾驶习惯和偏好，自动调整座椅、后视镜、音响等车辆设置，提供个性化的驾驶体验。

2）人脸识别解锁：车载人脸识别摄像头可以用于车辆的解锁系统。只有事先注册并授权的人脸被识别后，车辆才会解锁启动，确保车辆的安全性和防盗性。

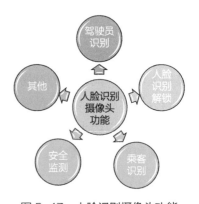

图 5-47　人脸识别摄像头功能

3）乘客识别：车载人脸识别摄像头可以用于识别车内乘客的身份。通过对乘客的面部特征进行识别，系统可以自动调整座椅、空调、娱乐等设备，提供个性化的乘坐体验。

4）安全监测：车载人脸识别摄像头可以监测车内乘客的状态和行为，通过分析面部表情和疲劳程度等指标，系统可以提供驾驶员疲劳驾驶预警、乘客安全提醒等功能，增强车辆的安全性和乘坐舒适性。

问题 123　视觉感知摄像头如何应用在智能网联汽车上？

目前，视觉感知摄像头在智能网联汽车上有着广泛的应用，以下 6 种是其部分的应用场景展示。

（1）360° 全景影像系统

360° 全景环视系统一般由 4~6 个高动态范围、高分辨率摄像头组成，分布在车前、车后、车身两侧；摄像头可以将收集到的图像信息形成鸟瞰图，投射到汽车中控显示屏上，帮助车主了解车辆周边情况，避免出现剐蹭现象，如图 5-48 所示。

图 5-48　视觉感知摄像头在 360° 全景影像系统中的应用

（2）540° 透明底盘系统

底盘透视影像系统是将车辆前方和车头下方的影像信息实时投射于中央触摸屏，让车主可以清晰地看到车辆底盘底下的路况，目前也是一项热门的配置，如图 5-49 所示。

图 5-49　视觉感知摄像头在 540° 透明底盘中的应用

（3）行车记录仪

视觉感知摄像头可以记录车辆行驶历程，包括行驶路线、车速、行车姿态等信息，对车辆定位、行车事故分析、驾驶行为评价等方面起到了重要作用，如图 5-50 所示。

（4）电子内后视镜（流媒体内后视镜）

电子内后视镜是一种新型的车载后视镜，它利用高清晰度的视频传输技术，将车辆后方实时图像在车内显示屏上呈现出来。与传统的夹心式后视镜相比，电子内后视镜具有清晰度高、视角广、自动防眩目等优势，如图 5-51 所示。

图 5-50　视觉感知摄像头在行车记录仪系统中的应用

（5）电子外后视镜

电子外后视镜是通过摄像头完全代替物理后视镜，用车两旁的摄像头分别采集两侧道路信息的装置。同时，车内座舱前排两侧靠车窗户位置各设置一块液晶显示屏，用于显示图像信息。目前，电子外后视镜仍然属于比较新兴的配置，如图 5-52 所示。

图 5-51 视觉感知摄像头在电子内后视镜中的应用

图 5-52 视觉感知摄像头在电子外后视镜中的应用

（6）透明 A 柱

透明 A 柱是采用了 OLED 柔性屏无缝衔接 A 柱内饰，再配合自主研发的智能软件算法和外部高清摄像头，可以实现 A 柱的"透明"可视化，减少视野盲区，也在一定程度上提升了行驶安全性，如图 5-53 所示。

除此之外，视觉感知摄像头还可以用于为驾驶员提供周围环境信息，从而帮助实现包括自适应巡航、车道线偏离预警、行人车辆碰撞预警等在内的辅助驾驶功能。

图 5-53 视觉感知摄像头在透明 A 柱中的应用

[拓展阅读]

2022 年年底，国家标准 GB15084—2022 的《机动车辆间接视野装置性能和安装要求》发布，于 2023 年 7 月 1 日正式实施并全面取代旧版国标。新版国标执行之后，电子外后视镜不但可以安装，而且允许取代传统后视镜。图 5-54 所示为搭载电子外后视镜的北汽魔方，在其门内板上，设计有一块小屏幕用于监测车辆外部的环境信息。

图 5-54 北汽魔方的电子外后视镜

问题 **124** 不同传感器之间的性能参数差异有多大？

超声波雷达、毫米波雷达、激光雷达、视觉感知摄像头等都是智能网联汽车上越来越常见的传感器，它们之间的差异见表 5-7。

表 5-7　不同车载传感器之间的性能参数对比

类型	超声波雷达	毫米波雷达	激光雷达	摄像头
感应机制	超声波	电磁波	电磁波	可见光
成本	低	适中	很高	适中
探测距离	很近	远	远	较远
障碍物识别能力	一般	较强	很强	很强
夜间工作能力	一般	强	弱	弱
恶劣天气适应能力	一般	强	弱	弱
路标识别能力	无	无	无	有
穿透能力	无穿透能力	较强的穿透能力（可穿透非金属物体）	较为一般的穿透能力	无穿透能力
数据类型	位置	位置、速度	位置、速度、形状	图像
优势	成本低	相对探测精度较高 相对探测距离较远	探测精度高 探测距离远	成本低 可识别文字、颜色、图案
不足	探测距离近 探测精度低	相对激光雷达探测角度小	成本高	容易被遮挡 强光和弱光环境下无法有效探测
应用场景举例	APA 等	ACC、AEB 等	ACC、BSD、AEB 等	BDS、LDW、LKA 等

问题125　L2 级智能辅助驾驶有哪些传感器布置方案?

在当下的 L2 级的智能辅助驾驶系统中，传感器常见的技术方案主要有三种：1R1V（或 3R1V）方案、5R1V（或 5R5V）方案、1R8V方案。其中，R 代表毫米波雷达（Radar Sensor），V 代表摄像头（Visual Sensor）。各种方案示意如图 5-55 所示。

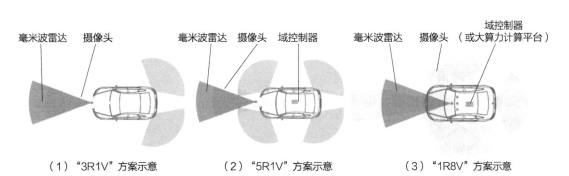

（1）"3R1V"方案示意　　（2）"5R1V"方案示意　　（3）"1R8V"方案示意

图 5-55　L2 级辅助驾驶系统的三种技术方案

问题126 什么是道路识别技术？

道路识别技术指的是智能网联汽车对于全天候的道路上包括道路本身、道路环境、道路参与主体等进行数字化感知的一种技术。其本质便是对道路及相关的基础设施进行实时的数字化，从而让车能够基于道路状况、交通标识、车道线和障碍物等数字化的信息进行更高效、更准确的控制，进而让智能网联汽车可以准确识别道路状况、遵守交通规则、把握最佳行驶轨迹等。

在当下，道路识别主要依赖于视觉感知、雷达感知、激光感知、空间定位等技术。

问题127 什么是车牌识别技术？

车牌识别指的是通过车牌提取、图像预处理、特征提取、车牌字符识别等技术，将运动中的车辆牌照信息（包括汉字字符、英文字母、阿拉伯数字及号牌颜色等）从复杂背景中提取并进行分析以获得车辆牌号、颜色等信息的一种技术。它的主要目的是实现对车辆的自动识别、车牌信息的提取和处理，以支持交通管理、安防监控、停车管理等应用场景。

车牌识别技术的原理如图5-56所示。

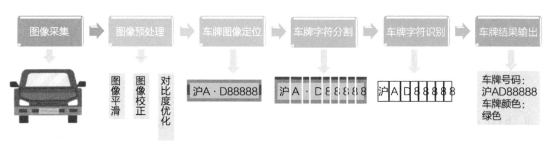

图5-56 车牌识别技术原理图

车牌识别的主要技术难点如图5-57所示。

目前，车牌识别技术已广泛应用于交通管理、公路稽查、电子警察、停车场管理、车辆调度等场景，对于维护交通安全、优化交通秩序、提升交通效率等有重要意义。在未来，其也将继续从交通领域走向非

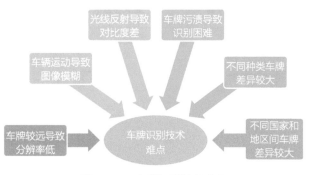

图5-57 车牌识别技术难点

交通领域，如 4S 店、加油站、充电站等，在更多更复杂的生活场景中得到更为广泛的应用。

拓展阅读

根据公安部标准 GA 36—2018《中华人民共和国机动车号牌》的规定，共有 21 种机动车号牌，其类型、规格、颜色如图 5-58 所示。

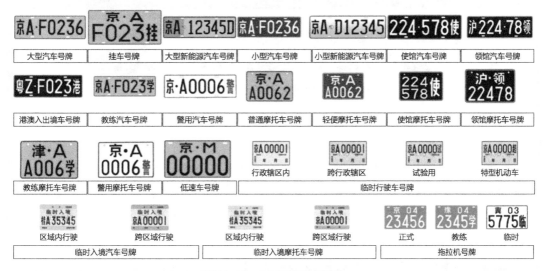

图 5-58　21 种机动车号牌

问题 128　什么是行人识别／保护技术？

行人识别技术指的是通过传感器（如超声波雷达、毫米波雷达、激光雷达、红外传感器等）快速获取行人的位置等信息，然后反馈给车辆并预留充足的响应时间以便于驾驶员做出正确的判断，从而尽最大可能去保护行人的一项技术。它的主要目的是在各种交通场景下，如道路、人行横道、停车场等，通过分析视觉数据来识别和保护行人，以提高行人的安全性和减少交通事故的发生。

众所周知，行人是交通系统的主要参与者，也是交通事故的主要受害者，因此，行人识别／保护技术是无人驾驶技术的一个重要分支，也是无人驾驶汽车行驶安全性的重要保障。

以别克昂科旗搭载的 PD 行人识别／保护技术为例，其可实时监测周围行人，当与行人有碰撞的高风险时，系统会给驾驶员以警告。如果驾驶员对于警告没有反应，系统会自动制动以避免碰撞或者减轻碰撞造成的伤害；若探测到前车，仪表显示黄色人像图标；如果预计碰撞时间小于 0.5s，系统将采取自动制动，从而避免对行人产生伤害，如图 5-59 所示。

图 5-59 别克昂科旗 PD 行人识别 / 保护技术

拓展阅读

根据世界卫生组织 2018 年发布的《全球道路安全现状报告》中的数据，道路交通死亡人数持续攀升，每年死亡 135 万人，其中，行人和骑自行车的人占道路交通死亡总人数的 26%，并且强调，道路交通伤害如今是 5~29 岁儿童和年轻人的主要伤害类型。

问题129 什么是交通信号灯识别技术?

交通信号灯识别技术指的是车辆通过摄像头检测到的信号灯的图像来帮助驾驶员识别交通信号灯的真实状态，并依据识别到的状态快速做出决策，从而减少驾驶员的精力分散，防止不规范驾驶行为和违法行为的出现，同时也提升驾乘安全性和通行效率，如图 5-60 所示。

图 5-60 交通信号灯识别

一般而言，交通信号灯有红、绿、黄三种，对应的指令分别是：红灯停、绿灯行、黄灯亮了等一等。其形状一般为圆形或指示箭头，此外，在部分地区交通信号灯还包含有数字倒计时的功能。

然而，在实际的交通环境中，交通信号灯有时候可能会处于熄灭或者工作在闪烁的状态，与此同时，还有一些极端情况可能会导致交通信号灯不在

二维码视频 5-14
理想 ONE 交通信号灯识别

摄像头的信号采集范围之中，此时模块无法识别出它的状态。此外，不同地区的交通信号灯，在展现形式上也会存在不小的差异，比如有单灯式、横排式和竖排式等，有些地区的红绿色是圆形的，但有些地区的红绿色是不规则形状。天气（如强光、暴雨、大雾等）的变化也是一个极大的不确定因素。如此种种，都对信号灯的识别、检测、位置匹配等提出了不小的挑战。

目前交通信号灯识别技术主要采用的解决方案有以下两种：

1）基于高精度地图对红绿灯进行识别和决策。

2）基于 V2X 技术，对现有红绿灯系统进行改造，在红绿灯上安装一个信号发射源，车辆接收发射源向外界传递红绿灯的状态信息。

问题130　什么是多传感器信息融合技术？

多传感器信息融合技术（Multi-sensor Information Fusion，MSIF）又称为多传感器数据融合技术，指的是基于计算机技术将来自多个不同种类的传感器或多源的信息和数据按照一定的准则加以自动分析整合，以完成所需要的决策和估计而进行的信息处理的过程。在多传感器信息融合中，按其在融合系统中信息处理的抽象程度可分为三个层次：数据级融合、特征级融合和决策级融合，如图 5-61 所示。

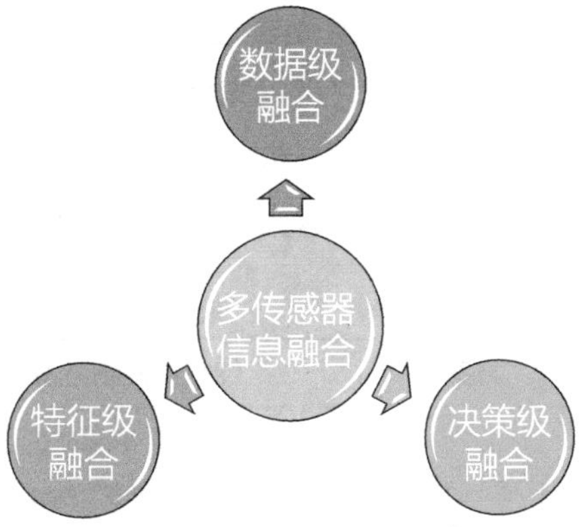

图 5-61　多传感器信息融合技术

多传感器信息融合是一种广泛存在于人类和其他生物系统中的一种基本功能，以人类为例，我们可以通过将身体上眼睛、鼻子、耳朵等各个器官所获取的画面、气味、声音等信息汇总到人脑中，并结合人脑中的既有知识进行比对以便于对当下的环境情况、当前发生的事件情况等进行评估，以进行下一步的决策。

在当下，一辆智能网联汽车上可能使用的传感器主要有超声波雷达、毫米波雷达、激光雷达、摄像头、夜视传感器、热成像传感器等，不同传感器的都有其特殊性，应用环境不同，作用不同，采集到的信号亦有区别。然而，任何一种传感器在单独使用时都不能很好地感知周围的环境，如果仅基于单一传感器的信号输入而进行决策，难免会带来很大的局限性和不确定性，甚至对自动驾驶的安全性构成极大的威胁。而多传感器信息融合技术则可以将多个不同的信息来源进行综合处理，在复杂的情况下能够弥补单一传感器的局限性，显著提高目标识别率，增强系统的鲁棒性、冗余性、容错性。

问题131 什么是"纯视觉控制方案"与"多传感器融合方案"之争？

聊这个话题之前，我们有必要先了解汽车业内广为流传的话——"傻瓜采用激光雷达"。这一论调出自于2019年4月在美国加州举办的特斯拉Autonomy Day上。

核心原因之一便是，马斯克认为，激光雷达是不必要的昂贵传感器，成本太高，没有采用的必要。这一论调的背后，折射出的是目前并不明朗的自动驾驶路线之争：纯视觉控制方案还是多传感器融合方案？

1）纯视觉控制方案。纯视觉控制方案以特斯拉为代表，仅依靠车载摄像头搜集环境信息，然后，将采集到的图像传输到汽车控制系统中进行分析，从而将2D图像映射到3D空间中，就像是用人眼睛来捕捉周围环境的信息然后传输给大脑进行决策一样。

2）多传感器融合方案。多传感器融合方案以Waymo、百度、华为为代表，其通过车载摄像头、毫米波雷达、激光雷达等传感器一起收集车辆的周边信息，其中的重点之一便是引入了激光雷达，可以辅助快速构建环境3D模型。举个例子，针对激光雷达扫描到的物体，它可以先计算出远近，相当于眼睛看到的物体直接就带有远近距离的信息，这样可以减少计算机的很多计算工作。

纯视觉控制方案与多传感器融合方案的对比见表5-8。

表5-8 纯视觉控制方案与多传感器融合方案的对比

方案	纯视觉控制方案	多传感器融合方案
代表厂家及产品	特斯拉Model 3	谷歌Waymo
传感器配置	毫米波雷达×1 超声波雷达×12 摄像头×8（环绕车身）	车顶自研激光雷达×1 短距离激光雷达×4（前后车牌处、前轮轮拱处） 全车摄像头×29（车顶、车身四周等） 自研毫米波雷达×6（车顶四角、前轮轮拱处） GPS、IMU等传感器 传声器阵列 ……
感知效果	最远探测距离250m 强大的视觉处理能力	全新激光雷达检测距离达300m 全新摄像头可识别500m外的交通标识 成本较上一代降低50%

在当下，选择多传感器融合方案的车企占多数。从表面是来看，二者的区别在于传感器的选择存在较大的差别；从本质上来看，主要还是当前传感器技术、传感器成本、数据计算性能等的现状与车规级要求之间还存在较大的差距。因此，"傻瓜才用激光雷

达"这一说法在当下是无法成立的，两种不同路线之争并无高低之分，但可以肯定的是，恰恰是这样的思辨过程，极大地促进了汽车科技的飞速发展。

问题132　无人驾驶的"渐进式路线"和"跨越式路线"区别是什么?

按 SAE 的等级划分来看的话，自动驾驶被分为 L1~L5，其中，L1~L3 阶段下的核心控制主体是人，L4~L5 阶段下的核心控制主体是车。控制主体从人到车的切换过程，是一个非常复杂的过程，为了达成真正意义上的无人驾驶，业内采取了两种不同的技术路线：渐进式路线和跨越式路线。

（1）渐进式路线

渐进式路线指的是在传统有人驾驶汽车的基础上，逐渐引入自动驾驶技术和智能化设备，通过不断地改良升级，最终达到实现全自动驾驶的目标。这个过程是逐步演化的，需要时间进行技术积累和优化。类比于电脑游戏，就像是通过不断地闯关升级，最终通关完成一整个游戏。以特斯拉等车企为代表的车企采用的便是从 L1 到 L2 逐步进阶到 L5 的渐进式路线，这也是当下大多数车企所采用的量产方案，目前大多数量产车处在 L2 向 L3 前进的过程中。

（2）跨越式路线

跨越式路线指的是在传统有人驾驶汽车的基础上，直接一步到位采用新一代高科技、无人驾驶相关设备，从而实现全自动驾驶。相较于渐进式路线，这个过程会显得比较极端一些，因为会出现一定的技术断层。这就好像是一个初学者直接从初级跳到了高级技术，虽然可能实现了某些突破性的进展，但同时也面临一定的技术挑战和风险。以 Waymo 等科技公司为代表的跨越式路线便是跳过低等级的自动驾驶而直接聚焦于 L4~L5 级无人驾驶，根本原因便是他们认为低等级自动驾驶的技术框架难以直接延续到高等级的无人驾驶之中。目前，这类公司的产品主要落地在特定地区的 Robotaxi、Robobus 等乘用场景以及港口、矿山等商用场景之中。

总体来说，两种路线各有优缺点，它们的实现方法和技术特点也有所不同。我们可以把跨越式无人驾驶实现路径看成对渐进式无人驾驶实现路径的加速版，跳过了一些旧有技术的积累和磨合阶段，快速拥抱新兴技术。而从本质上来看，真正意义上的无人驾驶，一定是基于大量的实测数据、实际场景的积累之上的，从这个角度而言，渐进式路线和跨越式路线并不是站在对立面。参考过往汽车行业科技发展的进程来看，最终比拼的，依然是落到实处的性价比。

06

第6章
智能网联汽车 ADAS
先进驾驶辅助

问题 **133** 什么是 ADAS 先进驾驶辅助系统?

先进驾驶辅助系统（Advanced Driver Assistance Systems，ADAS）是利用环境感知技术采集汽车、驾驶员和周围环境中的数据并进行分析处理，通过提醒驾驶员或控制执行器介入汽车操纵以实现驾驶安全性和舒适性的一系列技术的总称。它的目的是帮助驾驶员预防事故、减少疲劳驾驶和提高驾驶效率，为驾驶员提供安全、舒适和便捷的驾驶体验。

需要强调的一点是，ADAS 并不是现在广泛关注的无人驾驶，可以说，这两者的研究重点有明显的差异：ADAS 是辅助驾驶，责任主体仍然是驾驶员，核心是环境感知；而无人驾驶的责任主体已经是自动驾驶系统，更加依赖于人工智能，体系有很大差别。当然，从某种程度上而言，ADAS 也可以视作无人驾驶汽车的前提。

问题 **134** ADAS 先进驾驶辅助系统有哪些关键环节?

ADAS 先进驾驶辅助系统的关键环节包括感知、决策、执行，它们协同工作以提供安全、可靠和智能的驾驶辅助功能，如图 6-1 所示。

（1）感知

智能网联汽车通过不同类型的传感器如摄像头、超声波雷达、毫米波雷达、激光雷达、红外传感器等来获取车辆周围的环境信息（其他车辆、行人、车道线、交通标识、交通信号灯等）并输入给车辆的决策系统。感知就像车辆的"感官系统"，类似于驾驶员的眼睛和耳朵，用于感知周围的环境。

（2）决策

电子控制单元针对传感器接收到的信息，结合内置的算法设定进行融合分析，以求获得系统针对该输入的环境信息的应对措施，然后向控制的执行器下达执行命令做出驾驶决策。决策环节就像车辆的"大脑"，类似于驾驶员对环境信息进行理解和决策。

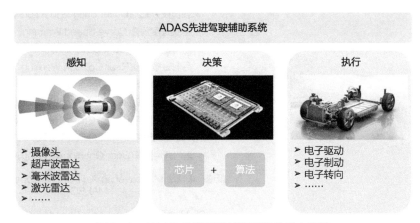

图 6-1　ADAS 先进驾驶辅助系统的三大环节

（3）执行

执行环节是将决策转化为实际的行动和控制操作。在执行环节，ADAS 系统会与车辆的控制系统进行交互，向车辆的制动系统、转向系统和加速系统发送指令，执行器如加速踏板、制动踏板、转向系统、灯光、声音等系统结合电子控制单元输出的信号执行动作，包括制动、转向、座椅振动、声音提醒等。执行环节就像车辆的"动作系统"，类似于驾驶员将决策转化为具体的操作和动作。

关于 ADAS 的三大关键环节，在此再打个比方，一个人刚出地铁站正走在回家的路上，突然感觉到有雨滴，抬头一看天上乌云密布，这便是感知；然后判断要赶快加速跑步几分钟便可到家以便于不被淋成落汤鸡，这便是决策；随后他拔腿快跑，成功在大雨降落前到家，这便是执行。

问题 135　ADAS 先进驾驶辅助功能如何分类？

根据 GB/T 39263—2020《道路车辆先进驾驶辅助系统（ADAS）术语及定义》，ADAS 可以分为信息辅助类与控制辅助类两大类别，共计 36 项功能，其中，信息辅助类功能可以进一步细化为危险预警、行车监控、驾驶便利三类，控制辅助类可以分为紧急应对、驾驶便利、车道保持、智能灯光四类，如图 6-2 所示。

当然，除了上述 ADAS 功能分类之外，随着智能驾驶辅助技术的飞速发展，不少车企也推出了许多新的功能，其中一些功能是基于上述 36 项功能组合而来，另一些功能则是基于新技术针对更高阶的自动驾驶开发而来。

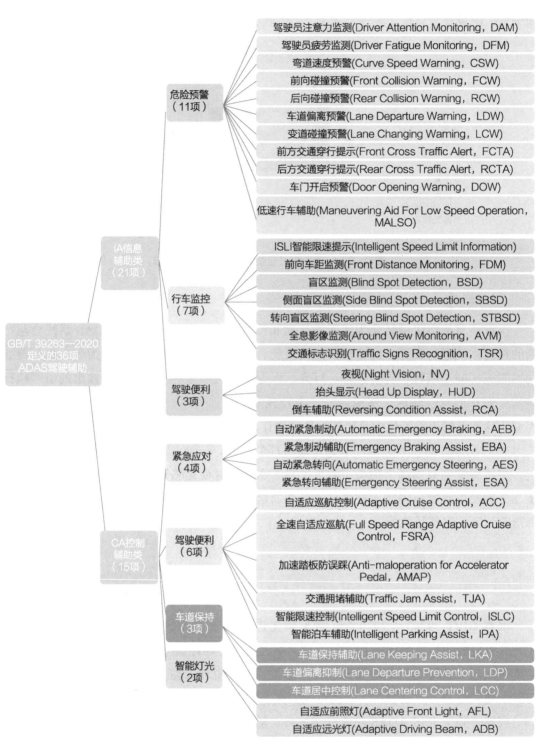

图 6-2 GB/T 39263—2020 定义的 36 项 ADAS 分类

问题 136　什么是 DAM 驾驶员注意力监测?

驾驶员注意力监测（Driver Attention Monitoring，DAM）指的是汽车通过车内摄像头等传感器实时监测驾驶员状态并在确认其注意力分散时发出提示信息，如图 6-3 所示。

图6-3　DAM 驾驶员注意力监测

二维码视频 6-1
凯迪拉克 LYRIQ
锐歌驾驶员注意力
监测

比如凯迪拉克旗下车型搭载的驾驶员注意力监测系统，通过眼球追踪技术，结合微摄像头和红外传感器采集到的信息，实现精准的面部识别，从而实时追踪驾驶员面部及视线方向，确保驾驶员的专注度。一旦驾驶员视线离开过久，便会发出包括方向盘灯带、声音、座椅振动等信号，逐级提升警告强度。

拓展阅读

沃尔沃 EX30 标配有驾驶员感知系统，凭借方向盘脱手检测功能及后侧采用强大算法的特殊传感器，每分钟可监测眼睛和面部运约 800 次，当驾驶员的注意力无法集中在驾驶上并且需要提供支持时，能够及时发出提醒，时刻为驾驶员提供安全支持，减少人为失误导致的安全隐患。它可以进行渐进式三级提醒。

1）分心：如果驾驶员被评估为分心，则会在驾驶员显示屏上弹出提示。

2）1 级疲劳：如果驾驶员表现出疲劳的早期迹象，咖啡杯图标将闪烁白色，并提示驾驶员休息一下。

3）2 级疲劳：如果驾驶员表现出更明显的疲劳迹象，咖啡杯图标会闪烁红色，并提示驾驶员到附近的地方休息一下。

问题 137　什么是 DFM 驾驶员疲劳监测?

驾驶员疲劳监测（Driver Fatigue Monitoring，DFM）指的是汽车通过车内摄像头等传感器，实时监测驾驶员状态，并在确认其疲劳时发出提示信息。

当我们开车时，有时会感到疲劳或昏昏欲睡，这会增加事故发生的风险。驾驶员疲劳监测系统就像是车上的一位小助手，可以帮助我们检测疲劳的迹象并提醒我们采取行动。想象一下，你正在长途驾驶，已经开了几个小时了，你可能开始感到困倦，眼皮沉重。这时，驾驶员疲劳监测系统就会发挥作用。它可能会通过一个摄像头或传感器来观察你的脸部表情和眼睛的活动。此外，这个系统还可以结合其他信息如心率、呼吸频率、皮肤电导等来判断你的疲劳程度。例如，它可能会检测驾驶员的呼吸频率或心率，如果它们显示你的身体处于疲劳状态，系统也会提醒你采取休息措施。图 6-4 所示为东风风神皓极驾驶员疲劳监测系统，它可以对闭眼、打哈欠、低头等行为进行监测。

图 6-4 东风风神皓极驾驶员疲劳监测系统

瑞虎 8 Pro 搭载有比较丰富的成员交互功能，主要包括驾驶员状态识别交互、驾乘行为识别交互和情绪状态识别交互三个方面。

（1）驾驶员状态识别交互

1）驾驶疲劳检测服务：时刻检测驾驶员状态，对闭合/张开双眼能准确判断，主动发起语音交互（轻度）、模拟来电（中度）、播放动感音乐及调节空调风量（重度）等策略来缓解驾驶员疲劳。

2）驾驶分心检测服务：通过检测驾驶员所看视线区域（左顾右盼、不看前方等情况），结合转向灯、方向盘转角、车速等信息，判断是否驾驶分心、道路路口分心并及时提醒。

3）干扰驾驶行为检测服务：对驾驶员长时间拿手机接打电话、没有专心开车进行及时提醒。

4）全天候全环境检测服务：可适应实际驾驶环境中复杂光照条件，实现全天候 24 小时监测。

（2）驾乘行为识别交互

1）睡眠行为检测服务：通过高精度算法检测前排人员睡眠状态，对乘客睡眠以及停车时驾驶员睡眠进行高精度感知，并实时提供相应服务。

2）乘员位置属性检测服务：通过高精度算法检测车内乘员的性别及年龄，按照其属性进行个性化的问候；通过对乘员位置的检测，自动调整车内音场以适应乘员听感；还可灵活根据当天气温，自动为相应位置乘员开启座椅加热，实现贴心关怀。

3）电话/抽烟行为检测服务：通过高精度算法检测车内乘员抽烟及打电话状态，并依据乘员位置、车辆行驶速度等对相关行为进行人性化辅助（对于抽烟帮助通风散味，对于打电话帮助提醒及降低音量）。

（3）情绪状态识别交互

通过乘员面部的高精度检测，判断乘员情绪状态并配合提供情绪抓拍、歌曲推荐功能。

问题138 什么是 CSW 弯道速度预警？

弯道速度预警（Curve Speed Warning，CSW）指的是汽车对车辆状态和前方弯道进行监测，当行驶速度超过弯道的安全通行车速时发出警告信息。

> 拓展阅读

本田 Honda SENSING 360 弯道智驾功能是在 CSW 弯道速度预警的基础上扩展出的一种主动控制功能，它通过识别前方弯道及弯道曲率，可以自动提前降速至合适过弯的速度，帮助驾驶员平稳顺畅地驶出弯道；并且，驾驶员可以进行车速定制，有 Slower、Average、Faster 三档可选，如图 6-5 所示。

图 6-5　本田 Honda SENSING 360 弯道智驾

问题139 什么是 FCW 前向碰撞预警？

前向碰撞预警（Forward Collision Warning，FCW）可以实时监测车辆前方行驶环境，并在可能发生前向碰撞危险时发出警告信息，如图 6-6 所示。

以拿铁 DHT 搭载的前碰撞预警 FCW 功能为例，新车的前向辅助系统通过前毫米波雷达及智能前视控制模块识别车道上的车辆。若车速超过 30km/h，当探测到前方有碰撞风险时，将发出报警提示或制动干预，减轻事故后果。具体包含以下几个场景：

1）安全距离提醒。若车速超过 65km/h，

图 6-6　FCW 前向碰撞预警

二维码视频 6-2
前向碰撞预警

一旦前碰撞预警系统判定与前方车辆的距离过小，主驾屏将显示"请保持安全距离"的提示信息。

2）前向碰撞预警。前碰撞预警有两个级别，分别是碰撞危险等级较低的预报警和碰撞危险等级较高的紧急报警。预报警包括声音报警，同时主驾屏上显示报警信息。

3）紧急报警短促制动。若车速超过 30km/h，当前碰撞预警系统探测到有潜在的前碰撞风险时，组合主驾屏将显示报警信息并发出报警提示音。此时，驾驶员应及时采取措施。如果情况持续恶化，系统将进行短促的制动。此时，驾驶员必须自行操控制动踏板或方向盘，以防止碰撞。在出现突发性的危险情况时（如前方车辆突然紧急制动等），两种报警可能同时激活，驾驶员须谨慎驾驶。

[拓展阅读]

提及 FCW 前向碰撞预警功能，就得说到另一个智能辅助驾驶功能：预测性紧急制动。它包含有预测性碰撞预警（PCW）和自动紧急制动（AEB）两项功能，当系统探测到自车与前方车辆、行人或其他物体存在潜在的碰撞风险时，将发出声光报警，为驾驶员提供充分的反应时间；并在情况持续恶化时，施加短促制动，甚至根据紧急程度自动紧急制动，辅助驾驶员避免碰撞或者减轻碰撞造成的伤害。

问题140 什么是 RCW 后向碰撞预警?

后向碰撞预警（Rear Collision Warning，RCW）可实时监测车辆后方环境，并在可能受到后方碰撞危险时发出警告信息，如图 6-7 所示。

图 6-7　RCW 后向碰撞预警

[拓展阅读]

高合 HiPhi X 搭载有 RCW（Rear Collision Warning）后碰撞预警功能，当车速处于 0~130km/h 范围内，RCW 系统通过后向毫米波雷达实时监控车辆后方区域的来车，车内设施在监测到危险时提醒本车驾驶员；尾部 ISD 智能交互灯也可以同步显示预警符号提示后车驾驶员。

问题141　什么是 LDW 车道偏离预警?

车道偏离预警（Lane Departure Warning, LDW）可以实时监测车辆在本车道的行驶状态，并在出现或即将出现非驾驶意愿的车道偏离时发出警告信息。图 6-8 所示为长安 CS75PLUS 搭载的 LDW 功能，当车速大于 65km/h 时，系统将自动识别车道标线，当前轮压过车道线时，仪表盘会显示警告信息或方向盘进行振动，从而实现车道偏离预警功能。

图 6-8　长安 CS75PLUS 搭载的车道偏离预警

拓展阅读

丰田威尔法搭载的 LDA 车道偏离警示系统，通过单目摄像头识别道路上的白线（或黄线），如果车辆未打开转向信号灯，且有可能在一定速度范围内行驶偏离车道时，系统会通过警示音和仪表盘显示的信息提醒驾驶员，避免偏离车道。此外，根据检测到的车辆摇摆状态，系统可以通过警示音和屏幕显示敦促驾驶员进行适当休息。

问题142　什么是 LCW 变道碰撞预警?

变道碰撞预警（Lane Changing Warning, LCW）指的是在车辆变道过程中，汽车实时监测相邻车道，并在车辆侧方和 / 或侧后方出现可能与本车发生碰撞危险的其他道路使用者时发出警告信息，如图 6-9 所示。

图 6-9　变道碰撞预警

问题143　什么是 FCTA 前方交通穿行提示?

前方交通穿行提示（Front Cross Traffic Alert，FCTA）指的是在车辆低速前进时，汽

二维码视频 6-3
Honda SENSING
穿行先知

车实时监测车辆前部横向接近的其他道路使用者，并在可能发生碰撞危险时发出警告信息，如图 6-10 所示。

以哈弗神兽为例，其搭载的 FCTA 功能通过左 / 右两个前角雷达控制模块对横向行驶的车辆进行检测，如果与横向行驶车辆有碰撞危险，会通过蜂鸣器报警、警告灯闪烁和仪表信息提示的方式将潜在的危险提醒给驾驶员。

图 6-10　前方交通穿行提示

拓展阅读

除了 FCTA 功能之外，哈弗神兽还搭载有前横穿侧向制动（Front Cross Traffic Brake，FCTB）功能，车辆左 / 右两个前角雷达控制模块对横向行驶的车辆进行检测，如果与横向行驶车辆有碰撞危险，系统可以自动进行制动控制来减少交通事故的发生。

问题 144　什么是 RCTA 后方交通穿行提示？

后方交通穿行提示（Rear Cross Traffic Alert，RCTA）指的是在车辆倒车时，汽车实时监测车辆后部横向接近的其他道路使用者，并在可能发生碰撞危险时发出警告信息，如图 6-11 所示。

例如，福特 CO-Pilot 360 技术中，就包含有带后方交通报警功能的盲区监测系统，在倒车时，系统将利用雷达监测并提醒用户躲避两侧盲区车流，同时，后方交通警报也将同步为用户监测后方车辆。

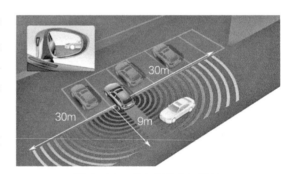

图 6-11　后方交通穿行提示

拓展阅读

与 RCTA 也有对应的 RCTB（Rear Cross Traffic Brake，后方车辆穿行制动辅助），也就是说车辆不仅可以预警，还可以实现紧急辅助制动。比如大众 MQB 平台上的帕萨特等高配车型便搭载有 RCTA 和 RCTB，依靠的是两颗后角毫米波雷达。

问题 145　什么是 DOW 车门开启预警？

车门开启预警（Door Open Warning，DOW）指的是在停车状态即将开启车门时，汽车监测车辆侧方及侧后方的其他道路使用者，并在可能因车门开启而发生碰撞危险时发出警告信息，如图 6-12 所示。

以别克汽车的开门安全预警功能为例，在车辆完全静止但未熄火时，若用户准备开门，当系统检测到侧后盲区存

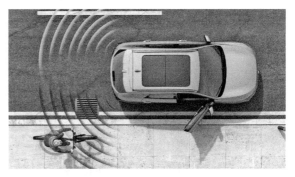

图 6-12　车门开启预警

在开门碰撞风险时，会对驾驶员及后排乘客发出两种级别的警示，分别为：

1）视觉提醒：如果没有开门，则触发 DOW 和 SBZA 警告灯常亮加仪表提示。

2）视觉 + 声觉提醒：如果开门，则触发 DOW 和 SBZA 警告灯闪烁，并伴有蜂鸣报警音加仪表提示；在车辆熄火后，系统仍能在最多 3min 内提供预警功能。

问题 146　什么是 MALSO 低速行车辅助？

低速行车辅助（Maneuvering Aid For Low Speed Operation，MALSO）指的是在车辆低速行驶时，车上探测器检测周围障碍物，并当车辆靠近障碍物时为驾驶员提供影像或警告信息。

问题 147　什么是 ISLI 智能限速提示？

智能限速提示（Intelligent Speed Limit Information，ISLI）指的是汽车自动获取车辆当前条件下所应遵守的限速信息，并实时监测车辆行驶速度，当车辆行驶速度不符合或者即将超出限速范围的情况下适时发出提示信息，如图 6-13 所示。

例如，小鹏 G3 的智能限速辅助（SLA）开启后，仪表盘会显示一个由地图或摄像

图 6-13　智能限速提示

头数据确定的速度限制，超出该限制时，限速图标将轻微闪烁以提示驾驶员保持正确的车速。在智能限速辅助（SLA）无法判断道路限速时（如当前位置没有限速标志和车辆定位信息或者摄像头并没有识别到限速标志），仪表盘不会显示限速标志，也不会进行超速提醒；当智能限速辅助（SLA）判断到道路限速时，仪表盘会显示限速数值提示；一旦车速超出限速数值时，仪表盘的限速数值会闪烁提醒驾驶员已超速。

问题148 什么是 FDM 前向车距监测？

前向车距监测（Forward Distance Monitoring，FDM）指的是汽车实时监测本车与前方车辆车距，并以空间或时间距离等方式显示车距信息，如图6-14 所示。

例如，零跑 C11 通过通过前视双目摄像头与前向毫米波雷达检测同一车道内的前车距离，当车距（驾驶员采取制动措施最大反应时间）小于安全距离时，仪表盘

图6-14 前向车距监测

上前车将变成黄色以示预警，结合前向碰撞预警能实现全时车距监测和预警，以图像的方式进行呈现。

问题149 什么是 BSD 盲区监测？

二维码视频6-4
smart 精灵 #1 盲区
监测

盲区监测（Blind Spot Detection，BSD）指的是汽车实时监测驾驶员视野盲区，并在其盲区内出现其他道路使用者时发出提示或警告信息，如图6-15 所示。

魏牌拿铁 DHT 的左右雷达传感器 LRSDS 和 RRSDS，在车辆行驶时变道对环境进行监测，一旦盲点雷达发现盲区物体，便通过声音和外后视镜灯光提

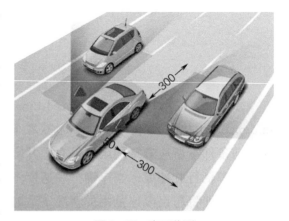

图6-15 盲区监测

醒驾驶员，可避免碰撞。在实际行车过程中（车速超过 15km/h），当传感器探测到本车外后视镜盲区内存在车辆或相邻车道后方 140m 内有驶近的车辆时，相应侧的警告灯点

亮。如果此时开启同侧的转向灯，警告灯变为闪烁，且伴有声音报警，提示用户继续变更车道存在危险。

[拓展阅读]

　　汽车的视野盲区是指驾驶员在驾驶汽车时无法直接观察到的区域，这些区域通常是由于车身结构、车窗位置或车辆附件的遮挡而导致的，如图 6-16 所示。举个例子，假设你坐在驾驶座上，前风窗玻璃的视野是你能直接看到的区域，然而，当你需要变道或者倒车时，后方的视野可能会受到限制。汽车的 A 柱（位于前风窗两侧的立柱）、B 柱（位于前后门之间的立柱）、C 柱（位于后窗玻璃两侧的立柱）可能会遮挡一部分视野，使你无法完全看清旁边或后方的物体。此外，还有另一个常见的视野盲区是后视镜的盲区，当你在行驶过程中通过后视镜观察后方时，有时候会发现有一些区域无法被后视镜完全照到，这是因为后视镜的视野有限，无法涵盖整个后方区域。

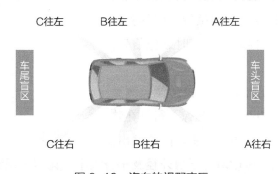

图 6-16　汽车的视野盲区

　　这些视野盲区的信息对驾驶安全非常重要，因为无法看到这些区域的物体或车辆可能会导致事故。为了弥补视野盲区带来的问题，驾驶员需要时刻保持警觉，使用各种辅助装置如倒车雷达、盲点监测系统等，同时进行适当的头部和身体转动，以最大程度地扩大视野范围，确保安全驾驶。

问题 150　什么是 SBSD 侧面盲区监测？

　　侧面盲区监测（Side Blind Spot Detection，SBSD）指的是汽车实时监测驾驶员视野的侧方及侧后方盲区，并在其盲区内出现其他道路使用者时发出提示或警告信息，如图 6-17 所示。

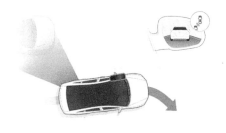

图 6-17　侧面盲区监测

问题151 什么是 STBSD 转向盲区监测？

转向盲区监测（Steering Blind Spot Detection，STBSD）指的是在车辆转向过程中，汽车实时监测驾驶员转向盲区，并在其盲区内出现其他道路使用者时发出警告信息，如图6-18所示。

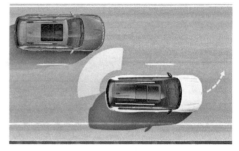

图6-18　转向盲区监测

问题152 什么是 AVM 全景影像监测？

全景影像监测（Around View Monitoring，AVM）指的是汽车通过 4 颗环视摄像头向驾驶员提供车辆周围 360° 范围内环境的实时影像信息，如图6-19所示。

以五菱星辰为例，它搭载的全景影像监测系统自带 100 万像素高清 360° 全景影像，行驶在狭窄的街道、低速会车时，360° 全景会自动跳出。

图6-19　全景影像监测

影像两侧的虚拟线增加，可读取轮子内外径及车身大小，让用户预测是否会撞击障碍物，解决狭窄停车位、街道等潜在的刮碰风险，解决用车烦恼。

拓展阅读

与全景影像监测相近似的，还有一个智能辅助驾驶功能叫透明底盘（也叫 180° 透明底盘），当车辆车速小于一定的限制（比如25km/h）时，通过摄像头，系统可以快速捕获道路状态，实时图像通过车身摄像头从汽车底盘的底部传输到汽车中的大型中央控制屏幕，从而使驾驶员可以看到自己车底的道路情况，如图6-20所示。如此一来，用户在低速

图6-20　透明底盘

行车或者泊车时可以比较清晰地看到车底的井盖、坑洼和崎岖的道路，尽量避免对车辆底盘造成伤害。

问题 153　什么是 540° 全景影像?

360° 全景影像和 180° 透明底盘功能组合在一起,便是被称为 540° 全景影像的新功能,它可以更加直观清晰地监测车辆四周的情况,如图 6-21 所示。

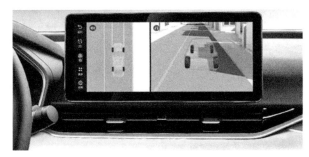

图 6-21　540° 全景影像

以长安逸动 Plus 搭载的 540° 高清全景影像功能为例,它共搭载有 4 个分辨率为 1280×720 高清广角摄像头,集成 360° 高清全景影像、180° 底盘透视和行车记录仪功能,实时监测车辆四周情况,可以实现 540° 无死角安全视野。行车时可 360° 实时监测车辆四周情况,为你看清视线盲区,预防擦碰;更可透过 180° 底盘透视功能,兼顾车底视角,不论坑洼障碍、狭小巷道等各种恶劣路况,助你从容驾驶;同时自带 8GB 存储空间,可随时查看 1h 内的行车录像,遇到追尾、刮碰等事故时,有据可依,避免纠纷。

问题 154　什么是 TSR 交通标志识别?

交通标志识别(Traffic Signs Recognition,TSR)指的是车辆在行驶过程中自动识别行驶路段的交通标志并发出提示信息,如图 6-22 所示。

在车辆行驶过程中,TSR 可以利用传感器对道路上的交通标志(如限速、解除限速、禁止掉头、禁止左转、禁止停车、禁止超车等)进行采集和识别,从而及时向驾驶员发出提示信息或警告信息,以便于驾驶员遵守这些交通标志的规定,更有秩序地使用道路。必要时它甚至可以采取一定技术措施,目的是预防交通事故、减少交通违法行为等。

受限于不同季节、不同天气的影响,目前,交通标志识别技术在灵敏度、准确性和稳定性上还存在一定的提升空间。

图 6-22　交通标志识别

交通标志主要分为禁止标志、警告标志和指示标志三大类，如图6-23所示。

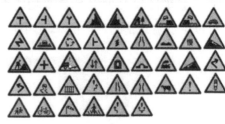

a）禁止标志　　　　　　　　　　b）警告标志

c）指示标志

图6-23　交通标志主要分类

问题155　什么是NV夜视系统？

夜视（Night Vision，NV）功能指的是车辆在夜间或其他弱光行驶环境中，为驾驶员提供视觉辅助或警告信息，如图6-24所示。

例如，岚图梦想家搭载的智能主动夜视系统有150m夜间红外成像、强光抑制等功能，可以识别道路两旁及横穿车道的行人与骑车人，且识别率高达95%，可应用于黑夜、炫光、浓雾等视线受阻的行车环境，如图6-25所示。

图6-24　夜视系统

二维码视频6-6
岚图梦想家智能主动夜视系统

图6-25　岚图梦想家智能主动夜视系统

什么是 HUD 抬头显示?

　　抬头显示（Head-up Display，HUD）指的是汽车将信息显示在驾驶员正常驾驶时的视野范围内，使驾驶员不必低头就可以看到相应的信息，如图 6-26 所示。一般而言，HUD 又可以细分为 C-HUD、W-HUD 和 AR-HUD 三种类型，这其中，由于明显的劣势，C-HUD 已经逐步被市场淘汰。

　　以凡尔赛 C5-X 搭载的 HUD 抬头显示为例，其显示面积为 55mm×23mm，投射距离位于前方道路 4.5m 范围内，减少眼睛焦距调节；除此之外，用户还可以将速度、驾驶信息、路标、地图、导航指引、电话、多媒体、ADAS 等重要信息投影在风窗玻璃上，通过方向盘上的指令，设置和改变投射信息，调节投射亮度；HUD 还可以和中控 12in 显示屏进行信息交互，如图 6-27 所示。

图 6-26　抬头显示

图 6-27　凡尔赛 C5-X 抬头显示

什么是 W-HUD？

　　W-HUD（Wide Head-Up Display）也被称为"宽景抬头显示器"，它通常使用投射式显示技术，通过反射光线投影信息到风窗玻璃上，使驾驶员可以在不需要将目光从道路转移到仪表盘上的情况下获取相关驾驶信息，如图 6-28 所示。从技术的角度来看，W-HUD 支持更大的成像区域以及更远的成像距离，显示效果也更加具体化。

图 6-28　W-HUD

在实际应用中，它还可以根据用户坐姿高度、眼球视野位置进行显示高度调整。由于风窗玻璃一般为曲面玻璃，所以 W-HUD 一定是要根据风窗玻璃的尺寸和曲率去搭配高精度非球面反射镜。

W-HUD 采用了更宽的显示屏幕，可以显示更多驾驶信息，驾驶员可以更方便地获取必要的驾驶信息，同时保持对道路的专注，提高驾驶的安全性和便利性。这种技术在现代汽车中越来越常见，是当下一种比较主流的应用。

以奇瑞瑞虎 8Pro 搭载的 W-HUD 抬头显示为例，用户通过前风窗玻璃显示区域可以观察到与实际路况融合的提示信息以及 ADAS 智驾系统实时反馈信息，包括行车状态、ADAS 信号、娱乐、导航等所需的重要信息；并且，悬浮显示的科技使得驾驶员不必低头即可平视查看相关信息，有利于安全驾驶。

问题 158 什么是 AR-HUD？

AR-HUD（Augmented Reality-Head-Up Display）是 AR 技术和抬头显示的融合，它与 W-HUD 一样通过风窗玻璃作为投影介质来反射成像。不同的是，它不是只在风窗玻璃上显示相关的参数与数据，还与车外的环境相互结合起来，使驾驶员可以同时看到车辆的实际道路和虚拟信息，如导航指示、车速、车道偏离警示等。这种技术可以提供更丰富、更直观的驾驶信息，并将其与驾驶场景进行融合，使驾驶员能够更好地理解和应对道路情况。图 6-29 所示为深蓝 SL03 搭载的 AR-HUD 平视系统。

图 6-29 深蓝 SL03 搭载的 AR-HUD 平视系统

举个例子，当驾驶员使用 AR-HUD 导航系统时，路线指示和转弯箭头将以透明的方式显示在驾驶员正前方的道路上，仿佛它们就在真实道路上一样。这样，驾驶员无需将目光从前方道路转移到导航屏幕

图 6-30 大众 ID. 家族搭载的 AR-HUD

上，就能够准确地了解下一个转弯点的位置和方向，提供更直观、便捷的导航体验，如图 6-30 所示。

AR-HUD 技术为驾驶员提供了一种通过透明显示屏幕将虚拟信息叠加在真实世界场景中的方式，它还可以将其他信息叠加在驾驶员视野中，例如前方车辆的速度和距离、交通标志识别、行车警示等，从而提高驾驶员的安全性和警觉性。

二维码视频 6-7
大众 ID. 家族搭载
的 AR-HUD

拓展阅读

带偏光墨镜可能会导致看不清 AR-HUD 画面的情况发生，这是因为，偏光墨镜将 AR-HUD 中投出的光线中的偏振光等很多光线都过滤掉了，会极大减弱 HUD 投出画面的可视性。此时，可以尝试加大 HUD 亮度，或者调整 HUD 高度来减轻偏光墨镜的影响，或者改戴非偏光墨镜。

问题 159 什么是 RCA 倒车辅助？

倒车辅助（Reversing Condition Assist，RCA）指的是在车辆倒车时，汽车实时监测车辆后方环境，并为驾驶员提供影像或警告信息，如图 6-31 所示。

拓展阅读

在 RCA 倒车辅助的基础上，还有些车企开发出了倒车紧急制动功能，能够监测到超出你视线的潜在危险物体，并在必要情况下主动对车辆进行制动，如图 6-32 所示。

图 6-31　倒车辅助

图 6-32　倒车紧急制动

问题 160 什么是 AEB 自动紧急制动？

自动紧急制动（Advanced/Automatic Emergency Braking，AEB）指的是车辆实时监测车辆前方行驶环境，并在可能发生碰撞危险时自动启动车辆制动系统使车辆减速，以避免碰撞或减轻碰撞后果。图 6-33 所示为长安 UNI-V 搭载的自动紧急制动。

图 6-33　长安 UNI-V 搭载的自动紧急制动

以魏牌拿铁 DHT 搭载的 AEB 自动紧急制动为例，它由安装在车辆前部左右两侧的

二维码视频 6-8
自动紧急制动

角雷达、安装在车辆中间的前毫米波雷达、安装在风窗玻璃上的前视摄像头构成。而在 AEB 基础上，其还拓展了十字路口探测功能，在十字路口转弯时，传感器用来获取目标信息，如速度、加速度、距离等，同时将目标信息发送至域控制器，通过域控制器来实现目标融合、形势分析、轨迹预测、功能触发等。如果与对向行驶车辆可能发生的碰撞，系统会根据紧急度进行警告或制动，避免或减轻碰撞造成的危害。

拓展阅读

基于 AEB 功能还有几个延展性的细分功能，如 AEB-CCR、AEB-VRU、AEB-JT、AEB-JC 等。它们的特点及区别主要如下：

1）AEB-CCR（Automatic Emergency Braking-Car to Car Rear）。AEB-CCR 是针对本车对前车尾部的自动紧急制动系统，并且特指目标物为车辆，它又被细分为 CCRS（前车静止）、CCRM（前车正常行驶但低于本车车速）和 CCRB（前车制动）。

AEB-CCR 又称车辆碰撞能量减缓系统，旨在减少车辆碰撞时的能量传递，降低碰撞造成的损害和伤害。它包括自动紧急制动系统（AEB）和碰撞能量减缓系统（CCR）。AEB 通过传感器监测前方障碍物并自动启动制动系统，而 CCR 通过改进车辆结构、吸能设计和安全带预紧等措施来减少碰撞能量传递。

2）AEB-VRU（Automatic Emergency Braking-Vulnerable Road User）。AEB-VRU 是针对弱势道路使用者（如行人、骑行者）的自动紧急制动系统。它使用传感器监测道路上的弱势道路使用者，并在检测到碰撞危险时启动制动系统，以减少与他们发生碰撞时可能造成的伤害。

3）AEB-JT（Automatic Emergency Braking-Junction Turning）。AEB-JT 是针对在交叉口转弯情况下的自动紧急制动系统。它专门用于在车辆转弯时监测交叉口的来车，以避免碰撞或减少碰撞的严重程度。该系统通过传感器检测交叉口来车的速度和距离，并在必要时启动制动系统，以保证安全转弯。

4）AEB-JC（Automatic Emergency Braking-Junction Crossing）。AEB-JC 是针对在交叉口穿行情况下的自动紧急制动系统。它用于监测车辆在穿过交叉口时的碰撞危险。通过使用传感器检测交叉口的来车和车辆速度，AEB-JC 可以在必要时启动制动系统，以避免碰撞或减少碰撞的严重程度。

除此之外，AEB 还可以与 FCW、LDW、RCTA 等功能进行结合，以适应更复杂的车辆行驶场景。

问题 161 什么是 EBA 紧急制动辅助？

紧急制动辅助（Emergency Braking Assist，EBA）指的是车辆通过判断驾驶员踩制动踏板的紧急程度，在可能发生碰撞危险时及时采取措施以减少制动响应时间，并在驾驶员采取制动操作时辅助增加制动压力，以避免碰撞或减轻碰撞后果。

EBA 系统通过监测制动踏板的行程、速度以及其他传感器的数据，能够感知驾驶员的紧急制动意图。当系统检测到驾驶员突然踩下制动踏板时，它会自动增加制动液压力，提供更大的制动力，这样可以帮助车辆更快减速，从而缩短制动距离，并在紧急情况下提供更好的制动效果。

二维码视频 6-9
凯迪拉克 LYRIQ
锐歌紧急制动辅助

打个比方，假设一辆汽车正在高速行驶，突然前方出现了一个障碍物，在这种紧急情况下，驾驶员会突然踩下制动踏板，但由于紧急制动的力量和反应时间有限，车辆可能无法迅速减速。这时，EBA 系统会检测到驾驶员的紧急制动意图，自动增加制动液压力，提供更大的制动力，以帮助车辆更快减速，从而减少与障碍物的碰撞风险。

拓展阅读

AEB（Automatic Emergency Braking）和 EBA（Emergency Brake Assist）都是与紧急制动系统相关的术语，但它们在功能和工作原理上有一些区别。

AEB（Automatic Emergency Braking）指的是当系统检测到即将发生碰撞的危险时，它会自动启动制动系统，以减少碰撞的严重程度或避免碰撞，它可以根据情况自动进行制动操作，不需要驾驶员的干预。其目标是避免碰撞的发生或减轻碰撞的后果，提高车辆的被动安全性。

EBA（Emergency Brake Assist）是一种辅助驾驶员进行紧急制动的技术，当驾驶员突然踩下制动踏板时，EBA 系统会自动增加制动液压力，以帮助车辆更快减速。EBA 系统依赖于驾驶员的制动输入，但会提供额外的制动力来增强制动效果。其主要目的是在驾驶员进行紧急制动时提供支持，并帮助缩短制动距离，从而减轻碰撞的严重程度。

问题 162　什么是 AES 自动紧急转向？

自动紧急转向（Automatic Emergency Steering，AES）指的是实时监测车辆前方、侧方及侧后方行驶环境，在可能发生碰撞危险时自动控制车辆转向，以避免碰撞或减轻碰撞后果，如图 6-34 所示。

图 6-34　自动紧急转向

拓展阅读

基于 AES 可以开发出更高级的功能，以魏牌拿铁 DHT 搭载的 ESS 自动紧急转向辅助系统为例，其通过前视摄像头、毫米波雷达对潜在的追尾事故，提供紧急转向辅助，当驾驶员有转向意图时，为驾驶员提供转向助力。当自车和目标车辆存在严重的碰撞风险时，系统实时计算可以规避碰撞的最优轨迹路径，当驾驶员有强烈的转

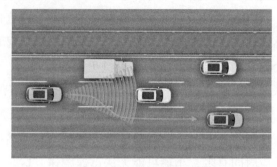

图 6-35　ESS 自动紧急转向辅助

向意图时，如果系统监控到驾驶员的转向行驶路径不能规避碰撞，系统便会介入辅助驾驶员完成转向避让的动作，如图 6-35 所示。目前，拿铁 DHT 搭载的 ESS 功能可以对行人、自行车、摩托车、轿车、货车等目标进行动作，以此保护自车和其他道路交通参与者的安全。

问题163　什么是 ESA 紧急转向辅助？

紧急转向辅助（Emergency Steering Assist，ESA）系统可以实时监测车辆前方、侧方及侧后方的行驶环境，在可能发生碰撞危险且驾驶员有明确的转向意图时，辅助驾驶员进行转向操作，如图 6-36 所示。

图 6-36　紧急转向辅助

拓展阅读

自动紧急转向（AES）和紧急转向辅助（ESA）是两种与紧急情况下车辆转向相关的技术，但它们在功能和工作原理上有一些区别。

自动紧急转向（AES）是一种车辆安全技术，旨在在紧急情况下主动触发转向操作。当车辆检测到即将发生碰撞危险，如前方遇到障碍物、行人或其他车辆时，AES系统可以通过车辆的电子稳定性控制系统（ESC）或其他转向辅助系统，自动对转向进行干预。它可以通过自动转向操作改变车辆的行进方向，以避免碰撞或减轻碰撞的严重程度。AES 依赖于车辆的转向系统和相关传感器，以识别和响应紧急情况。

紧急转向辅助（ESA）是一种辅助驾驶系统，旨在紧急情况下提供转向辅助。与 AES 不同，ESA 主要还是通过对转向或 ESP 的干预，修正驾驶员在紧急状况下

的转向不足或转向过度，完成一个合理的转向路径，在避免同前车碰撞的同时也避免同相邻车道的车辆碰撞。ESA 通过使用车辆的传感器和摄像头来监测车辆周围的环境和驾驶员的行为，当系统检测到紧急情况，如突然出现的障碍物或驾驶员的异常操作时，ESA 会提供转向辅助，通过发出警告、提供振动反馈甚至轻微的转向输入来提醒驾驶员采取适当的转向操作。

问题164　什么是 ACC 自适应巡航控制？

自适应巡航控制（Adaptive Cruise Control，ACC）系统可实时监测车辆前方行驶环境，在设定的速度范围内自动调整行驶速度，以适应前方车辆和 / 或道路条件等引起的驾驶环境变化，如图 6-37 所示。

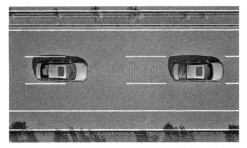

图 6-37　ACC 自适应巡航控制

二维码视频 6-10
自适应巡航

自适应巡航控制系统（ACC）是在定速巡航控制系统（Cruise Control System，CCS）基础上发展而来的，能够让车辆保持一定行驶速度的同时可以根据与前车的距离进行车速自动调节，以保证与前车的安全距离。自适应巡航控制系统实际上是定速巡航控制系统（CCS）和车辆前向撞击预警系统（Forward Collision Warning，FCW）结合而来，其既可以设定本车

二维码视频 6-11
自适应巡航功能设置

速度以及与前车的间距，同时还可以通过车载雷达、前视摄像头等传感器去监测车辆前方的交通环境，并及时对车辆的速度进行动态调整。其工作原理简图如图 6-38 所示。

图 6-38　ACC 自适应巡航控制系统原理简图

比如在高速上行车时，如果车辆前方畅通，ACC 将保持设定的最大巡航速度向前行驶；如果检测到前方有车辆，ACC 将根据本车与前车之间的相对距离、相对速度等信息进行车速的调整，以达到与前车保持一定的安全距离的目的。

需要注意的是，ACC 仅仅是一个侧重于舒适性的驾驶辅助系统，而并非自动驾驶系统。因此，在 ACC 启用的情况下，驾驶员仍需始终保持手握方向盘，目视前方，并在必要时介入制动。该功能还支持自动跟随前车停止和自动起步功能。此外，目前市场上部分车型使用的 ACC 技术，需要在 30km/h 以上才能完全启动，且不能制动至完全停止、不能由静止状态直接跟随前车起步，需要驾驶员手动介入。

值得一提的是，ACC 的前身是 CCS，它也可以让车辆在不踩加速踏板的情况下按照驾驶员设定的数值进行固定速度行驶，如图 6-39 所示。

增加设定车速按钮

车速调整及设定按钮
向上旋转增加速度
向下旋转降低速度

解除巡航控制按键

大调速加速

大调速减速

图 6-39　定速巡航控制系统

CCS 通过闭环控制保持车辆速度的恒定，其原理结构如图 6-40 所示。其中，定速巡航控制器根据驾驶员设定的车速以及当前车辆的实际车速进行控制，并向动力装置输出期望转矩后传递到车辆的驱动轮，从而实现对车速的控制。

期望车速　　　　　　定速巡航控制器　　动力装置　　车辆系统　　实际车速

图 6-40　定速巡航控制原理简图

CCS 一般适用于高速路且路况较好的情况下，当在畅通无阻的高速公路上长时间行车时，启动 CCS 功能后，驾驶员就不用再去控制加速踏板，减轻了疲劳，同时也减少了不必要的车速变化，可以节省燃料，提升燃油经济性。

[拓展阅读]

部分车型的 CCS 需要车辆有一定的速度之后才能启动（比如有些车的 CCS 需要车速大于 30km/h 才能激活），速度可以通过按钮进行调节，踩制动时功能便会退出。蜿蜒曲折的道路上或交通拥堵时，不建议使用定速巡航控制；湿滑路面轮胎牵引力的急剧变化，车辆可能会失控，也不建议使用定速巡航控制。另外，在坡道上行车时 CCS 能否被激活取决于车速、负载以及坡道的坡度，爬陡坡时可能需要踩住加速踏板以保持车速，下坡时可能需要制动或降到低档位以保持车速，当制动器启用时，巡航控制会关闭。

问题 165　什么是 FSRA 全速自适应巡航控制？

全速自适应巡航控制（Full Speed Range Adaptive Cruise Control，FSRA）可以实时监测车辆前方行驶环境，在设定的速度范围内自动调整行驶速度并具有减速至停止及从停止状态自动起步的功能，以适应前方车辆或道路条件等引起的驾驶环境变化，如图 6-41 所示。

例如，福特的 CO-Pilot 360 技术就包含有带交通标志识别、自动跟车启停和车道居中辅助功能的 iACC 全速智能自适应巡航控制系统，

图 6-41　全速自适应巡航控制

系统一经启动，便可根据限速标志自动调整巡航的最高车速。如遇前方车辆频繁启停或骤停骤减，它将自行让车辆减速或停止，待前方情况正常后，立即恢复用户原始设定的车速。同时，用户还可以使用车道居中辅助功能，通过扫描车道标识，确保行车路径始终如一。当然，此功能不可代替正常人工驾驶，若停止时间超过 3s，驾驶者需轻踩加速踏板或按"恢复"按钮以确保车辆再次正常行驶。

又如，丰田 DRCC 动态雷达巡航控制系统（带全速域跟车功能）通过毫米波雷达和单目摄像头监测前方车辆，保持与车速相对应的车距，辅助跟车行驶。当前方车辆停止时自身车辆也会停止，并保持停滞状态；当前方车辆起步时，由驾驶员操控起步并再次进行跟车行驶。弯道情况下，在启用动态雷达巡航控制系统时，如系统判断认为必要，会在转向开始时控制速度，同时显示屏会显示系统正在运行。

FSRA 又被叫做 ACC S&G（停走式自适应巡航控制系统），它是在自适应巡航控制系统基础上升级而来，其最大的技术特点是可以跟随前车至完全静止，再从静止跟随前车直接起步，目前一些量产车的 FSRA 工作速度范围是 0~150km/h，基本可以实现自适应巡航、跟车及车辆停车控制。

> 拓展阅读

许多车型搭载的全速自适应巡航控制针对的是驾驶员在高速公路等直线道路上设置和维持车辆的巡航速度，但在弯道上需要驾驶员主动调整车速或转向。于是，自适应弯道巡航（Adaptive Curve Cruise Control，ATC）功能应运而生。它通过结合车辆的传感器和摄像头，可以感知并分析道路的弯曲程度、半径和曲率等信息，以实现自动调整车速和转向角度，使车辆更加平稳地进入和离开弯道。图 6-42 所示为小鹏 P7 搭载的 ATC 自适应弯道巡航功能。

ATC 自适应弯道巡航可以提高驾驶的舒适性和安全性，减轻驾驶员在弯道驾驶时的负担。它可以更精确地控制车辆的速度和转向角度，适应不同的弯道条件，提供更平稳的驾驶体验，并减少驾驶员在弯道上的操作和调整。然而，驾驶员仍然需要保持警觉，并随时准备接管车辆的控制，以应对紧急情况或系统无法处理的特殊情况。

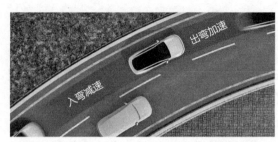

图 6-42　小鹏 P7 搭载的自适应弯道巡航功能

问题166　什么是 AMAP 加速踏板防误踩？

加速踏板防误踩（Anti-maloperation for Accelerator Pedal，AMAP）功能可以在车辆起步或低速行驶时，在驾驶员误踩加速踏板产生紧急加速而可能与周边障碍物发生碰撞的情况下自动抑制车辆加速。

问题167　什么是 TJA 交通拥堵辅助系统？

交通拥堵辅助（Traffic Jam Assist，TJA）功能可以在车辆低速通过交通拥堵路段时，实时监测车辆前方及相邻车道行驶环境，并自动对车辆进行横向和纵向控制，其中部分功能的使用需经过驾驶员的确认。图 6-43 所示为零跑 C01 搭载的交通拥堵辅助。

图 6-43　零跑 C01 搭载的交通拥堵辅助

TJA 功能允许车辆自动跟停前车，在拥堵的时候会让人省心很多。短时的拥堵乃至前车停止时驾驶员是可以不进行人为操作的，但是如果前车停止较长时间后再前进，TJA 功能就需要驾驶员踩下加速踏板后才能启动。

以别克车型搭载的 TJA 功能为例，在驾驶员手握方向盘及双侧有清晰车道线情况下，车辆可稳定跟随前车以最大 60km/h 的速度在车道中央居中行驶，或在丢失车道线时跟随前车向前方行驶。TJA 能够以更近的车辆间隔跟随前车至完全停止，并支持最多 3min 的自动跟车起步。

基于交通拥堵辅助而来的交通拥堵领航（Traffic Jam Pilot，TJP）是一种高级驾驶辅助系统，能够在交通堵塞的情况下提供更高级别的自动驾驶功能。它通常运用于具备高级别自动驾驶功能的车辆，可以在交通拥堵的情况下完全接管车辆的驾驶任务，包

图 6-44　TJP 交通拥堵领航

括加速、制动和转向，如图 6-44 所示。TJP 利用车辆的传感器、摄像头和先进的计算系统来感知和分析周围的交通状况，并进行自动驾驶操作，驾驶员可以在 TJP 激活时更放松，不必持续关注路况，但仍需要准备随时接管驾驶任务。

问题168　什么是 ISLC 智能限速控制？

智能限速控制（Intelligent Speed Limit Control，ISLC）功能可以自动获取车辆当前条件下所应遵守的限速信息，实时监测并辅助控制车辆行驶速度，以使其保持在限速范围之内，如图 6-45 所示。

2022 年 5 月，蔚来 ET7 发布了版本号为 Banyan1.0.1CN 的新版本更新，其中就新增了智能限速控制功能。当该功能触发时

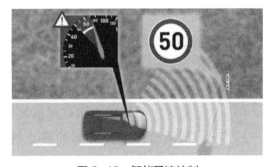

图 6-45　智能限速控制

可以通过按键确认调节速度后，仪表屏幕内的巡航设定车速也将直接更新为新的限速值。

2022 年 7 月，欧洲交通安全委员会（ETSC）决定从 2024 年开始要求新车标配智能限速辅助（Intelligent Speed Assistance，ISA），这项功能通过镜头、GPS 系统和程序来进行控制，如图 6-46 所示。其主要功能包括：使用卫星定位导航技术可以知道汽车的位置和行车的方向，将这两点与导航地图上已经存储的不同限速地区加以对比得出结论；使用车上的相机和能"读取"限速标志的软件。ETSC 表示：这一举措将减少 30% 的碰撞事故和 20% 的道路死亡人数，而之所以会实施这一项法规，也是为了帮助欧盟实现到 2025 年零道路死亡的目标。

1.在线软件系统通过GPS和地图获取车辆位置信息

2.交通标志识别系统获取限速信息

3.如果车辆速度超过限速，发出警示声音以提醒驾驶员，同时系统自动降低车速

➤ 驾驶员可以通过踩下加速踏板接管系统

图 6-46　智能限速辅助功能示意

问题169　什么是 IPA 智能泊车辅助？

智能泊车辅助（Intelligent Parking Assist，IPA）功能可以在车辆泊车时，自动检测泊车空间并为驾驶员提供泊车指示和 / 或方向控制等辅助功能，如图 6-47 所示。

二维码视频 6-12
大众 ID.6X 搭载的
ID 泊车管家

泊车时，系统将监测车辆周围的广阔区域，如有可能接触到车辆前部或者后部的静止物体，或有可能接触从后侧方接近的车

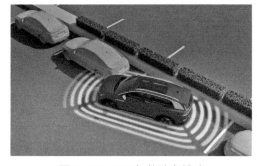

图 6-47　IPA 智能泊车辅助

辆，系统会发出蜂鸣提醒，并将启动驱动力控制和制动控制，从而避免轻微碰撞并降低损失，对于误踩加速踏板或者加速踏板过踩等情况也能有效缓解。

例如大众 ID.6X 搭载的 ID 泊车管家，可以在车辆需要停车时，主动识别附近车位并自动换档、控速、制动、停车；当系统识别到已记录的行车路线时，将接管停车操作并引导车辆到目标位置。

拓展阅读

JD.POWER 中国消费者自动驾驶信心指数调查发现，停车场景（即自动泊车）是超四成消费者期待最先实现无人驾驶技术落地的场景。因此，自动泊车自然成为众多车型特别是高端智能电动汽车的"标配"。但当下各厂家自动泊车技术的先进性参差不齐，仍需要进一步的优化。

问题 170　什么是 APA 自动泊车辅助？

APA（Auto Parking Assist）自动泊车辅助是目前市面上比较常见的泊车辅助系统，它主要使用车辆的环视摄像头与超声波雷达的融合方案来辅助驾驶员完成停车操作。系统能够检测并测量停车位的大小，然后根据检测到的空间信息，决定是否启动泊车操作，如图 6-48 所示。一般而言，在 APA 自动泊车辅助过程中，驾驶员需要控制档位和踏板，APA 系统则负责执行精确的转向操作，帮助车辆安全停入指定的停车位。

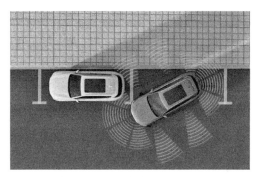

图 6-48　APA 自动泊车辅助

以奔腾 B70S 为例，其搭载的自动泊车通过超声波雷达，可自动搜索道路两侧的停车位；选定停车位后，系统会自动计算泊车轨迹；驾驶员长按 APA 开关，不需要踩制动踏板、加速踏板以及换档和转向，系统会自动完成车辆的"一键"全自动泊车，可实现"一键"水平车位泊入、"一键"垂直车位泊入及"一键"水平车位泊出等三种功能模式。

二维码视频 6-13
APA 自动泊车辅助

问题 171　什么是 RPA 远程遥控泊车辅助？

RPA（Remote Parking Asist）远程遥控泊车辅助系统是一种在 APA 基础上进阶的泊车辅助系统，主要特点是引入了远程遥控泊车功能。该系统允许驾驶员在车辆外部使用钥匙、智能手机或其他遥控设备来远程控制车辆的泊车操作，驾驶员可以通过远程操作启动和停止车辆，同时控制车辆的转向和加速，以完成自动泊车，如图 6-49 所示。

图 6-49　威马 W6 搭载的 RPA 远程遥控泊车辅助

RPA 远程遥控泊车辅助可以解决的痛点包括：新手在泊车时操作方向盘、制动和档位不熟练；狭窄车位导致车内人员上、下车不方便；泊车过程中容易造成剐蹭事故等。

问题172 什么是 AVP 自动代客泊车？

AVP（Automated Valet Parking）自动代客泊车是一种高度自动化的泊车系统，它结合了先进的传感器技术、摄像头、雷达和通信系统，以实现全面的环境感知和自主决策能力，从而允许车辆在没有驾驶员的情况下在垂直车位、水平车位、斜面车位等环境下进行自主泊车操作，如图 6-50 所示。

图 6-50 AVP 自动代客泊车

二维码视频 6-14 星途瑶光 AVP 代客泊车辅助

二维码视频 6-15 极狐阿尔法 S 全新 HI 版 AVP 代客泊车辅助

在搭载 AVP 功能的车辆中，驾驶员只需选择适当的停车位，并将车辆停放在停车场入口附近的指定区域，然后，驾驶员可以离开车辆，通过使用智能手机应用程序或其他控制装置发送指令，激活 AVP 系统。

激活后，AVP 系统会利用车载传感器和摄像头感知周围环境，并根据环境信息进行路径规划和决策。系统会自主控制车辆的加速、制动、转向和停车操作，以确保车辆安全、准确地驶入指定的停车位。在泊车完成后，车辆可以自动停车锁定，确保稳定停放。

AVP 系统还能够通过与停车场的基础设施进行通信，获取实时的停车位信息和指导。这种通信技术可以使车辆在复杂的停车场环境中更加准确地执行泊车操作，并提供更高的安全性和效率。

目前，AVP 系统仍处于不断发展和改进的阶段，并在部分智能化程度较高的车型中进行应用和测试。

问题173 什么是 HAVP 固定车位无人记忆代客泊车？

HAVP 固定车位无人记忆代客泊车（Home Automated Valet Parking）多用于家或办公室这种起点与终点路线都固定的泊车场景，前期需要人工驾驶学习泊车路线，车辆会通过毫米波雷达、摄像头及超声波雷达等记录相关数据并传至云端服务器，之后便可通过手机操作车辆无人驾驶泊入、泊出车位，如图 6-51 所示。

图 6-51 固定车位无人记忆代客泊车

HAVP 可以实现两个动作：被叫出车位和独立找到车位泊车。第一次使用 HAVP 时，车辆需要一个学习过程，即用户需要手动驾驶从停车位到取车点和从落车点到停车位。所谓"学习过程"，可以理解为"人坐在车上指导车辆学习停车路线"，即记录车辆停车的行驶轨迹信息并上传用户的行驶路线。然后，当车辆实际自动停放时，车辆会复制用户之前的行驶路线，从而完成自动停放的入库和入库动作。当然，用户在车辆"学会路线"时需要注意保证合规驾驶，避免自动泊车时出现不必要的危险。

问题 174　什么是 PAVP 公共停车场无人免学习代客泊车？

PAVP 公共停车场无人免学习代客泊车（Public Automated Valet Parking）多用于商场、写字楼等起点与终点路线不太固定的泊车场景，也被称为高精地图泊车。通过高精地图和云端百万级算力，PAVP 在特定停车场环境内可帮助车辆实现自动过匝道、排队跟车、障碍物绕行、跨层巡航搜索车位等操作，从而实现自动上下停车楼等复杂寻车位路线并自动泊入车位，如图 6-52

图 6-52　公共停车场无人免学习代客泊车

所示。在需要的时候，用户也可以通过 PAVP 召唤车辆行驶至用户身边。

相比较而言，PAVP 确实更加智能。然而，PAVP 对高精地图存在强烈依赖，它需要利用高精地图中的数据来提供车辆的准确定位和环境感知。通过将车辆的实时位置与地图数据进行比对，系统可以确定车辆所处的道路和停车位，并计算出最佳泊车路径。另外，高精地图所包含的停车场的结构和布局信息，包括停车位的位置、尺寸和可用性等，对于 PAVP 自主泊车操作也至关重要。所以，它只能应用于开放有高精地图的停车场，这限制了它的使用范围。对比来看，HAVP 虽然只能到固定车位，但是它不限停车场，同时有些厂商甚至可以根据图像识别做到不需要固定停车位。

二维码视频 6-16
威马汽车公共停车场无人免学习代客泊车系统

拓展阅读

2020 年 1 月，美国发布《确保美国在自动驾驶汽车技术方面的领导地位：自动驾驶汽车 4.0》，明确提出了自动驾驶汽车可不配备方向盘、制动踏板、加速踏板等传统汽车部件。

问题175　什么是 LKA 车道保持辅助？

车道保持辅助（Lane Keeping Assist,
LKA）是车道偏离预警 LDW 的升级版，它
可以实时监测车辆与车道边线的相对位置，
持续或在必要情况下施加一定的横向控制
力（转向），控制车辆横向运动，使车辆保
持在原车道内行驶，如图 6-53 所示。

图 6-53　车道保持辅助

在福特的 CO-Pilot 360 技
术中，就包含有 LKA 车道保持
辅助功能，在驾驶员驾车分神

二维码视频 6-17
车道保持辅助

时提供服务。搭载这一功能的车辆，可以细致地探测前方行驶路径，即使汽
车发生偏离也能在第一时间发出提醒信息，并使车辆始终安全行驶在车道中
央。当车辆重复偏离车道时，系统将弹示一个咖啡杯图案的标识，预警驾驶
员已疲劳驾驶。

> 拓展阅读

在 LKA 的基础上，还有一个
智能辅助驾驶功能叫紧急车道保持
（Emergency Lane Keeping, ELK），它
通过前毫米波雷达、智能前视控制模
块及左右盲点雷达探测目标。在探测
到测试车辆的偏移将要超出当前行驶
车道边线、且对向有来车或者在临近
车道有超车时，车辆自动对其做出反
应而施加转向修正，如图 6-54 所示，

图 6-54　紧急车道保持

如果转向力矩不足以使车辆避免碰撞等危险情况发生，则会触发车道偏离报警。

例如，当驾驶员无意中偏离车道且对面有来车时，"相向来车自动避让功能"会
开启，提供自动转向辅助，使车辆驶回自己的车道，避免事故发生。系统可识别道
路边界，如果驾驶员无意偏向道路边界时，该系统会自动提供转向辅助帮助车辆回
到原车道。系统激活后当驾驶员并线或无意中偏离车道时，如果后视镜盲区有车辆
驶来，该系统会提供自动转向辅助，帮助车辆回到原车道。

问题 176　什么是 LDP 车道偏离抑制？

车道偏离抑制（Lane Departure Prevention，LDP）可以实时监测车辆与车道边线的相对位置，在车辆将发生车道偏离时控制车辆横向运动，辅助驾驶员将车辆保持在原车道内行驶，如图 6-55 所示。

从定义上看，LDP 和 LKA 有些相近，实则还是有以下不同之处：LKA 的目的是提醒和辅助驾驶员，当检测到车辆偏离车

图 6-55　车道偏离抑制

道时，LKA 会提供轻微的转向输入，以引导车辆回到车道中心，帮助驾驶员保持车辆的稳定性；而 LDP 不仅能够监测车辆是否偏离车道，还可以主动采取措施来预防车辆偏离，当 LDP 系统检测到车辆即将偏离车道时，它会通过转向输入和制动控制来修正车辆的行驶轨迹，使车辆保持在车道内。这种主动干预可以帮助驾驶员更好地保持车辆的稳定性和安全性，其技术难点在于修正方向时的平稳性。

二维码视频 6-18
车道偏离抑制

问题 177　什么是 LCC 车道居中控制？

车道居中控制（Lane Centering Control，LCC）可以实时监测车辆与车道边线的相对位置，持续自动控制车辆横向运动，使车辆始终在车道中央区域行驶，如图 6-56 所示。

LCC 不只是让车辆保持在车道线以内，而是让车辆盯准车道中线，不偏不歪，正常行驶，跑得甚至可以比驾校的教练都要标准。

图 6-56　车道居中控制

以别克旗下车型搭载的 LCC 车道居中智能巡航为例，它可以在 0~140km/h 车速范围内，自动调整车速并稳定跟随前车，使车辆在车道中央居中行驶，或在无法识别车道线时跟随前车向前方行驶（本车速度须小于 100km/h）；LCC 可跟随前车至完全停止（跟车距离 3 档可调），并支持最多 3min 的自动跟车起步；若既无前方车辆又无法识别车道线，LCC 则会自动进入蓝色 Auto-Override 状态，并请求驾驶员立即控制方向盘，直到再次成功识别车道线，LCC 系统又会自动恢复进入绿色激活状态。

2022 年 6 月 30 日, 小鹏 P5 开放了全新版本的 OTA 升级, 升级点之一便是 LCC-L 道路居中辅助增强版, 对比常规 LCC 在没有标线的路口便会要求驾驶员接管车辆而言, LCC-L 可以根据前车的位置和行驶方向进行跟随然后通过路口, 如图 6-57 所示。除此之外, 对于加塞、环岛路等情况而言, LCC-L 也可以更好地应对, 这除了与激光雷达的加持有关之外, 也是小鹏全栈自研能力优势的其中一个体现。

图 6-57 小鹏 P5 搭载的 LCC-L 道路居中辅助增强版

问题178 什么是 AFL 自适应前照灯?

自适应前照灯（Adaptive Front Light，AFL）能够自动进行近光/远光切换或投射范围控制, 从而为适应车辆各种使用环境提供不同类型光束的前照灯。图 6-58 所示为不带 AFL 和带 AFL 的灯光照明效果差异对比。

二维码视频 6-19
自适应前照灯

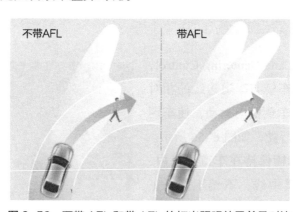

图 6-58 不带 AFL 和带 AFL 的灯光照明效果差异对比

目前市面上许多车型搭载的 AHB 自动调节远光灯（Automatic High Beam）功能, 可以结合车速自动判定并切换远光灯或近光灯, 在夜间行驶时, AHB 可以辅助驾驶员尽早发现其他车辆, 既可防止驾驶员忘记操作, 又可以减少手动操作的不便, 如图 6-59 所示。

无会车，AHB设置为远光灯　　会车时，AHB设置为近光灯　　会车结束，AHB设置为远光灯

图 6-59　AHB 自动调节远光灯

问题179　什么是 ADB 自适应远光灯？

自适应远光灯（Adaptive Driving Beam，ADB）指的是能够自动调整投射范围以减少对前方或对向其他车辆驾驶员眩目干扰的远光灯，如图 6-60 所示。

以别克昂科旗为例，其搭载的 ADB 防眩目远光灯可支持多种智能照明模式，可配合拥有多个独立照明分区的矩阵式全 LED 前照灯，精确控制每个分区的 LED 单独开闭或组合开闭。当探测到

图 6-60　自适应远光灯

同向车辆的瞬间，前照灯会立刻关闭前方车辆所在区域的光束，并且，随着距离的拉近，暗区将不断调整，确保不会对前方车辆产生眩目干扰；当探测到迎面车辆时，前照灯同样会立刻响应，一旦会车结束，LED 会重新亮起，改善路面照明，实现智能防眩目功能。

拓展阅读

别克昂科威 S 搭载的 Matrix Pixel 智能像素前照灯配备了全新的增强型自适应远光灯系统，84 个独立照明分区可以更智能、更精准地控制照明区域，并采用第三代 ADB 防眩目远光技术，在不同环境下可实现 10 种智能照明模式的智能切换，从而带来更快的响应、更好的警示效果以保证行车安全，如图 6-61 所示。

图 6-61　搭载 Matrix Pixel 智能像素前照灯的别克昂科威 S

二维码视频 6-20
昂科威 S Matrix Pixel
智能像素前照灯 -90°
转弯照明模式

二维码视频 6-21
昂科威 S Matrix Pixel
智能像素前照灯 - 城
市照明模式

二维码视频 6-22
昂科威 S Matrix Pixel
智能像素前照灯 - 动
态弯道照明模式

二维码视频 6-23
昂科威 S Matrix Pixel
智能像素前照灯 - 恶
劣天气照明模式

二维码视频 6-24
昂科威 S Matrix Pixel
智能像素前照灯 - 防
眩目远光灯模式

二维码视频 6-25
昂科威 S Matrix Pixel
智能像素前照灯 - 高
速公路照明模式

二维码视频 6-26
昂科威 S Matrix Pixel
智能像素前照灯 - 节
能模式

二维码视频 6-27
昂科威 S Matrix Pixel
智能像素前照灯 - 泊
车照明模式

二维码视频 6-28
昂科威 S Matrix Pixel
智能像素前照灯 - 市
郊照明模式

二维码视频 6-29
昂科威 S Matrix Pixel
智能像素前照灯 - 远
光灯全开模式

问题 180 什么是 PML 可编程前照灯?

PML（Programmable Matrix Light）可编程前照灯是一种采用矩阵式 LED 光源并结合高级软件控制系统，从而可以实现高度定制化和灵活性灯光效果的车辆照明技术，如图 6-62 所示。

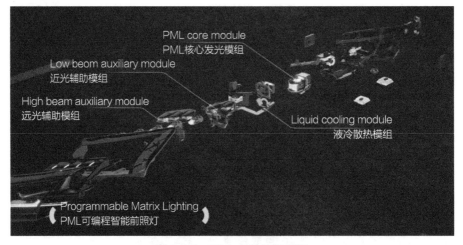

图 6-62　PML 可编程前照灯

传统的汽车前照灯往往是固定的光束，只能进行简单的开关和调整，而 PML 可编程前照灯则具有更高级的功能和效果。通过软件控制，我们可以精确控制 PML 可编程前照灯中每个 LED 单元的亮度和方向，从而实现各种灯光效果，如远光灯、近光灯、日间行车灯、转向灯等。此外，PML 还可以实现照明的动态效果，比如随车速调整灯光的照射范围和角度，以提供更好的安全性和可视性。

以高合 HiPhi X 搭载的 PML 可编程智能前照灯为例，其可实现随速智能调整光型，能够自动切换标准近光、城市远光、标准远光、集束远光四种行驶照明模式；还能智能识别驾驶场景，实现车辆追踪遮蔽、行驶轨迹预测、车道偏离提示、盲区变道警示、低速转向辅助、主动水平调节六种智能照明功能。另外，PML 可编程智能前照灯具备行人追踪提示和行人引导让行模式，夜间行驶时，可智能追踪行人，减少碰撞风险。

举个例子，高合 HiPhi X 有以下两种行人关怀功能：

1）遇见前方有行人时，系统自动追踪行人相对位置并主动调整光束避开行人头部，强化腰部以下的照明，同时在路面投影符号提醒驾驶员避让，如图 6-63 所示。

2）遇见行人横穿路面时，当用户减速停车后，高合 HiPhi X 的 PML 可以在前方投射出一道"行人先行图标"，提醒并引导人流，如图 6-64 所示。

二维码视频 6-30
高合 HiPhi X PML
可编程大灯

　　图 6-63　高合 HiPhi X 行人追踪提示　　　　　图 6-64　高合 HiPhi X 行人引导让行

问题 181　什么是智能交互灯（智慧灯语）？

　　智能交互灯指的是搭载了由多颗 LED 光源、颜色管理系统、投影元件等组成的可以实现不同的投射动态图案的 LED 矩阵。通过智能交互灯，我们可以实现更好的人车交互，从而带来更好的行车安全，如图 6-65 所示。除了可以展示内置的交互图案外，如

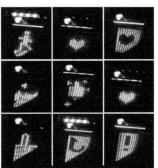

图 6-65　智能交互灯

果车辆将灯的功能编辑权限开放给用户，在符合法规的前提下，用户也可以自己制作表情包、特定图案等进行展示。

以智己 L7 为例，其搭载的 ISC 流光叠影前后交互灯通过高集成度的独立 LED 像素点控制，能够轻松驱动全车前后共 5000 多颗 LED 单元，显示丰富的图形与动画效果，如图 6-66 所示。

根据不同行车场景，智能交互灯组会呈现不同的图案，比如当车主想礼让行人让行人先过马路时，智能交互灯可以显示过马路形式的符号；当系统判断与前车有

图 6-66　智己 L7 ISC 流光叠影前后交互灯

追尾风险时，智能交互灯组会闪烁"自动减速"黄色符号；车辆掉头时，掉头方向上的前后灯组均会显示"掉头"符号。甚至，在某些节日、纪念日，用户还可以通过智能交互灯组展现含有特殊意义的图案，以达到告白、庆祝等目的。

二维码视频 6-31
智己 L7 ISC 流光
叠影前后交互灯

问题 182　什么是 ILC 指令变道辅助？

ILC（Instruction Lane Change Assist）指的是车辆在开启横向控制功能后，当系统监测到驾驶员操作转向灯开关且周围环境允许变道时，系统会主动控制车辆变换车道。简单来说就是打左转向灯后，车辆就会自动向左变道；打右转向灯后，车辆就会向右变道。当然，每次只能变更一条车道。

图 6-67　凯迪拉克 LYRIQ 锐歌指令变道辅助

在通畅的多车道行驶路面上，当驾驶员希望变换车道并拨动转向灯开关时，ILC 自动变道辅助便会对周围的行车环境进行判断，然后辅助驾驶员将车辆开往相邻车道内；当然，如果在驾驶员发起变道指令后，系统识别出目标车道内有车辆快速驶近或其他不满足变道条件的场景，将放弃本次变道，如图 6-67 所示。

二维码视频 6-32
凯迪拉克 LYRIQ
锐歌指令变道辅助

问题 183　什么是 ALCA 自动变道辅助？

ALCA（Automatic Lane Change Assist）自动变道辅助是一种利用车载传感器（如摄像头、雷达等）和智能算法，监测车辆周围的交通状况和驾驶环境并完成自动变道的辅

助功能。当车辆开启横向控制功能后，当系统监测到需要变更车道且周围环境允许变道时，系统会主动控制车辆变换车道，自动并开启转向灯，变道完成后，转向灯自动关闭，如图 6-68 所示。相比较而言，ALCA 比 ILC 的智能化程度要更高一些。

图 6-68　自动变道辅助

问题184　什么是远程召唤？

远程召唤指的是汽车以无人驾驶的方式移动到车主指定位置的过程，也被称为智能召唤。在一定的场景下，停在车位的车辆可以按照车主的远程操作，驶出车位并行驶到指定位置，例如从停车场开到公司楼下门口，如图 6-69 所示。一般而言，远程召唤功能通常依赖于车辆和智能手机之间的无线通信和互联网连接，车主可以使用相关的手机应用程序或特定的控制界面，通过简单的指令或手势来操控车辆。

图 6-69　远程召唤

需要注意的是，从功能定义的角度来看，远程召唤功能已经属于 L4 级别的自动驾驶功能了，但由于在目前许多车型搭载的远程召唤功能仅限低速的停车场使用场景，算是封闭或半封闭地带，所以也常被归属于辅助驾驶系统的范畴而不是完全自主的驾驶模式。车主仍然需要对车辆的操作负有一定的责任，所以依然需要在法律和道路规则的框架下使用这项功能。

二维码视频 6-33
特斯拉 Model 3 远
程召唤

问题185　什么是循迹倒车？

循迹倒车用于帮助驾驶员在倒车时更加准确和方便地控制车辆，是一种汽车辅助驾驶技术。系统会记录倒车前的行驶路线，然后在需要倒车时由传感器和摄像头来监测车辆周围的环境，并根据之前记忆的路径或标记物来导引车辆的倒车轨迹，过程中不需要驾驶员控制方向盘，如图 6-70 所示。

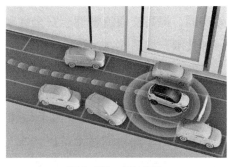

图 6-70　循迹倒车

以魏牌拿铁 DHT 为例，如果在狭窄路况行进后遇到障碍物需要返回，一键可原路自动退回 50m。在驾驶员行驶到狭窄的道路或障碍物较多的路况，当无法前进想要倒回时，开启循迹倒车辅助功能，车辆自动按照之前行进的路径控制车辆退回。

问题 186 什么是 HWA 高速公路辅助驾驶？

HWA（Highway Assist）高速公路辅助驾驶是结合了多种 L2 级别的辅助驾驶功能和技术而来的一种汽车辅助驾驶系统，它专为高速公路驾驶而设计，目的在于提升驾驶的舒适性、安全性和便利性，如图 6-71 所示。

以比亚迪汉、唐、海豹等车型搭载的 HWA 高速公路辅助驾驶功能为例，其具体包含智能领航

图 6-71 高速公路辅助驾驶

和自动变道辅助功能，在 0~130km/h 的范围内可以实现高速路面上的巡航控制和车道居中保持，并且，在 60~130km/h 的范围内，在周边环境允许的情况下（仪表显示绿色可变道指示箭头），拨动转向灯开关即可自动控制车辆变道。

问题 187 什么是 IVICS 智能车路协同？

IVICS（Intelligent Vehicle-Infrastructure Cooperative System）智能车路协同指的是通过车辆与车辆、车辆与道路基础设施等之间的实时通信和协作，充分实现人、车、路之间的高效协同，提高交通流畅性、安全性和便利性的一种技术，如图 6-72 所示。

2022 年 6 月 15 日，福特汽车宣布 IVICS 智能车路协同控制系统在西安落地，这是继无锡、长沙、广州之后的第四个城市。具体来

图 6-72 IVICS 智能车路协同控制

看，福特的车路协同技术可以让车与车、车与智能基础设施、车与人之间进行"实时对话"，在这种技术加持下，车辆可以将前方路口的红绿灯状态、道路基础设施等信息以

图像和声音的形式在仪表盘上显示出来，让用户对前方路况信息一目了然，并且为用户提供绿波车速，尽量避免等候红灯。

除此之外，IVICS 智能车路协同控制系统对安全性能也有加成，它能够提供绿灯起步提醒、闯红灯预警等功能，尽量降低各种安全事故的发生概率。

拓展阅读

2023 年 3 月 27 日，阿里云、高德在北京发布"车路协同导航与产业服务"解决方案，带来融合感知、路网多级云控、数字孪生仿真、普惠车路协同等能力升级，让智慧出行变得更普惠，并计划在全国范围大力推广。

问题 **188** **什么是 NGP 导航辅助驾驶？**

导航辅助驾驶系统（Navigation Guided Pilot，NGP）指的是基于用户设定的导航路线，在地图导航的基础上实现从 A 点到 B 点的智能导航辅助驾驶。图 6-73 所示为部分搭载 NGP 的车型可以完成的技能。当然，在 NGP 功能运行期间，驾驶员也要保持注意力集中和手握方向盘，并在必要时（比如车机画面或语音播报提示接管、交通环境复杂等情况时）及时接管。

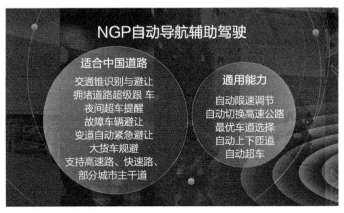

二维码视频 6-36
小鹏 P5 城市 NGP
和高速 NGP

二维码视频 6-37
荣威 RX5 NGP

图 6-73　部分 NGP 可以完成的功能

基于这一功能，驾驶员可以在适用路况下，按照导航路径智能辅助驾驶，从而降低长途驾驶的疲劳感，这个过程中人依然是驾驶的主体，但很多动作都是由具有更多"自主能力"的 NGP 代替来完成。值得一提的是，不同车企对于这一功能的叫法不同，比如小鹏汽车叫 NGP，华为叫 NCA（Navigation Cruise Assist），蔚来汽车叫 NOP（Navigate on Pilot），理想汽车叫 NOA（Navigate on Autopilot）。

综合来看，NGP 是在 ACC 自适应巡航、LCC 车道居中辅助、ALC 自动变道辅助等功能的基础之上，结合了智能限速调节、智能进出匝道、智能切换高速公路、变道紧急避让、夜间超车提醒等功能而来的一个合体功能。另外，在不同的用车场景下，NGP 又可以被进一步细分。

以小鹏汽车的 NGP 为例，它包含了高速 NGP、城市 NGP、XNGP 三个不同的概念。

高速 NGP 是指在高精地图所覆盖的多数高速公路和部分城市快速路可实现 NGP 功能，适用于高速路、城市快速路上的 NGP（图 6-74）。

城市 NGP 是指在高精地图所覆盖的城市部分道路可实现 NGP 功能，适用于城市主、支干道的 NGP（图 6-75）。

图 6-74　小鹏汽车高速 NGP

虽然都叫 NGP，但城市 NGP 比高速 NGP 的难度有着指数级的增长。按照小鹏汽车 2022 年 12 月发布的官方信息，城市 NGP 的代码量是高速 NGP 的 6 倍，感知模型数量是 4 倍的关系，预测 / 规划 / 控制相关代码量则提升至 88 倍的关系。

图 6-75　小鹏汽车城市 NGP

二维码视频 6-38
小鹏 P7i 高速 NGP

二维码视频 6-39
小鹏 P7i 城市 NGP

XNGP 是小鹏汽车全新一代智能驾驶辅助系统，是 XPILOT 升级版的智能驾驶系统，可在适当条件下实现连续的全场景智能辅助驾驶。XNGP 不仅可以做到不依赖高精地图，而且全国各个城市和路段都能用，同时可覆盖日常通勤，无缝连接高速、城市、地下停车场等各种场景（图 6-76）。

高速 NGP、城市 NGP、XNGP 三者的关系如图 6-77 所示。

二维码视频 6-40
小鹏 P7i XNGP 智能辅助驾驶系统硬件配置

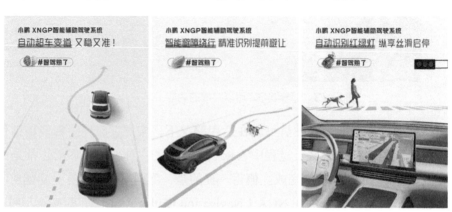

图 6-76　小鹏 G6 XNGP 的多场景功能展示

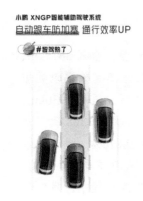  

二维码视频 6-41 小鹏 P7i XNGP 智能辅助驾驶系统效果展示

图 6-76　小鹏 G6 XNGP 的多场景功能展示（续）

系统	无高级驾驶辅助地图覆盖		有高级驾驶辅助地图覆盖	
卫星定位	停车场	无图区域道路	城市	高速
XPILOT			城市 NGP	高速 NGP
XNGP	XNGP			

图 6-77　小鹏汽车高速 NGP、城市 NGP、XNGP 三者之间的关系

　　不过，NGP 依然只属于辅助驾驶，为了确保用户用车的安全性，也为了确保用户熟悉 NGP 功能的基本操作，小鹏汽车对每一位首次使用 NGP 功能的用户都开启了包括强制学习在内的智能辅助驾驶安全体系教育，如图 6-78 所示。并且，车主必须完整观看视频并且通过考试才能使用，以确保功能使用的准确性。不仅如此，在车主授权的前提下，车辆将会通过 4 个指标评估车主的智驾行为是否符合使用规范，当用户出现不当操作时，个人智驾分将隔天发生分值变动，并收到智驾安全提醒及相关安全学习内容。

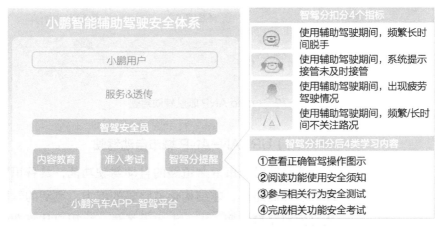

图 6-78　小鹏汽车智能辅助驾驶安全体系

　　值得一提的是，根据小鹏汽车的官方说法：在遇到雨雪天气、大急弯、静止车辆、施工路段等情况，驾驶员要随时准备接管车辆。

2021 年 3 月 26 日，小鹏汽车完成了从广州至北京的 NGP 远征，全程 3675km，历时 8 天，穿越 10 座城市，采取每天接力的方式，小鹏汽车共收集有效记录数据 110 份。在使用 NGP 情况下得到的数据分别是：平均单车 NGP 行驶里程 2930km，变道超车总次数 6245 次，通过匝道总次数 1215 次，通过隧道总次数 1308 次；活动期间，NGP 变道超车成功率 94.41%，出 / 入高速匝道成功率 92.76%，隧道通过成功率 94.95%，平均每 100km 接管 0.71 次。在此也想强调一下，NGP 并非十全十美，在一些特殊情况下，NGP 的反应速度并不如人类，在使用 NGP 的过程中，我们依然需要对车辆及时地采取必要的措施。

问题189　什么是 Applo ANP 领航辅助驾驶？

Apollo ANP（Automated Navigation Pilot）领航辅助驾驶是百度自动驾驶开放平台 Apollo 发布的一款智能领航辅助驾驶产品，如图 6-79 所示，其又可以细分为 URBAN-ANP（城市自动驾驶）、HIGHWAY-ANP（高速自动驾驶）和 AVP-ANP（自动泊车）。

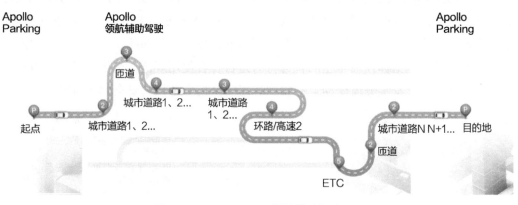

图 6-79　Applo ANP 领航辅助驾驶

（1）URBAN-ANP 城市自动驾驶

这是针对城市复杂道路的自动驾驶功能，具备识别检测红绿灯、环岛路口、非结构化道路等的能力，灵活的驾驶策略可从容面对路口博弈、汇入汇出等场景，将用户从复杂烦琐的驾驶任务中解放，让驾驶更安全、更高效。URBAN-ANP 的硬件配置如图 6-80 所示。

二维码视频 6-42
URBAN-ANP- 红绿灯通行

二维码视频 6-43
URBAN-ANP- 无保护左转

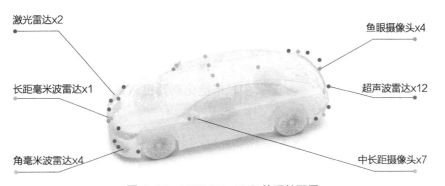

图 6-80　URBAN-ANP 的硬件配置

（2）HIGHWAY-ANP 高速自动驾驶

这是覆盖高速路、快速路及城市环路的自动驾驶功能，在保证量产成本可控的同时可兼顾用户出行体验，实现匝道到匝道的自动驾驶自由。HIGHWAY-ANP 的硬件配置如图 6-81 所示。

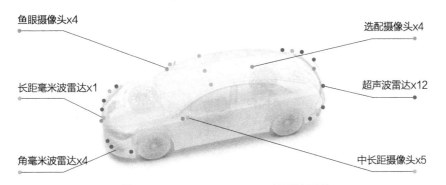

图 6-81　HIGHWAY-ANP 的硬件配置

（3）AVP-ANP 自动泊车

这是结合 HAVP 和 PAVP 的全场景泊车功能，无论泊入还是召唤，不需要人在车上，手机一键操作，即可从容泊车。AVP-ANP 的硬件配置如图 6-82 所示。

图 6-82　AVP-ANP 的硬件配置

二维码视频 6-50
ANP-AVP- 自主
泊车

二维码视频 6-51
ANP-AVP- 自主
召唤

二维码视频 6-52
百度 Apollo ANP3.0
多城市泛化路测视频

2022 年 12 月 16 日，在全球智能汽车产业峰会（GIV2022）上，百度 Apollo 展示了一段三域融通高阶智驾产品 ANP3.0 的多城市泛化路测视频，引发行业广泛关注。

问题190　什么是 Applo URBAN-ANP 领航辅助驾驶？

URBAN-ANP（Urban Automated Navigation Pilot）是一种领航辅助驾驶系统，旨在提供城市环境下的自动驾驶和导航功能。该系统结合了感知、决策和控制技术，使车辆能够在城市道路上自主导航和驾驶。图 6-83 所示为百度 Apollo 的 URBAN-ANP 领航辅助驾驶功能，它拥有针对城市复杂道路的自动驾驶能力，包括识别检测红绿灯、环岛路口、非结构化道路等，灵活的驾驶策略可从容面对路口博弈、汇入汇出等场景，将用户从复杂烦琐的驾驶任务中解放，让驾驶更安全、更高效。

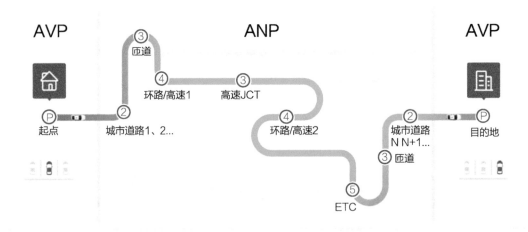

图 6-83　百度 Apollo 的 URBAN-ANP 领航辅助驾驶功能

URBAN-ANP 领航辅助驾驶系统的主要特点和功能如下：

1）环境感知：URBAN-ANP 系统利用传感器（如摄像头、雷达和激光雷达）来感知周围环境，包括车辆、行人、交通信号和道路标志等，结合数据处理算法，系统能够感知并分析复杂的城市交通情景。它可以识别交通标志、交通信号灯和行人等，理解交通规则和道路规划，并相应地调整车辆的行驶策略。

2）智能决策：基于感知和分析结果，URBAN-ANP 系统能够进行智能决策，并做出适应当前交通情况的行驶决策。它可以根据交通状况和路况信息，给出调整车辆的速度、转向和行驶轨迹的命令，确保行驶安全和高效。

3）自动驾驶：基于感知数据和决策结果，URBAN-ANP 系统可以自主决策并控制车辆的加速、制动、转向等操作，实现自动驾驶。

4）城市导航：URBAN-ANP 系统具备高精度地图和导航功能，能够识别和分析城市道路的特征和规划，并为驾驶员提供实时导航指引。它可以根据目的地和交通状况，规划最佳路线，并提供转向指示、车道建议和交通信息等。

URBAN-ANP 领航辅助驾驶系统的目标是提供更安全、高效和便捷的城市驾驶体验。通过自动驾驶和导航功能，它可以减轻驾驶员的负担，降低交通事故风险，并提供更精确的导航和行驶指引。这种系统有助于改善城市交通流畅性，减少交通拥堵，提高城市出行的效率和舒适性。

拓展阅读

　　毫末智行的毫末城市 NOH（Navigation On HPilot）导航辅助驾驶是一个重感知的辅助驾驶功能，目前可以实现包括红绿灯控车、拥堵变道、导航变道、借道绕障、切入避让、路口转向、路口博弈、非机混行、待转区通行、环岛通行等 10 大场景功能，如图 6-84 所示。

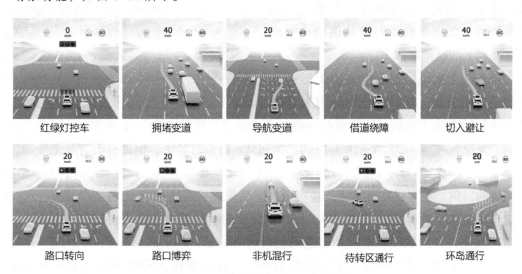

图 6-84　毫末城市 NOH 十大场景

第7章
智能网联汽车其他技术

问题191 什么是OTA？

OTA（Over the Air）即在线升级，是指通过服务器、无线网络对服务终端进行系统更新的能力，包括但不限于车机界面、语音交互、多媒体播放、智能服务推送等，如图7-1所示。对每一个智能手机用户来说，这个功能肯定不会陌生，只不过，在汽车领域，OTA的终端对象从消费电子产品过渡到了智能网联汽车。

从本质上来说，汽车OTA是对软件和功能的一种升级，硬件部分不会因为OTA

图7-1　OTA功能示意

发生任何的变化（当然，目前也有少数车企提出了"硬件OTA"的概念）。举个很浅显的例子来说，PC系统从Win10升级到了Win11，体验进阶了，但硬件没有丝毫变动。

相比于不支持OTA车型而言，支持OTA的车型在OTA之后可以带来的优点还是相当明显的。例如在车机功能方面，将车机系统优化之后通过OTA推送到产品上，可以给用户带来更流畅的体验，同时，基于用户们反馈的各种逻辑控制上的提升建议也可以一并进行优化，各种软件版本和功能逻辑也会随之更新，将动画过渡和UI设计一并打包优化，可以给用户更多的新鲜感。而在智能驾驶域的OTA更新则可以实现安全系数的提高，例如，可以让视觉算法识别精度随OTA的更新而提高等。此外，在动力及车身域的OTA更新可以完成对控制效果的升级，提高调节效果以提升舒适性、续航、电机驱动效率等。

换句话说，只要是出厂时算法软件不完美的地方，都可以随OTA一次性或分步进行完善，而对用户来说，每一次OTA更新都会带来体验上的进阶。图7-2所示为智己汽车全程AI舱功能和体验OTA时间计划。

二维码视频7-1
小鹏汽车部分OTA
功能展示

值得一说的是，现如今已经有不少车型支持 OTA 远程升级功能，用户可以通过手机进行更为便捷的在线 OTA 方式，不用车时，通过手机远程升级车辆并实时监控升级状态，直观查看升级结果。

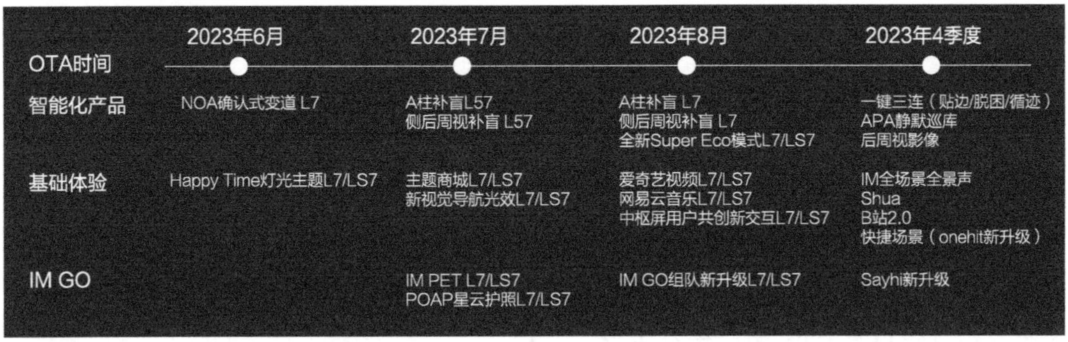

OTA时间	2023年6月	2023年7月	2023年8月	2023年4季度
智能化产品	NOA确认式变道 L7	A柱补盲 L57 侧后周视补盲 L57	A柱补盲 L7 侧后周视补盲 L7 全新Super Eco模式L7/LS7	一键三连（贴边/脱困/循迹） APA静默巡库 后周视影像
基础体验	Happy Time灯光主题L7/LS7	主题商城L7/LS7 新视觉导航光效L7/LS7	爱奇艺视频L7/LS7 网易云音乐L7/LS7 中枢屏用户共创新交互L7/LS7	IM全场景全景声 Shua B站2.0 快捷场景（onehit新升级）
IM GO		IM PET L7/LS7 POAP星云护照L7/LS7	IM GO组队新升级L7/LS7	Sayhi新升级

图 7-2　智己汽车全程 AI 舱功能和体验 OTA 时间计划

拓展阅读

OTA（远程升级）逐渐成为汽车特别是新能源汽车安全改进的重要方式，统计数据显示，2022 年国内实施 OTA 召回 17 次，涉及车辆 88.7 万辆，占全年新能源汽车召回总数量的 73.2%。从这个角度来看，OTA 方式对已售出车辆的功能进行改进和优化，不仅可以节约时间，还可以降低召回成本，存在很好的应用前景。

问题192　什么是 SOTA？

SOTA（Software Over the Air）是 OTA 的两大分支之一（另一分支是 FOTA），意指软件在线升级，包括在车机系统内的应用层等进行的升级，如 UI、APP 软件、功能架构等，都可以通过 OTA 来进行升级。

考虑到汽车功能的全面性以及域控制器的逐渐普及，现在的 SOTA 代表的已经不局限于车机内的应用升级，还包括语音控制功能包、辅助驾驶系统、人脸识别以及远程操控等功能。其目的是让产品功能表现更趋近于完美，控制效果更为丝滑，提升用户驾驶质感，当然，这是在不修改硬件的前提下完成的。

拓展阅读

为什么有的车必须要到 4S 店才能 OTA？原因其实很简单，车辆是否需要进店才能 OTA，取决于车辆是否有车载 T-Box（Telematic Box，车载网络通信终端）。T-Box 模块的功能就是让汽车具备车联网的能力，从而可以接收到车企在后台推送的软件包，这是可以远程 OTA 的第一步。

当然，部分汽车虽然有 T-Box，但仍然需要到 4S 店采用专用的计算机和设备进行升级，这就涉及软件架构设计了，其中，没有开放 OTA 接口是比较常见的原因。这是因为 OTA 存在一定的丢包率和错误帧，尤其是在 3G 以及 4G 时代之下，网络连接并不是那么稳定可靠，所以，为了保险起见部分车企还是采用传统的 4S 店升级模式。当然，这其中也有关于开发成本的考虑。

问题193　什么是 FOTA？

FOTA（Firmware Over the Air）是指固件在线升级，它也是 OTA 的两大分支之一，包括各个控制器中的底层软件、对应高压部件的控制算法、顶层应用的综合升级等，都可以在车企的推送下完成更新。其主要目的是通过升级，实现深层次的汽车控制系统、管理系统及性能表现的综合提升，如图 7-3 所示。

图 7-3　FOTA 功能示意

考虑到控制器的软件更新要比车机娱乐系统复杂得多，所以目前支持 FOTA 的高压部件并不算特别常见，即便是集成有域控制器的车型，大多数时候也只是对动力域、底盘域、辅助驾驶域以及车身域控制器中的软件进行刷写更新。图 7-4 所示为蔚来汽车可通过 FOTA 实现的五大功能域更新。

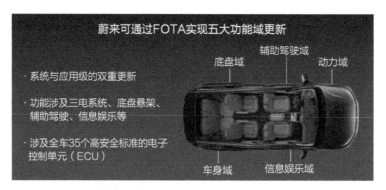

图 7-4　蔚来汽车可通过 FOTA 实现的五大功能域更新

拓展阅读

2023 年 7 月 3 日，零跑 C 平台系列舒享版迎来首次 OTA 升级，此次升级针对 C11 增程舒享版、C11 纯电舒享版和 C01 纯电舒享版车型进行，实现 6 项功能，优化 4 项用户体验。

其中，在智能辅助驾驶方面，零跑汽车为 C11、C01 舒享版车型带来含 ACC 全速自适应巡航、AEB 自动紧急制动、FCW 前方碰撞预警、SLIF 限速标志识别和 LDW 车道偏离警示在内的智能驾驶辅助升级。

除了智能驾驶辅助之外，本次 OTA 升级还为舒享版车型带来了"露营模式"的升级，一键满足露营场景需求，如图 7-5 所示。此外，本次 OTA 还包括有按键提示音、雷石 KTV 人声延迟、云听广播播放流畅度、能耗等方面的优化升级。

图 7-5 零跑汽车通过 OTA 升级"露营模式"场景

问题194 什么是硬件 OTA？

硬件 OTA 与之前提及的 OTA 相关性其实不大，它其实是车企为自家产品开发出的后期选装包起的一个名字。

这种硬件 OTA 最常见的方案之一便是直接更换控制器或者直接更换车机总成，从而可以从最基础的部分完成体验的进阶，这就好比是直接在一台计算机上换一个"主板 + CPU+ 内存"的总成，其余的部件保持不变。

2022 年 4 月，岚图汽车百年针对旗下的岚图 FREE 车型推出的高通骁龙 8155 座舱芯片"硬件 OTA"服务包，将原有的车机芯片升级更换至当前业界顶级的 SA8155P 芯片，可以有效增强车机流畅度，同时全面提升语音交互、导航、影音娱乐等体验。当然，这对车主而言也意味着一定的费用支出。

> 拓展阅读
>
> OTA 有着非常广阔的应用前景，以智己 L7 的 OTA 为例，其可实现全域的、深度的升级能力，不仅全域覆盖，更能做到高频高速更新，并且拥有高更新可靠性，使整车功能常用常新。

（1）全域覆盖

智己 L7 作为上汽旗下第一款全域深度 OTA 的车辆，实现了超 40 个模块的深度 OTA 全覆盖。从智能座舱、智能驾驶、整车电子电气、数字灯光系统、整车底盘等大型车载域系统，到 Carlog、气囊等小型功能模块，均支持深度 OTA。

（2）高频高速更新

智己 L7 的全域深度 OTA 能将用户体验迅速上升要更高层次。

1）高频：每 3 个月 FOTA 更新，一个季度便有一次新体验；而随时 SOTA 的软件更新，将用户体验不定期持续提升。

2）高速：全域 OTA 最大升级包超 50G 以上，通过压缩、差分后体积仅为 4G 以下，同时扩大带宽、提升传输速率，从而进一步缩短 OTA 所需时间。

3）云端超大容量：智己汽车云端支持 100 万辆 OTA 的能力，后期可支持拓展。

（3）高更新可靠性

相较于传统车型只有车机 AB 区备份，智己汽车全域 OTA 为多模组提供 AB 区备份，这大大降低了 OTA 升级失败的可能性。并且，针对极低概率的升级失败，智己也准备了服务预案。

（4）OTA 带来更多想象

通过不断的全域深度 OTA，智己 L7 的场景式智能交互可不断升级。比如智能灯语系统，现有功能会不断自我迭代，同时随时更新更多用户灯语效果，让用户始终保持最前沿的体验。对于全新功能体验，未来云端会有更多个性化表达方案，并与智能驾驶进行更为深度的场景联动，带来全感官进化的智能驾驶新体验。

问题195 什么是苹果 CarPlay？

苹果 CarPlay 是苹果公司开发的一项汽车连接技术，它通过将 iOS 设备与车载娱乐系统相连接，提供了一种更智能、更便捷的方式来使用 iOS 设备功能和应用程序。你可以把它想象成将你的 iPhone 变成了车内的智能助手，从而为驾驶员提供了更方便、更安全的方式来使用 iPhone 上的功能，使驾车过程更智能化且无需分心操作手机，提供了更好的用户体验，如图 7-6 所示。

图 7-6　苹果 CarPlay

想象一下你正在驾驶汽车，而你的 iPhone 连接到了车载娱乐系统上的触摸屏或者声音系统。当你启动苹果 CarPlay 后，你可以通过触摸屏、语音命令或车辆的控制按钮来操作 iPhone 上的各种功能。

苹果 CarPlay 可以让你在驾驶过程中实现以下功能：

1）导航：你可以使用苹果地图或其他支持 CarPlay 的导航应用来获取实时导航指引，查找目的地、规划路线，并接收实时交通信息。

2）通信：你可以通过 CarPlay 访问你的联系人列表，拨打和接听电话，甚至通过语音控制发送和接收短信。

3）音乐和媒体：你可以使用 CarPlay 播放你 iPhone 上的音乐应用，例如 Apple Music、Spotify 等。通过触摸屏或语音命令，你可以浏览歌曲、播放列表和电台、调整音量等。

4）消息和通知：你可以通过 CarPlay 读取和回复来自消息应用（如 iMessage）的信息，接收来自其他应用的通知，并进行语音识别。

5）Siri 语音助手：通过 CarPlay，你可以使用车辆内置的语音识别按钮或通过"Hey Siri"唤醒 Siri，从而使用语音指令控制 iPhone 上的各种功能。

问题196　什么是百度 CarLife？

百度 CarLife 是由百度开发的一项手机与车机之间进行智能互联的产品，它的目标是将智能手机与车载娱乐系统相连接，提供更智能、更便捷的驾驶体验，如图 7-7 所示。目前，百度 CarLife 支持 4.0 以上版本的安卓手机和 iOS 系统苹果手机。

图 7-7　百度 CarLife

假设你正在驾驶汽车，而你的智能手机通过百度 CarLife 与车载娱乐系统相连接，一旦你启动了百度 CarLife，你就可以通过车载显示屏、车辆按钮或者语音控制来操作你的手机。

整体来讲，百度 CarLife 和苹果 CarPlay 的目标比较一致，但又存在一定的差异，具体如下：

1）平台差异：百度 CarLife 主要是由百度开发，主要面向中国市场，当然，现在也有越来越多的合资品牌车型支持百度 CarLife；苹果 CarPlay 是由苹果公司开发，为全球市场提供支持。

2）车型适配：百度 CarLife 的适配范围相对较广，支持较多的车型和汽车厂商；苹果 CarPlay 的适配范围相对较窄，主要适用于支持苹果生态系统的车型和厂商。

3）操作界面：百度 CarLife 采用了百度的设计语言和布局，界面更接近于百度的移动应用界面；苹果 CarPlay 则采用了苹果的设计语言，界面与苹果 iOS 系统更为一致。

4）应用生态系统：苹果 CarPlay 可以访问苹果的应用商店（App Store），用户可以从中下载支持苹果 CarPlay 的应用程序；百度 CarLife 则主要依赖百度自己的应用生态系统，用户可以使用百度地图、音乐等百度相关的应用。

5）功能扩展：苹果 CarPlay 在功能扩展方面相对较强，苹果与一些汽车厂商和第三方开发者合作，提供了更多的应用和功能集成，比如导航、音乐、通信、语音助手等；百度 CarLife 的功能扩展相对较为有限，主要以百度的应用为主。

拓展阅读

截至 2023 年年初，在汽车端，百度 CarLife 已搭载 1200 款主流汽车品牌车型，覆盖大众、丰田、上汽通用、奔驰、宝马、奥迪等头部车企品牌。

问题197 什么是华为 HiCar？

华为 HiCar 是华为提供的人 – 车 – 家全场景智慧互联解决方案。它的目标是通过华为的技术将移动设备与汽车相结合，将手机的应用和服务延展到汽车，为用户提供更智能、便捷的车载体验，如图 7-8 所示。

图 7-8　华为 HiCar

华为 HiCar 具备以下 4 个核心特点（图 7-9）：

1）安全交互：以安全为前提的极简交互（Safety）。

2）无感互联：手机 /IoT 设备和汽车无感全互联（Smart Connection）。

3）硬件互助：手机和汽车资源共享（Resource Sharing）。

4）生态共享：用户体验在车内、车外无缝流转（Seamless Experience）。

图 7-9　华为 HiCar 的 4 个核心特点

华为 HiCar 提供了多种功能和服务，包括导航、音乐播放、智能语音助手、消息通知、远程控制等。用户可以使用手机上的应用、数据和功能，直接在车载系统上操作和访问，例如，用户可以使用手机上的导航应用，在车载屏幕上显示导航路线；或者通过语音指令控制音乐播放和调节车内温度。需要注意的是，华为 HiCar 的使用需要车辆支持并搭载华为芯片和相关技术的车载系统。目前，HiCar 主要面向华为手机用户和特定的汽车合作伙伴。

问题 198　什么是 E-Call？

E-Call（Emergency Call）指的是车辆紧急呼叫系统，旨在为用户遇到紧急情况时提供救援和支持。用户在遇到紧急情况时可以通过该功能以最高优先级接通呼叫中心，客服人员会第一时间获取车辆的重要信息（如车辆 VIN、车辆碰撞位置、车辆损伤信息等），并结合事故的情况和事故的具体地理位置调度救援，从而使得事故车辆及乘员将会得到最迅速的响应，如图 7-10 所示。

一般而言，E-Call 支持手动触发和自动触发两种模式。

手动触发指的是在紧急情况下或者遇到危险时，用户可以通过按下 E-Call 系统的紧急拨号（SOS）按钮便可以与呼叫中心客服人员联系并获取救援，如图 7-11 所示。

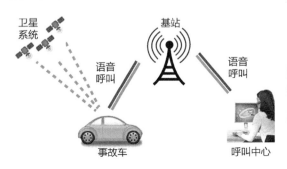

图 7-10　E-Call 系统工作流程简图

图 7-11　手动触发 E-Call

自动触发指的是在汽车发生较严重的碰撞时或者汽车遭遇事故导致安全气囊爆开时，车辆自动向呼叫中心发送警报讯号，客服人员会立刻与车内人员取得联系，即便乘员因为重伤无法应答，客服人员也会通过卫星导航锁定车辆位置并及时与紧急救援机构联系以便于救援。

拓展阅读

2015 年欧盟议会通过"自动紧急拨号服务"法案，要求从 2018 年 3 月 31 日起，所有新型号的 9 座以下乘用车以及 3.5t 以下商用车（欧盟指令 2007 / 46 / EC 中所列的 M1、N1 类）必须安装 E-Call 系统。根据欧盟的数据，欧盟 E-Call 每年可以挽救 2500 个生命，降低 15% 的重伤数量，同时节省 40% 的救援时间，减少社会经济损失大约 260 亿欧元。

虽然 E-Call 目前还不是中国国标要求的标配项，但其重要性不言而喻。C-NCAP2021 中便将 E-Call 这一配置设定为了加分项。对于配备有 E-Call 的车辆，如其 E-Call 系统性能均符合规定的技术要求，可以获得相应的加分；系统应具备手动和自动两种模式的紧急通话报警功能，若仅能满足其中一项功能，则只能获得 1 分的加分。

问题199 什么是无感支付？

无感支付指的是在汽车使用过程中，使用无需物理接触的支付方式进行支付交易的技术和服务。它通过结合 NFC 或其他无线通信技术实现车辆与支付系统之间的无线连接，以便快速、便捷地进行支付。

在汽车领域的无感支付中，车辆会配备支持 NFC 或其他无线通信技术的设备，例如车载终端、车载支付终端或车载电子钱包等。用户可以通过将支持无感支付的设备（如智能手机、终端等）靠近车载支付终端或进行简单的指令操作，与支付系统进行通信并完成支付交易。

无感支付在汽车领域的应用场景包括但不限于以下几个方面：

1）加油支付：车辆配备的无感支付设备可以与加油站的支付终端进行通信，实现不需要下车、插卡或现金支付即可完成加油支付。

2）车辆停车费用支付：无感支付设备可以与停车场或道路收费系统进行通信，使驾驶员能够不需要停车、寻找支付终端或现金支付，而直接进行停车费用的支付。

3）充电桩支付：对于电动车辆，无感支付设备可以与充电桩进行通信，方便用户在充电时进行电费支付。

4）车内服务支付：无感支付技术还可用于车内服务的支付，如付费订购餐饮、娱乐、导航等服务，使用户能够便捷地完成支付，提升乘车体验。

汽车领域的无感支付技术的实现要求保证支付数据的安全性和隐私保护，同时确保支付过程的可靠性和便捷性，为用户提供更加便捷的支付方式，并促进汽车和移动支付的融合发展。

举个例子，五菱 Ling OS 灵犀系统便打通了与 ETC 互联的生态系统，用户能够体验无感支付，并且可以实时显示账单，在通过带有 ETC 收费功能的站点时，免去人工收费通道排队及手机扫码扣费等繁杂操作，方便高效通过收费点。

问界 M5 首创有车感支付功能，其集成了人脸识别服务 FRS（Face Recognition Service）和华为应用内支付 IAP（In-App Purchases Kit），突破了传统的手机扫码支付方式，用户可通过人脸识别校验完成支付。未来，用户还可使用车外摄像头对停车场的二维码进行扫描，配合座舱内人脸支付功能，实现快速缴费，提升支付体验，避免烦琐操作，增强驾驶安全性。

问题200　什么是智能语音交互?

智能语音交互是指在汽车中通过语音与车载系统进行交互和控制的技术和功能。它利用语音识别、自然语言处理和语音合成等技术，使驾驶员能够通过语音指令来操控车辆的各种功能和获取信息，如图 7-12 所示。

图 7-12　智能语音交互

和人类一样，对于汽车的语音交互而言，也有三个关键的能力：听、理解、说。

"听"指的是系统能够将用户的语音指令或对话内容转换为机器可以理解的文本或指令。这需要利用语音识别技术来识别和理解语音输入。

"理解"指的是系统通过自然语言处理技术对用户的语音指令或对话进行解析和理解。它可以理解用户的意图和需求，并将其转化为相应的操作或回复。

"说"指的是系统可以将机器生成的文本转化为自然流畅的语音输出，以回复用户的请求或提供信息。这通常使用语音合成技术来实现，使得交互更加人性化和自然。

在此基础上，一个好的汽车语音交互系统还需要能够进行上下文理解和对话管理，使得交互更加连贯和智能。它甚至可以记住之前的对话内容从而去理解用户的上下文，并根据需要进行追问、澄清或进一步的交互。汽车智能语音交互系统的功能特点如图 7-13 所示。

图 7-13　汽车智能语音交互系统的功能特点

1）语音控车：驾驶员可以通过语音指令来操作车辆的各种功能，如调整音频系统、控制空调、导航目的地输入、拨打电话、发送短信等。语音控制功能可以提高驾驶安全性和便利性，使驾驶员无需分散注意力去操作车辆上的控制按钮或触摸屏。

2）地图导航：驾驶员可以使用语音指令告诉车载系统目的地，并获取导航指引。语音交互系统能够识别驾驶员的语音输入，解析出目的地信息，并根据当前位置和交通情况提供最佳的导航路线。

3）音频娱乐：驾驶员可以使用语音指令来控制音频系统，切换音乐、调整音量、选择收听的广播或音乐源等。这样可以减少驾驶员的分心，提供更安全和方便的娱乐体验。

4）通信社交：驾驶员可以使用语音指令来控制电话拨打和接听、短信发送和接收、邮件和消息读取、社交媒体更新等。

5）生活周边：驾驶员可以使用语音指令来进行天气查询、周边地点搜索、获取实时交通信息、附近兴趣点信息查询、购物指南、餐厅预订、电影票订购等与生活息息相关的操作。

汽车智能语音交互技术的发展使得驾驶员能够更加便捷和安全地操控车辆，减少对其他操作设备的依赖，提高驾驶舒适性和人机交互体验。

拓展阅读

通常来讲，汽车语音交互功能都有一个唤醒词，比如，别克汽车语音助手的唤醒词是"别克你好"，理想汽车语音助手的唤醒词是"理想同学"。在部分车型上还有一个激活语音助手的物理按键，一般这个按键设置在方向盘上，如图 7-14 所示。

图 7-14　语音交互功能激活按键

问题201　什么是全时免唤醒多模语音交互?

全时免唤醒多模语音交互指的是能够在车辆中实现始终可用、无需唤醒和多种交互模式的语音交互功能。全时免唤醒多模语音交互具备一直监听和识别驾驶员语音指令的能力,无需手动唤醒系统,这意味着驾驶员可以随时通过语音与车载系统进行交互,而无需按下按键或说出特定的唤醒词。此外,全时免唤醒多模语音交互还支持多种交互模式,包括自由对话、命令式交互和混合模式。驾驶员可以通过语音进行自然对话,就像与其他人进行交流一样,而不仅仅是简单地给出指令。系统能够理解并处理复杂的语言上下文,提供更自然、灵活和个性化的交互体验。

这种技术通常基于先进的语音识别、自然语言处理和对话管理技术,通过利用大数据和机器学习算法来不断优化交互效果和用户体验。全时免唤醒多模语音交互的目标是提供一种更便捷、智能和人性化的汽车语音交互方式,使驾驶员能够更安全、轻松地与车辆进行交流和控制。

例如,奇瑞瑞虎 8 Pro 搭载的免唤醒语音交互使用高算力 AI 芯片搭载图像识别分析及语义分析算法,利用摄像头实时采集驾驶员唇动信息;结合唇动模型,实现嘈杂环境下的精准收音和精确语音分析,同时省去唤醒词,从而实现说什么就可以控什么的自由语音交互。

拓展阅读

免唤醒语音交互意味着系统一直处于工作状态,这意味着系统需要一直在后台工作,会占用一定的 CPU;另外,相比于传统的语音交互而言,一方面它不能"太敏感",不能用户一说话它就"插嘴";另一方面,它也不能"太迟钝",必须时刻都在判断驾驶员是在和车上其他乘员说话还是对语音交互系统下指令。

问题202　什么是车家互联?

车家互联是指将车辆与家庭生活环境进行连接和智能化的技术和服务。它通过将车辆与家庭网络、智能家居设备和互联网相连接,实现车辆与家庭之间的信息交互和功能扩展,如图 7-15 所示。

一般来说,车家互控有两种形式:Home to Car 和 Car to Home。

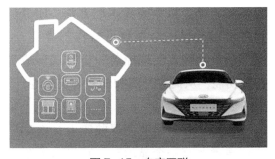

图 7-15　车家互联

1）Home to Car：用户在家里，通过手机 APP 或者是智能音箱等智能设备，对车辆远程下达指令，实现打开车灯、关闭车门、开关空调等功能。

2）Car to Home：用户在车上，通过语音指令，对家中的智能家居设备进行控制，比如灯（开 / 关、亮度调节等）、空气净化器（开 / 关、空气质量、风速变更模式等）、扫地机器人（开 / 关、充电等）以及窗帘（开 / 关）等。后续随着更多智能家居设备的加入，用户可以控制更多智能家居设备。

想象一下，你驾驶着一辆支持车家互联的汽车回家，当你靠近家门时，智能家居系统通过车辆的识别，自动打开了大门，并启动了家里的灯光和空调系统。这样，你可以在回到家后立刻享受到一个舒适的室内环境。另外，你可以通过车家互联技术远程控制家中的设备。例如，在驾车回家的路上，你可以使用车辆的手机应用程序预热烤箱，这样你到达家时，美味的晚餐已经准备好了；你可以在车上通过语音指令打开家中的智能音响系统，让你一进门就享受到自己喜欢的音乐。

此外，车家互联还可以提供实时的家庭安全和监控功能。通过车辆的智能手机应用程序，你可以远程查看家中的监控摄像头，确保家庭安全。如果有人闯入你的车库，车辆可以向你发送警报，并自动通知安全服务。

问题 203 什么是 HMI 人机交互？

汽车 HMI（Human-Machine Interface）人机交互指的是人类驾驶员与汽车之间进行的视觉、听觉、触觉、嗅觉等不同维度的信息交流和互动的界面和方式，是一个多学科融合的新兴技术，如图 7-16 所示。从设计的角度来看，它又分为 UX 和 UI 两部分。

UI（User Interface）即用户界面，指的是用户通过产品的画面指引进行交互，完成操作；UX（User Experience）即用户体验，指的是用户在使用产品的过程中对整个产品交互的体验感受。

通过仪表盘显示屏、中控大屏、物理按键、语音指令等技术和方法，HMI 技术可以提供一个直观可操作的界面，使驾驶员能够方便地控制和访问汽车的各种功能，从而提升驾驶体验和安全性，如图 7-17 所示。

想象一下，你坐在驾驶座上，汽车的仪表盘上有一个显示屏，它显示了车速、油量、发动机温度等信息。通过中

图 7-16 HMI 涉及的专业技能

控台上的按钮或旋钮，你可以切换不同的显示模式、重置里程表或调整亮度。这个显示屏和这些控制按钮就构成了汽车的HMI，它提供了一个直观、可操作的界面，让你与车辆的信息和功能进行交互。

图 7-17　汽车座舱 HMI 设计

另一个例子是车载导航系统。当你需要寻找特定的目的地时，你可以使用车载导航系统进行输入。你可以通过触摸屏、旋钮或语音指令来操作导航系统，输入目的地的地址或选择兴趣点。导航系统将根据你的输入提供路线指导和声音提示，帮助你导航到目的地。这种交互过程是通过汽车 HMI 实现的。

二维码视频 7-3
汽车座舱 HMI 设计

此外，汽车 HMI 还包括其他功能，如音频控制、车辆设置、通信和驾驶辅助系统等。你可以通过触摸屏、方向盘上的按钮、语音助手或车辆上的物理按键来操作这些功能，与车辆进行交互。

问题 204　什么是手势控制？

手势控制指的是在搭载人体手势识别技术的车辆之中，用户可以通过如左右挥手、空中轻点和横扫、手指画圈以及两个手指的平行或斜向拖曳等不同的手势，更加便捷地实现一些控制操作，包括切换歌曲、接 / 挂电话、缩放地图、控制音量、切换界面等，能够降低驾驶员因为操作屏

图 7-18　汽车手势控制

幕而导致驾驶分神情况的发生，提高行车安全性，如图 7-18 所示。

在这个过程中，系统利用摄像头、传感器和算法来识别和解释驾驶员的手势动作，然后将其转化为汽车的特定命令或操作。对于部分搭载这一功能的车型而言，用户还可以进行手势动作的自定义设置。

举例来说，假设你正在驾驶一辆配备了手势控制技术的汽车，当你想要调整音量时，你可以简单地做一个向上的手势，而无需触摸汽车的音量按钮；汽车的摄像头和传感器会捕捉到你的手势动作，并将其识别为音量增加的命令；汽车的系统接收到这个命令后，会相应地增加音量。

另外一个例子是，当你需要切换下一曲目时，你可以用手指做一个向前划动的动作；摄像头和传感器会检测到这个手势，然后将其转化为下一曲目的操作命令；汽车音响系

统随即切换到下一首歌曲。

通过手势控制，驾驶员可以实现对汽车各种功能的操作，如音响、导航系统、空调等，而无需触摸物理按钮或控制面板。这种技术提供了更加直观、便捷的操控方式，增强了驾驶员与汽车之间的互动体验。

岚图 FREE 这款车上便搭载有手势控制功能，在驾驶员竖起双指时，自动给车内乘员拍照。

二维码视频 7-4
岚图 FREE 手势控制

不过，就目前的应用来看，手势控制还存在以下五个方面的问题：

1）学习成本：手势控制需要用接近用户自然行为且容易记住的动作作为触发条件，对于可能存在的多样化的 3D 手势，不同的用户需要花费一定的时间去学习这一系列动作。

2）识别率：对于手势控制系统而言，如何区分用户的自然交流动作和手势控制动作的需求是一个挑战。如果系统灵敏度过高，则容易将用户的自然动作识别为手势控制触发条件；如果系统灵敏度过低，又可能会导致该被识别的手势控制动作无法被识别。

3）安全性：在驾车时，如果用户的自然交流动作被识别为手势控制的触发条件，可能会对驾乘造成干扰，存在一定的安全隐患。

4）标准化：目前，各家车企对于手势识别动作的定义存在一定的差异，此外，对于左撇子和右撇子而言，手势识别的动作也存在不同之处。为避免用户混淆，需要进行标准上的统一，确保动作的一致性。

5）局限性：局限性主要包括两个方面：一是大多数车载的手势控制系统都只能在一定的范围内做出动作才能识别；二是车内的环境（如光线等）也会对传感器的灵敏度产生一定的影响。

拓展阅读

宝马 7 系（G11/G12）是全球第一个装载手势识别的量产车型（2015 年），它的手势识别区域为车机屏前方，供应商为德尔福，采用的是 TOF 方案，可以识别 7 种预设手势，包括接/挂电话、选择歌曲、调节音量、控制导航等功能，如图 7-19 所示。

接听电话　　拒绝来电　　音量调节　　自定义功能

图 7-19　宝马 7 系的手势控制展示

问题 205　什么是手机 APP 远程互联？

汽车的手机 APP 远程互联是指通过使用专门设计的手机应用程序（APP），车主可以通过手机与自己的汽车进行远程互动和控制的技术。通过这种方式，车主可以随时随地使用手机来操作和监控他们的汽车，实现多种功能和服务，如图 7-20 所示。

图 7-20　汽车手机 APP 远程互联

如图 7-21 所示，汽车的手机 APP 远程互联可以通过车载通信模块将车辆与云端服务进行连接以实现以下功能：

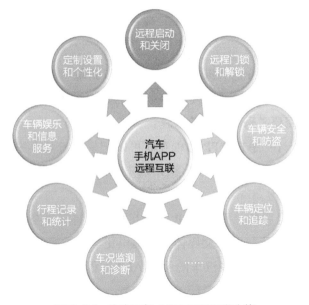

图 7-21　汽车手机 APP 远程互联功能

二维码视频 7-5
大众 IQ 手机远程互联

1）远程启动和关闭：车主可以使用手机 APP 远程启动或关闭汽车的发动机，无需直接接触车辆。这使得车主可以在需要时预热或预冷车内温度，提高驾驶舒适度，如图 7-22 所示。

2）远程门锁和解锁：通过手机 APP，车主可以远程控制汽车的车门锁定和解锁，确保车辆的安全性。这对于忘记锁车或需要让他人进入车辆的情况非常方便。

3）车辆安全和防盗：远程互联技术可以提供车辆的实时监控和防盗功能，例如远程跟踪车辆位置、触发警报系统、远程锁定车辆等。

4）车辆定位和追踪：手机 APP 远程互联可以提供车辆的实时定位功能，车主可以通过手机查看车辆所在位置，并追踪车辆的移动。这对于防止车辆丢失或盗窃非常有用。

图 7-22　远程互联中的远程启动

5）车况监测和诊断：通过手机 APP，车主可以获取车辆的诊断信息和实时车况数据。这包括发动机健康状况、油量状态、轮胎压力、电池状态等。车主可以及时了解车辆的健康状况，并在需要时采取相应的措施。

6）行程记录和统计：手机 APP 远程互联可以记录和统计车主的行驶记录，包括行驶距离、时间、平均速度等。这有助于车主了解自己的驾驶习惯，并对油耗和行驶效率进行评估。

7）车辆娱乐和信息服务：手机 APP 远程互联可以将车辆与云端娱乐和信息服务相连接，包括音乐、新闻、天气、社交媒体等，提供更丰富的娱乐和信息体验。

8）定制设置和个性化：一些汽车的手机 APP 远程互联功能还提供定制设置和个性化选项，如调整座椅、音响和导航系统的偏好设置，以满足车主的个性化需求。

汽车的手机 APP 远程互联使得车辆可以通过互联网与外部世界进行实时的数据交换和通信，提供更多的功能和服务，提升驾驶体验和车辆安全性。车主也可以方便地控制和管理自己的汽车，获得更高级别的便利和智能化服务。

拓展阅读

比亚迪唐 EV 具有远程高温消毒杀菌模式，可远程通过 APP 一键打开空调并保持高温内循环，以 60℃ 出风温度持续对车内空气进行 60~70min 循环杀菌；高温消毒杀菌之后，空调系统将会切换为 5min 外循环 +7 档风速，将车内废气排出，确保用户上车之前车内空气得到净化。

问题206　什么是车载智能助手？

车载智能助手是指在汽车内部搭载的一种智能化系统或应用程序，旨在提供驾驶辅助、信息娱乐和个人助理等功能。它结合了语音识别、自然语言处理、人工智能等技术，使驾驶员能够通过语音或触摸界面与汽车进行交互，从而实现多种操作和服务。图 7-23 所示为蔚来车载智能助手 NOMI。

图 7-23　蔚来车载智能助手 NOMI

车载智能助手的功能和特点可以包括以下几个方面：

1）语音控制：车载智能助手能够通过语音识别技术理解驾驶员的指令，并根据指令执行相应的操作。驾驶员可以使用语音命令来控制车辆的功能，例如调节音量、更改音乐播放、导航目的地等。

2）导航和地图服务：车载智能助手通常内置了导航和地图功能，可以为驾驶员提供实时导航指引、交通信息、路况状况等。驾驶员可以通过智能助手与导航系统进行交互，通过语音命令或触摸界面输入目的地、搜索兴趣点等。

3）信息娱乐：车载智能助手可以提供多媒体娱乐功能，包括音乐播放、广播、播客等。驾驶员可以通过语音命令或界面操作选择喜欢的音乐、电台或娱乐内容，从而增加驾驶过程的愉悦感。

4）智能助理功能：车载智能助手有时还具备智能助理的能力，类似于智能手机上的虚拟助手，例如 Siri、Google Assistant 或 Alexa。驾驶员可以通过智能助手进行语音查询、获取天气预报、发送短信、拨打电话等日常助手功能。

5）车辆诊断和维护：一些车载智能助手具备车辆诊断和维护功能，能够监测车辆的健康状况、提醒保养时间、检查故障码等。这样，驾驶员可以及时了解车辆的状态，并采取适当的措施进行维护。

车载智能助手的作用是提供便捷、智能的驾驶体验，通过语音交互和智能化功能，使驾驶员能够更加专注于驾驶并享受驾驶过程，同时提供相关的信息和服务。

问题207　什么是哨兵模式？

哨兵模式指的是当车辆处于驻车状态时，车主可以通过手机实时查看车身四周摄像头的视频信息，一旦车辆被碰撞或移动，外部摄像头就会录制车辆周围的环境并通过手机 APP/ 短信等方式提醒车主，同时在车机上也可以查看录像，如图 7-24 所示。

哨兵模式是特斯拉 2019 年通过 OTA 升级在特斯拉车型上推出的新功能，目的是为车辆增加一道防线，帮助车主避免在车辆停放期间产生的意外损失。特斯拉车辆出厂时，该功能默认处于关闭状态，需要车主手动开启才能使用。开启该功能后，哨兵模式将会进入"放哨"状态，并通过前视摄像头、车身侧翼子板摄像头和后视摄像头持续监控车辆周围的可疑活动。如果检测到附近可能存在损害或者盗窃车辆等威胁时，系统会

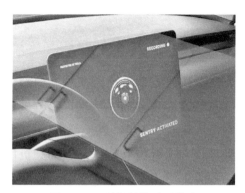

图 7-24　特斯拉的哨兵模式

向车主发出警报，并记录车辆周围的可疑活动，将视频片段保存在已安装的 USB 设备中，同时，车辆还会及时向手机 APP 发送警报通知，为用户带来用车安全保障。

拓展阅读

在目前，包括比亚迪、小鹏等许多车企的新车都陆续搭载了该功能。值得注意的是，哨兵模式会消耗一定的电量，所以许多车企的设定是该模式会保持运行直至车辆电池的电量剩余 ≤ 20%。如果车辆因电量不足而退出哨兵模式，车辆的应用程序会向车主发出通知。

第8章 智能网联汽车安全

问题208 什么是智能网联汽车安全性？

随着汽车行业电动化、网联化、智能化的飞速融合发展，智能网联汽车的安全性也得到了高度的重视，在保障传统安全性的同时，信息安全等问题也逐渐得到了关注。整体来看，智能网联汽车的安全性主要包括6个方面：乘员安全、行人安全、车辆安全、健康安全、数据安全和网络安全，如图8-1所示，其中，数据安全和网络安全又统称为信息安全。

图8-1　智能网联汽车的安全性

拓展阅读

在巨大汽车保有量的当下，每年都会有大量的由交通事故造成的人员伤亡与财产损失。其中，由于观测不当、操作失误、疲劳驾驶等驾驶员相关行为引发的交通事故量占据总体交通事故量的70%以上。

问题209 什么是乘员安全？

乘员安全指的是车辆在发生碰撞之前或发生过程中对车内乘员实施的安全措施，分为主动安全（防止事故发生，如部分智能辅助驾驶配置）和被动安全（减小事故后果，如笼式车身、气囊等）两个部分，二者相辅相成，在降低交通事故率的同时，降低交通事故的严重性，以最大程度的减少交通事故中的乘员伤亡，保障乘员的生命安全。

在此也需要多提醒一句，在当下，无论是主动安全配置还是被动安全配置，在汽车上都属于辅助配置，它们的作用是在车辆超出可控条件的状况下，起到一定的辅助作用，并不能 100% 确保行车的安全，在无人驾驶真正到来之前，良好的驾驶习惯才是保障乘员安全的根本。

近年来比较火爆的乘员安全相关的功能之一便是车内生命体征监测，其可以通过高精度、高性能的传感器监测车内生命体征目标，一旦监测出生命体征，系统会在短时间内报警，并及时提醒车主，杜绝儿童滞留车内等事故的发生，如图 8-2 所示。车内生命体征监测功能的逻辑示意图如图 8-3 所示。

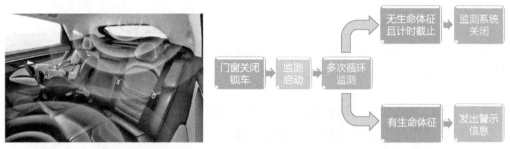

图 8-2　车内生命体征监测　　　图 8-3　车内生命体征监测功能的逻辑示意图

在实际应用中，智能网联汽车可以采用红外线监测、摄像头监测、重力感应监测、毫米波雷达监测等形式来实现车内生命体征监测功能。

1）红外线监测：在车内加装了红外感应装置，一旦车辆锁闭，车内的红外感应装置便迅速启动，一旦有热源进入车内，就会触发警报。

2）摄像头监测：在车内加装摄像头，用以探测驾驶员疲劳，在车辆锁闭之后也可以监测生命体征。2023 年 3 月上市的哪吒 U，其配置的生命体征监测系统就是采用摄像头监测的方案。

3）重力感应监测：在座椅内增加重力感应装置，以判断乘员是否系好安全带，也可把这个作为判断车内是否有人的方法。

4）毫米波雷达监测：通过采用高精度、高性能的毫米波雷达，对车内生命体征目标的心跳、脉搏、呼吸等动作进行扫描、比对、分析，最终实现对车内生命体征目标的监测。

以搭载有后排生命体征监测的魏牌拿铁 DHT-PHEV 为例，其使用毫米波雷达检测后排区域，当监测到后排有活体（人或动物）时，车辆将在 90s 内通过鸣笛 / 双闪提示，如当地温度超过 23℃，则打开天窗；云平台会同步向车主手机 APP 推送消息，短信提醒；当用户把小孩单独留在车内，可及时提醒用户注意小孩安全；当用户把人员或宠物放在车内，一旦当地环境温度过高会自动开启天窗，保护人员或宠物安全。

需要注意的是，车内生命体征监测也需要遵守监管部门对数据安全的相关要求。

问题 210　什么是行人安全？

行人安全指的是车辆在发生碰撞之前或发生过程中对行人（包括路人、两轮车、三轮车等）实施的安全措施。行人是道路使用中的弱势群体，车辆与行人发生碰撞的显著特征之一便是行人的高致死率、高重伤率、高致残率，行人保护的目的便在于辅助驾驶员规避行人，在碰撞发生时可以将行人的伤害降至最低。行人保护也分为主动行人保护（防止事故发生）和被动行人保护（减轻事故后果）两个部分。

（1）主动行人保护

主动行人保护指的是通过雷达、摄像头等传感器提前监测到行人（包括路人、两轮车、三轮车等）的信息并将接收到的信号传至 ECU，由车辆利用车内的声音、光信号等来警示驾驶员。极端情况下，车辆搭载的主动制动辅助系统等会及时介入，并视具体情况来决定是减速还是直接采取制动至停车，以防止事故的发生。

（2）被动行人保护

被动行人保护指的是通过结构溃缩设计、预留吸能空间、采用吸能材料、设置缓冲区等，尽可能降低碰撞发生时对行人造成的伤害，主要方式包括保险杠等缓冲机构的结构优化设计、前机舱盖弹升技术、行人安全气囊等。其中前机舱盖弹升技术，可以使发动机在汽车发生碰撞时瞬间弹起，使人体不碰撞在坚硬的车壳上，而是碰撞在柔性与圆滑的表面上，可以对人体形成一定的保护作用。

问题 211　什么是车辆安全？

车辆安全指的是车辆在发生碰撞时，事故对车辆的损伤程度。"人伤"和"车损"是大多数交通事故中的必然后果，相比较"人伤"而言，"车损"的重要性会低很多，换句话说，车辆安全的优先级会低很多，但车辆安全直接影响到后期车辆维修的成本。举个例子，在一起交通事故中，如果气囊在不需要点爆的时候爆了，那既没有起到保护乘员的作用，又会给消费者增加一笔不菲的维修费，就会显得得不偿失了。

与车辆安全息息相关的评价体系是中国保险汽车安全指数（C-IASI）发布的耐撞性与维修经济性指数，考察的是车辆在低速碰撞后的情况，用以评估车辆的耐撞性和维修经济性。对于一辆智能网联汽车而言，不仅要具有良好的耐撞性，同时也需要在碰撞发生后不至于产生太高的维修费用，以求达到安全性和经济性的平衡点。

问题212 什么是健康安全？

健康安全又称为车内环境安全，指的是座舱内部与乘员健康息息相关的设计，参考中国汽研与医疗机构深度合作之后制定的评价体系来看，包括车内挥发性有机化合物（Volatile Organic Compounds，VOC）、车内气味强度（Vehicle Odor Intensity，VOI）、车辆电磁辐射（Electro Magnetic Radiation，EMR）、车内颗粒物（Particulate Matter，PM）、车内致敏风险（VAR）等5个健康指数，如图8-4所示。

车内挥发性有机化合物VOC	车内气味强度VOI	车辆电磁辐射EMR	车内颗粒物PM	车内致敏风险VAR
什么是车内挥发有机物？	车内气味强度，对人体健康有什么影响？	电磁辐射真的很恐怖吗？	微颗粒物是怎么测试出来的？	车内有哪些材质能引起过敏？
挥发性有机物包含甲醛，苯甲苯等物质	车辆封闭行驶过程中有可能导致恶心，头晕目眩等症状	汽车厂家在设计制作过程中，加入程序不一的电磁防护	中国汽车健康指数通过测试车辆密闭性以及车内外颗粒物过滤和净化的能力评测	车辆大量使用的皮革、织物、金属镀层、塑料等材质。或多或少总含有一些致敏物质
通过常温、高温、通风三个工况模拟消费者实际用车情况，定量测定进行量化评估	长期处于强气味环境中，也会影响驾乘人员人心理状态	以减轻车舱内部受到的电磁辐射强度	评估车辆对于车内驾乘人员的保护水平	过敏导致的人体健康反应，微弱时可致不适，强烈时可致命

图8-4 车内健康评价体系的5个健康指数

（1）车内挥发性有机化合物（VOC）

车内挥发性有机化合物（VOC）是苯、甲苯、乙苯、二甲苯、苯乙烯、甲醛、乙醛、丙烯醛等的统称，其中的苯和甲醛现在已经明确有较强的致癌作用，其他的几种物质是可疑致癌物。同时它们都有刺激性的气味，车内VOC浓度过高时，会导致车内乘员头痛、打喷嚏、流眼泪等，甚至患上严重的疾病。

（2）车内气味强度（VOI）

车内气味强度（VOI）指的是指车内气味强度，是汽车内的各个零部件所使用的材料在一定的环境条件下释放出的小分子弥散在车内空气中，进而被人的嗅觉所感知到的强度。汽车座舱是一个狭小的空间，里面弥漫着几百种化合物，强度过高时，会让人产生恶心、头痛、头昏、记忆力减退、失眠等症状。

（3）车辆电磁辐射（EMR）

车辆电磁辐射（EMR）指的是电磁波向空中发射或泄漏的现象，对于智能网联汽车而言，三电系统本身确实会产生一定的辐射，与此同时，随着多样化的控制器、显示屏的搭载，电磁辐射也会比传统燃油车更多一些。如果这种辐射没有被控制在一个合格值的话，容易对人体造成一定的伤害。

（4）车内颗粒物（PM）

车内颗粒物（PM）指的是车内的气溶胶体系中均匀分散的各种固体或液体微粒。车辆在行驶及停放时，受到汽车尾气、道路扬尘、工业排放等的影响，车内环境中的颗粒物可能附着有其他重金属元素和有害的有机物，进入人体后会严重危害人体健康。

（5）车内致敏风险（VAR）

车内致敏风险（VAR）指的是车辆大量使用的皮革、织物、金属镀层、塑料等材质中含有的致敏物质可能会导致的人体健康反应，微弱时可致不适，强烈时可致命。

汽车的普及使得大家在车上度过的时间越来越长，近年来的多起车内空气质量污染事件也引发了越来越多消费者对于车内空气质量的关注，而电动汽车的属性也让越来越多的人对于车内的电磁辐射存在担忧。提升智能网联汽车的车内环境安全性，对于车内乘员的健康而言意义重大。

问题 213　什么是数据安全？

了解汽车数据安全之前，我们先聊聊什么是汽车数据。

《汽车数据安全管理若干规定（试行）》指出，汽车数据是指汽车设计、生产、销售、使用、运维等过程中涉及的个人信息数据和重要数据。

汽车数据安全指的是汽车数据资产不被违规收集、存储、使用、加工、传输、提供和公开。而要了解哪些是要保护的汽车数据，我们就需要对汽车数据进行分类和分级，并针对不同类型和不同级别的数据采取不同力度的保护。

图 8-5　车联网信息服务数据分类

工信部标准《车联网信息服务 数据安全技术要求》（YD/T 3751—2020）把车联网信息服务数据分为 6 种：基础属性类数据、车辆工况类数据、环境感知类数据、车控类数据、应用服务类数据和用户个人信息类数据（图 8-5）。并且，根据数据敏感性，数据还可以被分成一般数据、重要数据和敏感数据，其中，针对一般数据的保护等级为基本级，针对重要数据和敏感数据的保护等级为增强级。

《汽车数据安全管理若干规定（试行）》指出了开展汽车数据处理的活动中应坚持的几项原则，包括：

1）车内处理原则：除非确有必要不向车外提供。

2）默认不收集原则：除非驾驶员自主设定，每次驾驶时默认设定为不收集状态。

3）精度范围适用原则：根据所提供功能服务对数据精度的要求，确定摄像头、雷达等的覆盖范围、分辨率。

4）脱敏处理原则：尽可能进行匿名化、去标识化等处理。

智能网联汽车正在产生越来越多的数据。英特尔的一项研究表明，假设一辆自动驾驶汽车配置GPS、摄像头、毫米波雷达和激光雷达，则该自动驾驶汽车每天就会产生大约4000 GB的数据。因而，保护好汽车数据安全是一个非常重要的工作。

拓展阅读

智能网联汽车的哨兵模式曾经因为数据安全而广受争议。这是因为，"哨兵模式"用车身装载的摄像头检测车身周围的环境，当发现物体碰撞和入侵等潜在威胁事件时会根据威胁的严重程度做出反应，可能录制视频并通过短信或APP推送等方式向车主发送。

但《汽车数据安全管理若干规定（试行）》指出，国家鼓励汽车数据依法合理有效利用，倡导汽车数据处理者在开展汽车数据处理活动中坚持车内处理原则，除非确有必要不向车外提供。如果摄像头采集到的视频不是在车内处理，而是通过APP推送等方式向车外传输，可能会违反国家规定，并威胁到车辆数据安全及车外行人的隐私安全。

针对法规的要求，部分车企选择优化或取消了哨兵模式。现在的市场上，当车辆判定"确有必要向车外传输数据"时，会对相关信息进行"脱敏处理"，包括删除含有能够识别自然人的画面，或者对画面中的人脸信息等进行局部轮廓化处理等。目前市场上的哨兵模式就是贯彻数据安全原则的体现。

问题214 汽车数据安全为什么重要？

智能网联汽车数据安全不仅关系到个人和组织的合法权益，还关系到国家安全和社会公共利益，因而，智能网联汽车数据安全已经成为汽车信息安全极为重要的一个领域。

例如，车主和车辆的基本信息数据（姓名、身份证号、车牌号和手机号等）、车辆动态信息（位置信息和行驶轨迹等）都关系到个人隐私和财产安全；汽车运行产生的制动、胎压、速度等车辆控制信息，一旦被伪造和篡改，将直接影响到汽车的行驶安全，带来经济损失甚至人身伤害；此外，自动驾驶和智慧交通系统中，还会使用大量城市道路的基础设施、交通标志、建筑外观、政府机构标识等真实地理信息，这些数据一旦被获取，将威胁到国家安全。

一旦智能网联汽车的数据被篡改、破坏、泄漏或非法获取、非法利用，很有可能会危害国家安全、公共利益或个人、组织合法权益。而车辆行踪轨迹、音频、视频、图像

220

和生物识别特征等一旦泄漏或被非法使用，很可能导致相关人员受到歧视或人身、财产安全受到严重损害。

2022 年，出行服务公司滴滴因违反数据安全法规受到了监管部门 80.26 亿元的处罚。滴滴的主要违法行为是违法收集和存储用户关键信息和轨迹，收集精准位置信息等敏感数据，并给国家关键信息基础设施安全和数据安全带来严重安全风险隐患。

因此，数据安全已经引起了广泛的关注。以智己汽车为例，为保护用户隐私，智己汽车制定出 IDPP 数据隐私及保密计划，将用户数据隐私与安全置于用户数据权益计划运营的首位。同时，智己汽车制定用户数据隐私伦理的监管机制，杜绝采用人脸识别、声纹识别、指纹识别，并进行个人信息脱敏。

值得一提的是，与汽车信息安全相同，汽车数据安全也涉及汽车设计、研发、生产、销售和售后的全生命周期。2022 年年底，某家车企发生数百万条数据泄漏的严重数据安全事件，其中涉及车主身份证、贷款甚至亲属关系等用户隐私信息，给这家企业带来了很大的负面影响。这起事件包含的部分数据并非来源于车辆本身，而是来源于销售和售后等其他车外环节。

拓展阅读

2021 年以来，我国部分机构要求限制特斯拉驶入或停放于其办公场所，且要求工作人员禁止在车内及车周围讨论与工作相关事宜。这样做的主要原因是，特斯拉装配的摄像头、雷达和 GPS 等传感设备可以收集地貌、道路、建筑、人流、物流等众多敏感信息，存在严重的数据安全隐患。限制特斯拉进入的机构有军工企业、机关事业单位、军事管理区、部队医院等，其中大部分单位都只是限制进入和停放，并不限制相关人员购买，部分单位还设置了专门的特斯拉访客停车位以降低风险。

问题 215　什么是网络安全？

目前关于网络安全的定义有多种说法。

狭义上的汽车网络安全指的是车内车外信息传输网络的安全，也就是移动、车载和路侧的各种通信网络不受外界因素干扰，能够保障智能网联汽车正常运行时产生的数据的稳定性和完整性。

广义上的汽车网络安全除了上述的通信网络安全外，还包含智能网联汽车等终端的安全。

值得一提的是，在某些场合下，汽车网络安全和汽车信息安全的含义一致，其英文表述都是 Cybersecurity。

问题216　什么是汽车信息安全?

在汽车行业,汽车信息安全通常指的是针对智能网联汽车这个复杂的"软硬件集成器"被外部实施的网络攻击从而让汽车控制系统误操作等采取的安全防护策略。

在本书中,我们按惯例将汽车信息安全看成汽车网络安全和汽车数据安全的统称。

但严格来说,信息安全还有更精准的定义。例如,我国的国家标准 GB/T 40861—2021《汽车信息安全通用技术要求》中指出,汽车信息安全是汽车的电子电气系统、组件和功能被保护,使其资产不受威胁的状态;除此之外,国际标准化组织 ISO、联合国世界车辆法规协调论坛 UN/WP29 等国际权威机构也对汽车信息安全给出了类似的定义。

伴随着汽车信息化水平的不断提升,汽车上的外部信息接口,包括车载诊断系统接口(OBD)、充电控制接口、无线钥匙接口、导航接口、车辆无线通信接口(蓝牙、Wi-Fi、DSRC、4G/5G)等越来越多,被入侵的风险也在逐步加大。据 Upstream 报告数据显示,公开报道的针对智能网联汽车网络安全攻击事件由 2018 年的 80 起激增到 2019 年的 155 起。

对于外部攻击方(如黑客、伪基站、伪终端、第三方恶意设备等)而言,只要找到智能网联汽车的一个突破口,就有机会实现入侵整个汽车甚至接管汽车的目的,从而给消费者带来更大的人身和财产风险。

拓展阅读

C-V2X"四跨"先导应用实践活动是一年一次的 V2X 领域的盛会,所谓"四跨"也就是跨"芯片模组 + 终端 + 车企 +CA 信息安全平台"。四跨是 V2X PKI(Public Key Infrastructure,公钥基础设施)的盛会。从 2019 年开始,每年一次在若干城市举行,有汽车信息安全领域领先的企业和先进技术展示和测试。不同的企业的 V2X PKI 安全平台由不同的实体来开发和运营。"四跨"验证了 V2X PKI 本身的性能,也验证了在信息安全技术的保护下 V2X 的互联互通。

问题217　汽车信息安全的难点在哪里?

相比于其他电子产品的信息安全而言,汽车信息安全要复杂许多,主要原因有以下四点。

(1)汽车复杂度高

智能网联汽车是多个领域的深度跨界融合,通信、大数据、芯片、软件、传感器和交通管理都深度涉及。相比手机、计算机和其他物联网设备,车内系统不仅硬件更多，而且有独特的车内通信协议和方式。此外，不同的车企具有不同的电子电气架构，复杂的车内和车外被保护对象让汽车信息安全工作复杂度更高。

例如，在电控单元（ECU）方面，一辆智能网联汽车中常常包含几十甚至上百个独立的 ECU，每个 ECU 都可以看作是一个小型的手机，且常常由不同的供应商生产研发。这使得汽车信息安全工作的复杂性极大提升。

除此之外，车内通信网络是汽车与其他设备有较大差异之处。通过车内网络，汽车的传感器、ECU 和执行器之间可以实现数据共享，从而实现车辆运行。然而，现代车载通信系统中的车载网络类型包括 CAN、LIN、FlexRay 和以太网等，每个汽车的车内网络都是几种网络的组合。

（2）汽车产业链长

除汽车本身软硬件和相关数据外，支撑汽车研发、生产、销售、售后等全生命周期正常运行的硬件、软件和相关数据也在汽车信息安全需要考虑的范围内。产业链长，给信息安全工作带来了更大的难度。

（3）汽车要求更严格

智能网联汽车软硬件和数据关乎国家安全、个人生命财产安全和上下游企业发展安全，因此，监管部门对汽车信息安全提出了严格的要求。除了各个行业普遍适用的法规和标准外，监管部门还提出了一些专门适用于汽车行业的法规和标准。

拓展阅读

2022 年，德国政府根据《通用数据保护条例（GDPR）》第 83 条对大众汽车处以 110 万欧元的罚款。罚款的原因是，一辆安装外部摄像头的大众测试车在作业时被警方发现没有摄像头符号和必要的标志来告知它正在收集数据以及出于什么目的收集数据，这一行为违反了 GDPR 相关规定。

问题 218　什么是信息安全态势感知与运营？

信息安全态势感知与运营系统由入侵检测与防御系统、态势感知平台和信息安全运营三部分组成，如图 8-6 所示。

入侵检测与防御系统（IDPS）用于监测连接的节点之间交换的数据，进行基础安全分析，并对威胁作出动态响应。当数据中出现明显变化时，IDPS 将向态势感知平台（VSOC）报告。为了增强入侵检测防御系统（IDPS）的效率，相关研究人员采用递归神经网络（RNN）、卷积神经网络（CNN）、长短时记忆（LSTM）等人工智能算法作为检测车辆入侵行为的模型。

图 8-6　信息安全态势感知与运营系统

态势感知平台（VSOC）汇聚了来自车端、云端和情报端的数据，对能够在网络环境中引起网络态势发生变化的安全要素进行获取、理解和显示，发现已知风险，预测未知风险，下发防护措施，达到信息安全主动防御的目的。

信息安全运营是指从海量数据中发现对象之间的隐含关系与规律，其价值在于通过聚合、统计、加权、关联和人工智能算法，提高安全分析师团队的分析效率。在成熟的信息安全态势感知与运营系统中，信息安全分析和威胁情报管理是两项核心能力。

其中，威胁情报的主要内容为用于识别和监测威胁的失陷标识，如文件 HASH、IP、域名、程序运行路径、注册表项等，以及相关的归属标签。对信息安全漏洞的实时跟踪和快速响应既是监管机构的要求，又是智能网联汽车进行主动信息安全防御的重要手段。

问题 219　黑客是如何攻击智能网联汽车的？

在电影《速度与激情 8》中，黑客入侵了 1000 多辆智能网联汽车的控制系统，并通过远程控制让这些车在大街上横冲直撞以达到拦截重要物品的目的，相信这一画面让许多人印象深刻。不过，现如今，随着智能网联汽车的普及，这样的现象不再只是出现在电影中，黑客攻击智能网联汽车也已经在现实生活中多次发生。并且，随着智能网联汽车系统复杂度的与日俱增，黑客们有着更加多样化的攻击方式。

图 8-7　智能网联汽车常见的黑客攻击手段

通常而言，黑客会借助各种手段在整个业务链中寻找漏洞和薄弱环节并进行攻击，常见的黑客攻击手段有几十种，如图 8-7 所示，主要包括代码注入、中继攻击、重放攻击、代码逆向、密码破解等有代表性的几种。

1）代码注入：攻击者在应用程序中注入源代码，以改变程序的运行。

2）中继攻击：在通信的双方之间增加了一个新的主体，对通信双方的篡改和伪造，如图 8-8 所示。

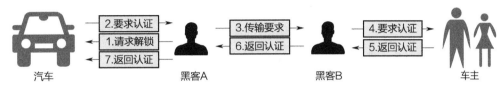

图 8-8 中继攻击示意图

3）重放攻击：攻击者发送一个目的主机已经接收过的包，来达到欺骗系统的目的。这种攻击主要用于身份认证，破坏认证的正确性，如图 8-9 所示。

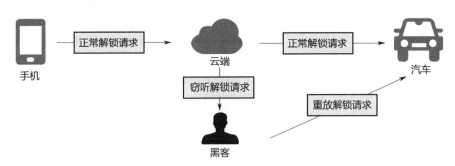

图 8-9 重放攻击示意图

4）代码逆向：在没有源代码的情况下，对目标系统的行为、数据流及编码器生成的代码进行分析，从而了解程序的功能、流程、规则和技术细节等。

5）密码破解：将密码从密文反推出明文密码的过程。常见的密码破解方式有通过密码字典进行暴力破解或通过公开的密码库直接查询明文密码。

常见的攻击手段非常多，但总结起来产生威胁的只有几种，微软公司的安全专家在《Microsoft 威胁建模工具》中将其总结为 STRIDE 模型，见表 8-1。

表 8-1 微软公司的 STRIDE 模型

安全属性	安全威胁（STRIDE）	定义
真实性	身份假冒（Spoofing）	伪装成某对象或某人
完整性	篡改（Tampering）	未经授权修改数据或代码
抗抵赖性	抵赖（Repudiation）	拒绝执行他人我无法证实也无法反对的行为
机密性	信息泄漏（Information Disclosure）	将信息暴露给未授权用户
可用性	拒绝服务（Denial of Service）	拒绝或降低有效有户的服务级别
授权	特权提升（Elevation of Privilege）	通过非授权方式获得更高权限

一般消费者通常都认为，汽车信息安全的目的是防止黑客攻击。然而实际上，除黑客攻击外，汽车产品经理未考虑周全的应用场景、驾驶员的无心误操作、运维人员对数据的违规管理和存储、车内外设施的安全漏洞等都可能造成信息安全资产损失，因此，这些也是信息安全的工作范围。信息安全公司 Upstream 研究发现，2022 年的汽车信息安全事件中，仅有 63% 是由黑客实施的。

表 8-2 所列是一些典型的黑客攻击案例。

表 8-2 一些典型的黑客攻击案例

序号	时间	案例
1	2010 年	南卡罗来纳州罗格斯大学的研究人员通过破解汽车内部信息系统，伪造部分品牌型号汽车的胎压传感器信息，干扰和毁坏距离 40m 以外汽车的轮胎压力监测系统
2	2013 年	著名白帽黑客 Miller 和 Valasek 博士在拉斯维加斯黑客大会上对一辆处于高速行驶状态下的丰田普锐斯发起攻击，实现使其在高速行驶时制动失灵或者突然制动等异常行为
3	2015 年	两位安全研究人员 Charlie Miller 和 Chris Valasek 通过 Wi-Fi 连接并破解了某品牌的车载多媒体系统，然后对汽车核心的 CAN 总线更进一步的入侵，该车的车载多媒体系统虽然不是和 CAN 总线直接相连，但是却可以跟另一个与 CAN 总线的部件相连，这个部件叫做 V850 控制器，两位安全人员对 V850 控制器的固件进行改写，改写后的 V850 控制器具备了对 CAN 总线发送任意指令的功能，包括对方向盘、制动、刮水器、空调等核心部件的控制权限。最终该汽车厂商因为上述的这个漏洞召回了 140 万辆车，并被罚款 1.5 亿美金
4	2015 年	某车企联网服务被曝存在信息泄露问题并被迫召回 220 万辆汽车，只因该服务云平台在与车辆端进行通信时未采取有效加密手段，导致传输的车辆识别码 VIN、控制指令等信息可被攻击者搭建的伪基站截获，进而攻击者可利用相关指令信息对汽车进行恶意控制
5	2016 年	腾讯科恩实验室宣布他们以"远程无物理接触"的方式成功入侵了特斯拉汽车，从而对车辆的停车状态和行进状态进行远程控制。黑客们实现了不用钥匙打开了汽车车门，在行驶中突然打开行李舱、关闭后视镜及突然制动等远程控制
6	2016 年	挪威 App 安全公司 Promon 的安全专家发现某车型 App 没有提供任何形式的防护措施，攻击者可以轻而易举地获取车辆停放位置、用户名和口令，追踪并解锁车辆
7	2017 年	一家网络安全公司称现代汽车 App 存在漏洞，黑客能够远程启动现代公司的汽车，现代证实了这个漏洞的存在
8	2018 年	国内一家网络安全实验室的研究显示宝马汽车的计算机系统存在 14 处漏洞，黑客可利用这些漏洞在汽车行驶时取得部分控制权，可通过插入 U 盘、使用蓝牙以及车辆自带的 3G/4G 数据连接等方式控制汽车
9	2019 年	2 名美国研究人员发现，某汽车计算机系统中至少有 17 种设备的数据未被加密，其他研究人员也在其他型号车辆中发现了同样问题
10	2020 年	一名国外的黑客发现，某车型被技术销毁的 MCU 媒体控制单元上仍储存着包括手机通讯录列表、通话记录、Wi-Fi 密码、家庭住址以及导航记录等在内的大量的客户个人信息，且该 MCU 在国外电商网站上自由交易，价格低廉
11	2020 年	福特汽车 App、特斯拉汽车服务平台等被披露存在安全缺陷和隐患，可被利用获取远程服务平台的访问或控制权，进而对相关车辆实施远程控制
12	2021 年	某车企承认在进行最新版本车辆测试时，车内设置的广角摄像头可以检测驾驶员的目光，致使消费者在不知情的情况下可被车辆监视
13	2022 年	19 岁的德国青年大卫·哥伦布 (David Colombo) 通过一个第三方软件中找到了车辆软件的漏洞成功入侵全球 13 个国家的 25 辆特斯拉汽车，可以远程控制车辆，并实施解锁车门、控制车窗、启动汽车、关闭安全系统等操作

问题 220　智能网联汽车有哪些信息安全风险？

智能网联汽车的信息安全风险主要集中在车端安全风险、车外系统风险、通信安全风险、数据安全风险四个方面，如图 8-10 所示。

图 8-10　智能网联汽车的信息安全风险

（1）车端安全风险

车端安全风险主要包括三个部分：车载硬件安全风险、车载软件安全风险、车载网络安全风险。

1）车载硬件安全风险：车载硬件如域控制器、芯片、网关、T-BOX 等可能缺乏足够的安全校验机制和安全防护能力，从而面临信息安全风险。

2）车载软件安全风险："软件定义汽车"时代下的汽车内部软件代码激增，软件自身的安全隐患也在随之增加。

3）车载网络安全风险：车载网络如 CAN、FlexRay 等网络协议的安全设计存在一定的安全隐患，容易受到伪造、篡改等攻击。

（2）车外安全风险

车外安全风险指的是包含各种路侧设备、云平台等在内的车外系统带来的潜在风险。

随着智能网联汽车的快速普及，智能网联汽车云平台如远程服务平台、在线升级平台、车辆调度平台等逐渐大规模化，通过信息交互技术接入这些平台的用户也越来越多，一旦平台被攻击，车辆部分功能甚至可能会被远程操控，存在极大的风险。路侧设备也存在被攻击甚至被操控的风险，从而给整个智能网联汽车带来风险。

（3）通信安全风险

通信安全风险指的是在 V2X 的大趋势之下，智能网联汽车可以进行车 – 车、车 – 路、车 – 行人、车 – 云等进行互联，互联的方式包括 Wi-Fi、移动通信网、DSRC 等无线通信方式，存在传输数据被窃取、通信内容被篡改等风险。

（4）数据安全风险

智能网联汽车搭载的摄像头、超声波雷达、毫米波雷达、激光雷达、GPS 等数据采集设备采集多样化的数据，其中就包括可能影响国家安全的道路数据和个人隐私的环境数据、人员出行数据、位置轨迹数据、驾驶行为数据、生物特征数据等。如果数据处理流程不规范、数据安全保障能力不足，将带来一定的安全隐患。

问题221　智能网联汽车如何防御黑客攻击？

要想防御好黑客攻击，我们需要从车端、车外、通信、数据等四个方面采取必要的安全防护措施，如图 8-11 所示。

图 8-11　智能网联汽车的信息安全防护

1）车端安全防护：提升车端车载硬件、车载软件、车载网络的安全水平，在车内数据交互方面进行加密处理，在数据访问过程中设置防护措施，加强对汽车产品安全漏洞的监测预警和通报服务，实现智能网联汽车内部感知域、控制域、决策域等不同域之间的隔离与分域保护，把信息安全防护融入汽车的研发设计、生产、交付使用和废弃在内的整个生命周期。

2）车外安全防护：针对智能网联汽车的云平台如远程服务平台、在线升级平台、车辆调度平台的站点、主机、业务、数据等薄弱环节，以及车外路侧设备等，完善安全标准，遵守平台安全开发流程，健全威胁监测、监督检查、协同处置闭环管理机制。

3）通信安全防护：针对智能网联汽车基于移动通信网、Wi-Fi 等不同通信协议下的远程控制、智能定位等功能，建立完善的安全认证机制。

4）数据安全防护：针对智能网联汽车上收集到的数据，如环境数据、道路数据其至车主信息等，进行规范化管理，聚焦数据采集、存储、传输、使用、共享等数据全生命周期关键环节，按照监管机构的数据处理原则细化规范智能网联汽车数据处理活动。

此外，智能网联汽车要做好防御黑客攻击工作，就必须要构建好汽车"全周期"的"立体防护"体系。"全周期"是指在汽车设计研发、生产、销售、售后和报废的全生命周期，换句话说，在汽车的整个汽车生命周期都要进行有效的信息安全防护。"立体防护"指的则是信息安全防护将围绕汽车的"端 – 管 – 云 – 数"全方位进行。其中，"端"

主要指车内端，"端"的防护目的是提升硬件、软件、车载网络从"芯片到系统再到整车"的信息安全防护水平，此外，"端"也包含路侧设备和相关信息化设施、数字钥匙等；"管"是信息交互的载体，"管"的安全防护是保护通信网、Wi-Fi 和 V2X 等各种通信的信息安全；"云"指支持车辆正常运行的各种车外系统、软硬件及平台，包含在线升级平台、车辆服务平台的站点和主机等；"数"主要指汽车数据安全。

以上汽旗下的新兴互联网科技平台公司上汽零束为例，其自主研发了面向智能网联汽车的"云管端一体化全栈解决方案"等技术，打造了事前、事中和事后全链路的信息安全体系。具体内容如下：

1）事前看到风险：基于"端 – 管 – 云"三层架构，搜集需求，进行威胁和风险评估（TARA），定义信息安全需求，建立安全防御措施。

2）事中防住攻击：采用多层纵深防御体系，综合考虑接入安全、系统安全、通信安全和 ECU/ 芯片安全等，每一层制定对应的安全防御策略。

3）事后应急响应：通过 VSOC 和入侵检测系统持续监测车辆攻击行为，建立覆盖安全分析、漏洞管理和应急响应的信息安全运营体系。

当然，智能网联汽车的信息安全也离不开相关法规标准的持续建设，例如，我国的《个人信息保护法》规定了车企或者车联网运营企业对公民应尽到个人信息保护的义务；《网络安全法》也规定我国要全面实施网络安全等级保护制度。

拓展阅读

信息安全测试中重要的一环便是渗透测试，指的是当一辆智能网联汽车设计研发完成后，企业要对车辆进行信息安全测试以保证车辆信息安全的可靠性，于是便在汽车或具体部件上进行授权的模拟攻击，目的是对汽车或具体部件的安全性进行评估。渗透测试能够从攻击者的角度，发现目标系统的安全漏洞和脆弱点。测试结束之后，根据渗透测试报告，工程师们可以有针对性地对网络系统进行完善，提高系统的安全性。

问题 **222**　智能网联汽车有哪些手段来防止黑客攻击？

与攻击手段相对应，车企一般在整个业务链中也会通过一系列手段进行"无死角"信息安全防护，常见的防护手段如图 8-12 所示。

1）通信加密：车内 CAN/CANFD 网络通常采用 SecOC 的安全通信方案，基于 AES 对称密钥算法实现通信内容和机密性保护；车载以太网主要采用 TLS 加密协议（传输层）、IPSec 协议（网络层），基于非对称密钥算法实现通信内容和机密性保护；车云通信和 V2X 通信主要采用 TLX 加密协议（传输层），基于非对称密钥算法实现通信内容和机密性保护。

2）模糊测试：模糊测试（Fuzz Testing）是一种基于黑盒或灰盒的测试技术，通过自动化生成并执行大量的随机测试用例来发现产品或协议的未知漏洞。

3）安全加固：安全加固指的是对系统中的脆弱性进行分析并弥补，另外，安全加固也包含了对系统身份鉴别与认证。

图 8-12　智能网联汽车常见的黑客攻击防护手段

4）攻击者画像：攻击者画像指的是从攻击现象入手分析攻击源主体，即通过包括攻击资产、攻击手段、攻击工具等识别出攻击主体，即攻击者身份、组织身份和所属组织等，并结合历史行为和当前行为等数据，描绘出攻击者整体信息集合。通过攻击者画像，防御者可以有针对性地修改安全策略，提升安全防护针对性。

5）业务建模：业务建模指的是基于机器学习等方式对业务进行学习，建立业务在正常情况下的请求和响应的行为模型，后续其他请求响应对照该模型进行偏差度分析，识别出异常流量。

6）攻防演练：在不影响正常运行的前提下，针对目标单位从多角度多方向的模拟攻击入侵。模拟攻击入侵要尽可能真实，以检验目标单位的信息安全建设现状，发现薄弱点，锻炼响应能力。攻防演练的参与者常常根据角色被分为蓝队和红队，蓝队（攻击方）负责尽可能深入和贴近真实的攻击目标，攻击手段不限；红队（防守方）负责阻止攻击者，及时发现入侵，并进行应急响应和追踪溯源。

问题 223　什么是智能网联汽车数字钥匙的信息安全风险？

智能网联汽车数字钥匙的信息安全风险指的是数字钥匙在使用过程中存在的近场通信安全风险、移动 APP 安全风险和 4G/5G 威胁风险，其中，中继攻击、重放攻击、对抗攻击和暴力扫描是数字钥匙经常面对的攻击方式。此外，由于数字钥匙的应用场景多元化，除数字钥匙本身外，业务逻辑上的其他环节出现纰漏也可能会使数字钥匙被攻破。

拓展阅读

2022 年中国市场（不含进出口）乘用车搭载数字钥匙交付 461.88 万辆，同比增长 75.49%，前装搭载率从 2021 年的 12.90% 升至 23.17%。预计到 2025 年汽车数字钥匙装配量将达 784 万。除此之外，随着共享出行理念的不断深化，各大出行公司、租车公司均上线了客户自动取还车业务。用户可以通过手机上的数字钥匙 APP 进行开关车门、启动车辆、车辆轨迹查询、移动支付甚至自动泊车的操作。然而，信息安全公司 Upstream 在《2023 全球汽车网络安全报告》指出，在攻击事件中，远程无钥匙进入系统攻击排名第二，占比达到 18%，如图 8-13 所示。

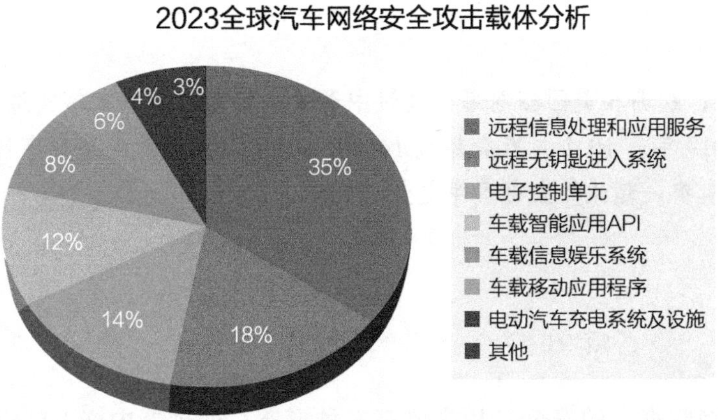

2023全球汽车网络安全攻击载体分析

图 8-13　2023 全球汽车网络安全攻击载体分析

问题224　如何做好智能网联汽车数字钥匙的信息安全防护？

要做好数字钥匙的信息安全防护，一方面要做好数字钥匙本身的信息安全防护，另一方面还要依靠业务逻辑上的各个环节的紧密配合来做好整个环节中的信息安全防护，比如使用安全的服务器、采用加密的传输通道、启用双向认证的传输协议等。任何一个环节出问题，整个数字钥匙系统都会被轻易攻破。

企业在数字钥匙开发的时候，常常会参考两个机构发布的行业标准。

我国的智慧车联产业生态联盟（ICCE）发布的针对车辆数字钥匙若干标准，见表 8-3。

表 8-3　ICCE 发布的针对车辆数字钥匙若干标准

序号	标准名称
1	智慧车联产业生态联盟数字车钥匙系统　第 1 部分：总体要求
2	智慧车联产业生态联盟数字车钥匙系统　第 2 部分：蓝牙系统规范
3	智慧车联产业生态联盟数字车钥匙系统　第 3 部分：NFC 系统要求
4	智慧车联产业生态联盟数字车钥匙系统　第 5 部分：穿戴设备系统要求

在国际上，由 Car Connectivity Consortium（CCC）发布的针对车辆数字钥匙若干标准，见表 8-4。

表 8-4　CCC 发布的针对车辆数字钥匙若干标准

序号	标准名称
1	Digital Key Technical Specification Release 2（CCC R2）
2	Digital Key Technical Specification Release 3（CCC R3）

拓展阅读

　　2019 年，欧洲和美国相继爆出通过中继攻击对高端品牌车辆实施盗窃的事件。英国仅在 2019 年前 10 个月就有超过 14000 起针对数字钥匙的盗窃事件，相当于每半个多小时就有一起此类盗窃事件发生。

问题 225　什么是智能网联汽车安全芯片？

　　目前智能网联汽车的安全芯片主要有三种形态：处理器内嵌 HSM 硬件安全模块、安全存储芯片和分立安全控制器。

　　1）处理器内嵌 HSM 硬件安全模块：属于独立安全防护，主要应用于车内各个控制器中，提供安全启动与安全算法支持。

　　2）安全存储芯片：芯片具有安全存储区域，安全存储区域包含被保护的代码和数据。

　　3）分立安全控制器：硬件认证防篡改，对于安全要求高的应用和密钥提供很高的保护等级，主要应用在车辆对外通信和频繁被外部访问的领域。

　　常见的智能网联汽车安全芯片有车载 V2X 通信安全芯片、车载域控制器安全芯片、车载智能座舱安全芯片、车载 T-Box 安全芯片、车载网关安全芯片等。下面将进一步介绍车载 V2X 通信安全芯片、车载域控制器安全芯片和车载智能座舱安全芯片。

（1）车载 V2X 通信安全芯片

　　车载 V2X 通信安全芯片主要支持车载 V2X 通信的安全防护功能，如签名私钥的生成和安全防护，高效安全的验签和签名、批量假名证书的管理，同时按需支持重要和敏感数据的安全存储以及保密数据的高效安全加密和解密。

（2）车载域控制器安全芯片

　　车载域控制器是汽车各个功能域的核心设备，需要安全芯片实现如下安全保护：域控制器的安全启动、重要和敏感数据的安全存储、通信数据的高效安全加解密、数据和程序的签名/验签（身份认证和完整性、真实性保护）、密钥的安全生成和安全管理等。

（3）车载智能座舱安全芯片

随着智能交互技术的发展，越来越多的"黑科技"被整合到汽车座舱中，给车内乘员提供更多的智能网联体验。然而，座舱涉及更多的乘员个人信息和数据，从而需要有针对性地重点进行加密存储、加密传输和脱敏等。这些工作也依赖安全芯片支持。

具体需要车载智能座舱安全芯片完成的工作包括：车载智能座舱系统的安全启动、重要和敏感数据的安全存储、通信数据的高效安全加密和解密、数据和程序的签名和验签（身份认证和完整性、真实性保护）、相关密钥的安全生成和安全管理等。

[拓展阅读]

随着智能网联汽车的发展，车载 ECU 已经达到了几十个甚至上百个之多，整体系统复杂度越来越高，这种分布式电子电气架构也暴露出越来越多的信息安全和开发瓶颈问题。因此，汽车行业逐步把 ECU 整合成域控制器。域控制器性能更强，每个域控制器都可以完成原先由多个 ECU 才能完成的功能。域控制器是特定功能域的核心控制设备，主要由域主控处理器、操作系统、应用软件及算法共三部分组成。目前，智能网联汽车中比较常见的有自动驾驶域、座舱域、动力域、车身域和底盘域等。

第 9 章
智能网联汽车的现状和未来

在移动智能终端领域，小米、华为、苹果等都有完全不同的实用体验；在汽车的智能网联系统中，不同的品牌也可谓是各具特色。接下来我们便来介绍几个具有代表性的主流汽车品牌的智能网联系统。

1. 外资品牌

（1）大众 MOS 智慧车联系统

在国内，大众汽车虽然有着出色的销量表现，但是在智能化浪潮到来之际，这个品牌的智能网联系统整体比较落后。

在早期，大众采用的 MIB 车机系统，从一代 MIB 到三代 MIB 再到 CNS 系统，都只是修修补补，从 GPS 导航升级到在线导航，并且以"挤牙膏"的方式，更新了 CarPlay、Android Auto、Mirror Link 等手机互联 / 映射功能和数字语音助手功能。

直到 2020 年，上汽大众才首发了全新的 MOS 智慧车联系统，而这，也是大众第一套真正算得上是"智能"的网联系统。现如今，MOS 智慧车联系统也更新到了 4.0 时代，如图 9-1 所示。

图 9-1 大众 MOS 4.0 智慧车联系统

这套系统保留了大众 MIB、CNS 时代的界面特征与基础的功能，例如智能导航、智联控车这些功能都得到了保留。在此基础上，MOS 4.0 智慧车联系统也针对生活场景进行了一定的优化。例如智能语音、智享娱乐、智慧出行等新功能均可在新的系统上实现。而且，在特定的生活场景下，例如需要加油 / 充电的时候，MOS 智慧车联系统可以直接在车机系统上进行操作，在一定程度上提升了用车生活的便利性。

（2）丰田智行互联系统

在现阶段，丰田已经全面铺开了自己的车联网系统——丰田智行互联。简单来说，这一整套的智能网联功能是由车载端和手机端两方面组成的，如图 9-2 所示。

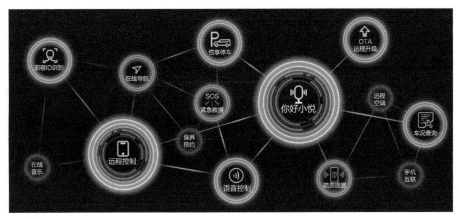

图 9-2　丰田智行互联系统

在车载端，丰田智行互联的主要组成部分为腾讯网联生态，即腾讯在线导航、腾讯爱趣听、车机微信 APP 以及腾讯 AI 生态（腾讯提供技术支持的智能语音交互），如图 9-3 所示。在腾讯网联生态中，智能语音可以实现对蓝牙、导航等车机功能的控制，也可以实现对车窗、天窗等车辆设备的控制。值得一提的是，基于腾讯生态，用户可以在微信上接收到位置分享信息之后，直接扩展到导航系统上，为驾驶员的操作提供较高的便利性。

除此之外，丰田智行互联系统，还融入了不少丰田自己的独特功能。例如在汉兰达等车型中，可以通过人脸 ID 识别，实现车机账号的登录；并且针对不同驾驶员，提供专属化的座椅、后视镜和空调温度设置，为一车多人使用的场景提供了较高的便利性。

在手机端，丰田智行互联系统也把手机与车机进行了深度的绑定。在手机上，不仅可以查看车况，还可以对空调、车窗、停车、加油、充电、防盗、保养、寻车等进行远程操作，如图 9-4 所示。

图 9-3　丰田智行互联系统的车机端

图 9-4　丰田智行互联系统的手机端（远程空调）

整体来看，丰田智行互联系统虽然并没有太多花里胡哨的娱乐化功能，但是通过对车机系统本身的功能性优化，再加上手机远程控制功能，较为有效地提升了车辆驾驶和日常使用过程中的便利性。

（3）本田智导互联系统

在本田的车联网系统规划中，其整体的思维是让系统更加地人性化。在 Honda CONNECT 智导互联系统中，基础的在线导航、在线音乐、生活咨询是一个方面，另一方面，它的特色功能在于更加高效的人机交互与车家互联，如图 9-5 所示。

图 9-5　本田智导互联系统

例如，它的语音助手功能是由本田技研与科大讯飞、阿里巴巴等研发团队合作开发的，并且针对中国进行了本土化的优化。在实际使用中，这套智能语音交互的响应时间平均小于 2s，根据不同车型最多可控制 15 个功能并听懂 1000 多条指令，此外也支持粤语等方言进行交互。

举个简单的例子，本田智导互联的语音交互功能，即便是用"我想吃火锅、人均 80 元、要离得近"这样的语句去沟通，它也可以听懂。

除此之外，车家互联也是本田智导互联系统的一大亮点。基于阿里巴巴的互联生态，用户在车内可以通过天猫精灵，实现对家中空气净化器、扫地机器人、智能空调、智能音响等智能家居设备的远程控制，而且这些控制功能同样可以通过语音进行操作。

（4）日产超智联系统

在日系三大品牌中，大家基本上都构建起了自己成熟的车联网系统，日产也不例外。通过日产超智联系统，日产旗下的车型为我们带来了兼顾实用性的智能网联体验，如图 9-6 所示。

图 9-6　日产超智联系统

与大部分智能网联系统一样，日产超智联也有在线导航、在线音乐、手机车机互联这一系列的基础功能。而在具体的特色化功能中，日产超智联把车机真正打造成了"行车电脑"，并且以连通网络的形式，大幅度提升了用车、养车的便利性。

具体来说，日产的超智联功能，整合了汽车多项传感器，从而构成了一套完整的"汽车体检系统"。在车辆启动后，系统会自动检测车辆的健康程度，当车辆需要保养或者有一些易损零部件需要更换的时候，会通过中控屏显示，并且提供保养或者维修建议以及在线服务预约，驾驶员可以在参考之后，做出自己的选择。

除了这些服务外，日产超智联系统还可以提供诸如车辆保险购买、车辆美容在内的一系列生活服务。总的来说，日产的超智联系统，在系统基础车联网功能的同时，也较为关注车辆的使用便利性，并且通过在车机系统上的直观显示，让用户的用车生活更加轻松。

（5）别克 eConnect 智能互联系统（含通用安吉星）

在车联网系统中，通用的安吉星可谓是元老级别。早在十多年前，通用汽车就通过安吉星系统为不少车辆提供了在线信息咨询和导航服务。而别克汽车品牌也将 eConnect 智能互联系统和安吉星系统进行了深度的绑定。

在 eConnect 智能互联系统中，别克带来的功能性体验和大家都差不多，该有的手机互联、在线导航、在线娱乐和在线咨询功能一个不少；最新的别克 eConnect 3.0 智能互联系统是基于前款 2.0 版本升级而来全新系统，除了交互界面、多媒体娱乐能力、导航网络服务能力、语音交互能力等层面的全面升级之外，eConnect 3.0 还新增主动触达服务和生态伙伴内容，可根据标签、位置、时间、天气等主动提供服务引导。在此基础上，依托安吉星功能，eConnect 3.0 智能互联系统还可以带来更多的特色化服务，如图 9-7 所示。

例如，远程呼叫救援可以通过车辆头顶的"SOS"按钮进行主动呼叫；而在遇到事故，如车辆气囊爆出之后，救援客服电话也会被自动接通，提升了用车过程的安全性。

此外，安吉星系统提供的全程音控领航服务也很有特色，如图 9-8 所示，用户可以一键连接安吉星人工客服互动，根据自身实际需要请客服人员推荐建议活动地点；同时，安吉星全程音控领航可以协助用户的车辆导航至所需地点，用户只需听着安吉星播报的导航语音，从而更加专心地驾驶。

图 9-7　别克 eConnect 智能互联系统

图 9-8　通用安吉星系统

2. 中国品牌

（1）荣威洛神智能座舱系统

2016 年，随着第一代荣威 RX5 上市，一句"你好，斑马"的智能语音系统指令，开启了荣威的智能网联时代。而荣威 RX5 也被业界普遍看做是首台"智能互联网 SUV"。

在今天，荣威的智能网联技术已经完成了多轮更新迭代，并且打造出洛神智能座舱系统，如图 9-9 所示。这套系统在网联生态方面保持了中国品牌常规的迭代脚步，从导航、音乐再到视频等网联 APP，基本上达到了手机级别的丰富程度。

这套系统的主要特点集中在硬件设计和 AI 优化方面。在硬件设计中，荣威的洛神智能座舱系统除了采用 8155 芯片外，还采用了可滑移的 27in 4K 屏，滑移行程有 300mm，如图 9-10 所示，这块屏幕可以充当驾驶员的仪表盘以及车内乘客的娱乐屏，在使用体验上有一定的创新。

图 9-9　荣威 RX5 洛神智能座舱系统　　图 9-10　荣威 RX5 搭载的可滑移的 27in 4K 屏

同时，荣威的洛神智能座舱系统采用了阿里达摩院引擎的 AI 算法，在智能语音控制等方面有着更高的智能化程度。

（2）比亚迪 DiLink 网联系统

在比亚迪王朝和海洋系列的车型中，进入到车内，相信不少朋友会被中控台上的悬浮大屏所吸引。而这块屏幕，就是比亚迪 DiLink 网联系统的核心所在，如图 9-11 所示。

对比很多主打智能化的厂商而言，比亚迪并未激进地使用 8155 等高算力芯片，而是注重系统生态的优化。例如在 2023 年夏天，比亚迪 DiLink 网联系统的升级很频繁。2023 年 8 月 8 日，百度地图大屏版正式入驻比亚迪车机应用商店，将支持北斗高精导航和 3D 车道级沉浸指引。

而娱乐方面就更是比亚迪的强项了。例如，比亚迪旗下车型搭载的旋转大屏可以自由切换横向和竖向模式，通过各类娱乐 APP，可以实现车内观影、刷小视频甚至 K 歌等娱乐操作，如图 9-12 所示。

值得一提的是，比亚迪还与音乐媒体科技公司 Stingray 达成合作，从 2023 年开始，比亚迪部分新能源车型将搭载 Stingray 交互式车载 KTV 产品，为用户提供更加丰富的车载娱乐体验。

当然，除了娱乐体验的优势外，比亚迪在人机交互、人车交互等方面也达到了业内的主流水准。例如手机 NFC 钥匙、智能语音交互系统等功能，都协同提升着用车便利性。

图 9-11　比亚迪 DiLink 网联系统

图 9-12　比亚迪旗下车型搭载的旋转大屏

（3）吉利银河 OS 智爱座舱系统

作为中国汽车界的一线品牌之一，吉利于
2023 年 2 月推出了全新的银河 OS 智爱座舱
系统，而这也是吉利汽车在智能网联领域的全
新作品，如图 9-13 所示。该系统集成新一代
E02 高性能芯片，拥有 8 核 CPU 带来的高算力，
而这套系统的主要优势就是操作更加流畅。

根据吉利厂家提供的资料，搭载银河 OS
系统的星瑞轿车，其新车系统开机时间为 18s、
APP 响应时间为 0.3s，在一定程度上提升了车
机系统的操作体验。

图 9-13　吉利银河 OS 智爱座舱系统

而在功能性方面，吉利全新的银河 OS 还衍生出了多种形态。例如博越 COOL 所搭
载的银河 OS 匹配了 8155 芯片，支持的功能更多；而银河 L7 搭载的银河 N OS 系统，
还提供了三屏组合，能为车内乘客提供丰富的娱乐体验。

（4）奇瑞雄狮智云系统

奇瑞旗下车型的智能座舱设计基本上都采用了双屏结构，这样的设计思路虽然并不
算惊艳，但奇瑞搭载的雄狮智云系统的操作体验相当不错。

该系统也搭载了 8155 旗舰芯片，并且拥有 8+128G 的内存组合。在这些硬件的加持

下，奇瑞的雄狮智能车机系统主打的就是流
畅、顺手。根据厂家提供的信息，搭载雄狮智
能车机系统的瑞虎 9，可以做到 2s 唤醒车机、
0.5s 语音响应，如图 9-14 所示。基于这样的
数据，奇瑞的雄狮智能系统已经能在使用体验
层面名列前茅。

图 9-14　奇瑞雄狮智云系统

（5）理想 SS MAX 智能座舱系统

理想其实是率先打造出多屏交互体系的车企，在目前的 L 系列中，理想带来了标志性的理想 SS MAX 智能座舱系统，如图 9-15 所示。这是一种五屏三维交互座舱设计，多屏幕的组合，为车辆带来了真正的虚拟座舱结构，并且在使用过程中，各大屏幕可以做到良好的分区。得益于多屏网联的出现，各种网联功能不再"拥挤"，

图 9-15　理想 SS MAX 智能座舱系统

一组屏幕看导航、一组屏幕放视频，大家各司其职，带来了更高的用车便利性，也优化了乘员的娱乐体验。

值得一提的是，理想部分车型所搭载的后排娱乐屏可以通过手势进行控制，从而让后排乘客体验娱乐、手机交互等功能更加轻松。

（6）蔚来汽车智能座舱系统

蔚来的智能座舱与很多新势力车企不同，它没有追求更多的屏幕数量、更大的 HUD 显示范围，也没有创新地采用旋转屏幕、升降屏幕等设计。在中控台上，除了液晶仪表和中控大屏外，最突出的功能就是 NOMI 交互设计了，如图 9-16 所示。在相关的功能性方面，蔚来保持在一个主流的水准中，8155 芯片带来了比较丰富的网联生态和较为流畅的操作体验。

图 9-16　蔚来汽车智能座舱系统

值得一提的是，蔚来标志性的 NOMI 语音助手的交互设计很有特点。这块立体的圆形单色屏，可以转向，也可以呈现表情。在使用车辆智能语音交互系统的时候，无论是驾驶员驾驶还是乘客，在对话的过程中都会获得沉浸式的感受，如图 9-17 所示。

（7）小鹏 Xmart OS 车载智能系统

在很多人看来，智能车机系统和智能驾驶辅助系统是两大互相独立的系统，它们单独工作、互不影响。但是在小鹏 Xmart OS 车载智能系统中，两者却可以实现相互之间的关联，如图 9-18 所示。

实际上，小鹏 XmartOS 车载智能系统是座舱整体智能系统或者全车智能系统，基于

这样的概念，它包含了车载网联应用、OTA、XPILOT、XNGP 等多个功能。说的直白一点，它就是小鹏汽车的整车软件系统。

图 9-17　蔚来汽车 NOMI 语音助手

图 9-18　小鹏 Xmart OS 车载智能系统

因此，XmartOS 不仅涵盖了车联网等功能，同时也绑定了整车的智能化功能。比如 XNGP 的 OTA 升级甚至是其他子系统的升级，都绕不开 XmartOS。当然，智能驾驶辅助系统和智能网联系统由两组不同的的芯片来进行控制，从而确保行车的安全性。

（8）问界汽车华为鸿蒙座舱系统

华为鸿蒙座舱是一款基于华为鸿蒙操作系统（HarmonyOS）的智能座舱，具有强大的性能和丰富的功能。以搭载最新版华为鸿蒙座舱的问界 M7 为例，其界面界面设计简洁、直观，易于上手。并且，华为自主研发的鸿蒙操作系统，具有高度可扩展性、强大的兼容性和安全性。用户可以轻松连接手机、平板电脑等智能设备，实现跨屏操作和信息同步，如图 9-19 所示。

图 9-19　问界汽车华为鸿蒙座舱系统

除此之外，鸿蒙智能座舱的超级桌面可以带来更多手机应用，手机"碰一碰"可实现接续追剧、游戏等应用流转；手机航拍也能流转到座舱屏幕，让全家一起在车中"坐览世界"；小艺智慧语音即使在信号不好时，也可以离线语音导航，还能实现语音操控拍照随时分享、无需下车即可支付等便捷体验。

在此基础上，后排的华为 MagLink 拓展出空间场景新玩法，华为平板即挂即连，实现多设备联动，智能座舱秒变个人创作室、多人会议室、儿童书房，魔力空间灵活切换，打造"移动的全屋智能"。

拓展阅读

图 9-20 所示为丰田智行互联系统的组成示意图，通过车载通信系统，其能够 24 小时 365 天提供紧急救援，车辆被盗追踪等真正"安心、安全"的服务，同时通

过车联网技术，实现车况确认、远程控制，提供"快捷、便利"的服务。在客户服务活动支援方面，根据车辆使用状况向客户提供最合适的商品，确保车辆入厂保养与维修以及故障发生时及时主动给客户提供远程诊断帮助。

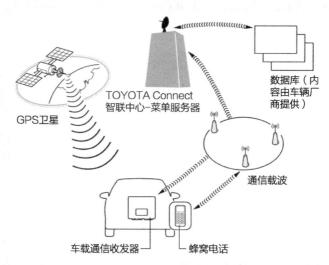

图 9-20　丰田车载智能通信系统组成示意图

问题227　各家主流车企的智能辅助驾驶系统有哪些？

经过长达十多年的发展演进，各大车企的量产级智能辅助驾驶系统已经从起初的单雷达/单摄像头方案，经过 1R1V 乃至 5R1V 融合方案的过渡，来到了如今的以智能驾驶域控制器（也称为车载中央计算平台）为核心的多传感器融合行泊一体方案。

智能驾驶域控制器的核心为大算力芯片，也称为 SoC（System On a Chip）。当前已经量产的大算力芯片厂商主要为英伟达、Mobileye、TI、高通、地平线、华为等，此外黑芝麻等大算力芯片厂商也在发力且已有定点车型，但尚未成为主流量产方案。

由于软硬一体技术的不断深化，选择不同厂商的大算力芯片及型号往往意味着不同的平台架构方案，因此，主机厂更多会与大算力芯片厂商进行战略合作，深度耦合，以便能够在同一平台上迭代出不断升级优化的功能体验。基于此，接下来我们将以不同大算力芯片厂商的 SoC 型号为维度，对当前主流车企的智能驾驶功能进行介绍。

（1）基于英伟达 Orin 芯片的智能辅助驾驶

英伟达 Orin 芯片是英伟达 2019 年推出的面向高阶智能驾驶功能的大算力 SoC，如图 9-21 所示。Orin 有不同的系列，如 Orin-X、Orin、Orin-N 等，这其中，Orin-X 单颗 AI 算力为 254TOPS，逻辑算力为 228K DMIPS；Orin 单颗 AI 算力为 110TOPS，逻辑算力为 157KDMIPS。

图 9-21　英伟达 Orin 芯片

基于英伟达 Orin 芯片的智能驾驶系统为当前国内主流方案之一，并且就目前来看，造车新势力公司对该方案更加情有独钟。新势力头部企业的蔚来、小鹏、理想等品牌的旗舰车型均搭载了该方案，其余新势力如小米、高合等也均使用了 Orin 芯片来开发其智能驾驶解决方案。

代表品牌一：小鹏

小鹏汽车是目前业内公认的智能驾驶做得最好的公司之一，也是其品牌的重要标签。小鹏一开始就同英伟达进行了深度合作，其第一代旗舰车型 P7（2020 年 4 月上市）便是基于英伟达 Xaiver 平台打造出了比肩特斯拉 AutoPilot 的 XPILOT 系统。

XPILOT 3.0 搭载了单颗 Xaiver，算力为 30TOPS，整车搭载了 13 颗摄像头、5 颗毫米波雷达、12 颗超声波雷达并配备了高德的高精地图。目前，该系统可实现主流的 L2+ 功能，在行车方面搭载有高速 NGP（导航辅助驾驶）、ACC 自适应巡航、LCC 车道居中辅助、ALC 智能辅助变道、ATC 自适应弯道巡航等功能；在泊车方面则搭载有业界领先的 HPA 记忆泊车功能、360° 全景影像等；主动安全方面包含有 FCW 前向碰撞预警、AEB 自动紧急制动、BSD 盲区监测系统、DOW 车门开启预警以及 LDW 车道偏离预警等。

基于英伟达双 Orin-X 芯片的 XNGP 智能辅助驾驶系统则是代表当前量产智能驾驶功能的最高水准，高达 508TOPS 的算力，双激光雷达和 800 万像素前视双目摄像头

图 9-22　小鹏 G6 智能辅助驾驶传感器布局

的加持使得小鹏汽车的智能驾驶系统有了足够优秀的硬件来迭代足够优秀的算法。图 9-22 所示为小鹏 G6 的感知传感器布局。

作为第一梯队，XNet 深度视觉神经网络应用了业界领先的 BEV（Bird's Eye View，鸟瞰视角）视觉感知算法，利用超强环境感知能力实时生成"高精地图"，如图 9-23 所示。城市 NGP 将是驾驶辅助通往自动驾驶的关键落地功能，原因是城市 NGP 比高速 NGP 涵盖了更高比例的出行场景，它能让用户在 L2 的人机共驾模式下，体验 L4 级别的功能体验，在用户日常通勤过

二维码视频 9-1
小鹏 G6 智能辅助
驾驶传感器布局

程中，不断增加普通用户对于智能驾驶功能的磨合和熟悉，培育用户对智能驾驶系统的接受度，为后续 L3 及更高级别自动驾驶功能的量产落地培育成熟的用户群体。

在最近的 OTA 版本中，小鹏的城市 NGP 在不依赖于高精地图的路段也可以完

图 9-23　基于 XNet 深度视觉神经网络的小鹏 G6

成超车、换道、掉头、红绿灯识别等一系列复杂操作，"重感知，轻地图"的能力进一步加强。

代表品牌二：理想

理想的成功源于对用户体验的深刻理解，"城市用电，高速用油"的增程式混动技术使得理想 ONE 一度占据国内中大型 SUV 单品销量冠军宝座。而彼时，智能驾驶并不是理想 ONE 的强项，因为理想 ONE 量产时搭载是易航智驾基于 MobileyeEQ4 方案的 L2 级驾驶辅助，该套系统并无能力实现 NOA（Navigate on Autopilot）等功能。

随后，在 2021 款的理想 ONE 上，技术方案切换为宏景智驾提供的基于地平线 J3 的驾驶辅助方案，基于该方案理想推出了新势力头部企业"标配"功能——NOA。不过，由于 J3 算力所限，其 NOA 性能表现无法达到主流水平。

如今，理想旗舰车型如 L9 的智能驾驶辅助系统已切换到基于英伟达 Orin 芯片的智能驾驶解决方案，该套方案被理想称为 ADMAX，搭载了 2 颗 Orin-X，算力 508TOPS。除此之外新车还搭载了 1 颗 128 线前向激光雷达，全局分辨率为 1200×128，点云数量高达 153 万 /s；在此基础上还配备有 6 颗 800 万像素的摄像头、5 颗 200 万像素的摄像

二维码视频 9-2
理想 L9 智能辅助
驾驶传感器布局

头、1 颗前向毫米波雷达、12 颗超声波雷达，如图 9-24 所示。

值得一提的是，理想 ADMax 同样应用了 BEV 视觉感知算法模型，并借助于强大的激光雷达点云，实现了全场景的导航驾驶辅助。

图 9-24　理想 L9 智能辅助驾驶传感器布局

代表品牌三：蔚来

蔚来是同样具有全栈自研智能驾驶能力的新势力品牌，当前其旗舰智能驾驶量产系统搭载于 ET7 等旗舰车型，被称为 NAD（NIO Assisted and Intelligent Driving），该系统采用了多达 4 颗英伟达 Orin-X 芯片，算力高达 1016TOPS。在传感器配置方面，蔚来 ET7 同样领先：搭载了 1 颗 1550mm 波长的前向激光雷达，7 颗 800 万像素行车摄像头，4 颗 300 万像素的环视摄像头，5 颗普通毫米波雷达，12 颗超声波雷达；同时配备了 2 个高精定位单元和 1 个增强主驾感知单元；除此之外，V2X 等先进技术也得以应用，如图 9-25 所示。

在上述大算力、强感知系统的加持下，蔚来 NAD 实现了全方位的智能驾驶行泊车功能，如图 9-26 所示。

上述是采用英伟达 Orin 芯片方案智能驾驶系统的代表品牌。国内诸如高合、小米等

新势力品牌也均在使用该套方案，只是基于品牌定位定价等因素，采用不同的芯片型号或数量，具备不同的感知能力，推出不同体验的智能驾驶功能。

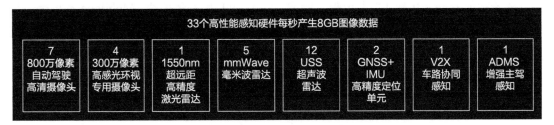

图 9-25　蔚来 NAD 智能辅助驾驶传感器

图 9-26　蔚来自动驾驶能力

（2）基于 Mobileye 芯片的的智能辅助驾驶

Mobileye 芯片方案的智能驾驶系统曾经是 L2 级驾驶辅助量产阵营里最闪亮的明星。EyeQ 系列芯片以其高性价比、高可靠性、强大的感知算法、可快速适配量产等特性，成为国际各大主机厂优选的量产方案，累计出货量超过一亿片，如图 9-27 所示。

但 EQ4 方案由于是黑盒方案，不允许主机厂或合作伙伴修改底层的感知逻辑，逐渐无法满足

图 9-27　Mobileye EyeQ 系列芯片

新势力及传统品牌全栈自研智能驾驶的决心，理想 ONE 从一开始使用 EQ4 到很快放弃改为国产地平线方案就是其中的典型案例。

随着智能驾驶从传统 L2 大步跨入所谓 L2+/L2.99 等高阶方案，Mobileye 不再是主机厂眼中的"香饽饽"，其光环早已被英伟达等智能驾驶后起之秀超越。不过，Mobileye 强大的芯片设计能力、软硬一体开发能力、视觉感知能力决定了其不会淹没在历史尘埃之中，最新版的 EyeQ 6 High 已经发布，其在算力上相当于两个 EyeQ 5 系统集成芯片。

代表品牌：极氪

国内汽车新品牌中，唯独极氪坚持同 Mobileye 深度合作，成为 Mobileye 全新一代芯片 EQ5H 全球首发车型。

极氪 001 搭载了 2 颗 7nm 制程的 EQ5H 芯片，峰值算力 48TOPS。感知方面，配备了 7 颗 800 万像素的高清摄像头、4 颗环视摄像头、1 颗前向毫米波雷达、12 颗超声波雷达，还包含 1 颗后流媒体摄像头，是典型的重视觉感知的技术路线，如图 9-28 所示。

图 9-28　搭载 2 颗 EQ5H 芯片的极氪 001

目前，基于这套系统，极氪只量产了传统 L2 级的 LCC+ACC，距离能够推出比肩"蔚小理"的 L2+ 级的智能驾驶功能还尚需时日。

（3）基于 TI TDA4VM 芯片的的智能辅助驾驶

TI（德州仪器）公司旗下基于 Jacinto 7 架构的 TDA4VM 处理器专为 L2 及以上级别智能驾驶功能设计，具有较高的性价比，成为国内注重性价比车型的优选智能驾驶系统方案，能满足全栈自研 Tier1 或主机厂开发具有性价比的高阶驾驶辅助功能，如图 9-29 所示。

它集成了专为智能驾驶开发的深度学习处理器以及各种加速器，单颗 AI 算力高达 8TOPS，双核 64 位 ARMCortex-A72 CPU，6 个 ARMCortex-R5F 构成的 MCU，可实现 ASIL-D 的功能安全等级。

图 9-29　德州仪器（TI）基于 Jacinto 7 开发的 TDA4VM 车规级处理器

代表品牌一：吉利

吉利全新博越 L 的智能驾驶系统采用了"1 个 TDA4VM+1 个地平线 J3+1 个英飞凌 TC397 方案"的域控制器，并配备了 1 颗 800 万像素的前视摄像头、4 颗 300 万像素的环视摄像头以及 1 颗 250 万像素的后视摄像头，此外还配备了 5 颗普通毫米波雷达以及 12 颗超声波雷达，并配备了高精地图及高精定位，如图 9-30 所示。

在该套系统上，吉利博越 L 实现了业界领先的高速领航驾驶辅助功能，成为在十万元级国产燃油车上搭载 NOA 功能的领先车型之一。

代表品牌二：哪吒

哪吒 S 标配了 NETA PILOT 3.0 智能驾驶辅助系统，该套系统采用了 2 颗 TDA4VM，总算力达到 16TOPS；感知系统方面，搭载了 7 颗行车摄像头、4 颗泊车环视摄像头、5 颗毫米波雷达、12 颗超声波雷达，并配备了高精地图和高精定位单元，如图 9-31 所示。

二维码视频 9-3
吉利全新博越 L NOA
高阶智驾辅助系统

图 9-30　吉利全新博越 L NOA 高阶智驾辅助系统传感器布局

图 9-31　标配 NETA PILOT 3.0 智能驾驶辅助系统的哪吒 S

基于该系统，哪吒开发出了高速领航驾驶辅助、记忆泊车等高阶驾驶辅助功能，不过截至 2023 年 6 月，该套功能并未在量产时交付，而是计划在 2023 年下半年通过 OTA 推送给哪吒 S 的用户。

（4）基高通骁龙芯片的智能辅助驾驶

高通面向智能驾驶系统推出的解决方案被称为 Snapdragon Ride 平台，该平台第一代已在全球范围内实现量产。相比于 Mobileye 和英伟达等国际厂商，高通 Snapdragon Ride 平台仍为"小众"平台，如图 9-32 所示。

二维码视频 9-4
哪吒 S NETA PILOT
3.0 传感器布局

二维码视频 9-5
哪吒 S NETA PILOT
3.0 智 能 驾 驶 辅 助
系统

图 9-32　高通 Snapdragon Ride 平台

代表品牌：长城

长城汽车旗下魏牌新摩卡 DHT-PHEV 是国内首款搭载高通 Snapdragon Ride 平台的智能驾驶系统的车型。基于该平台，长城打造了自己的 ICU3.0 高性能自动驾驶计算平台，采用了两颗高通骁龙芯片，算力高达 360TOPS；在感知系统方面，该平台搭载了 2 个激光雷达、12 个摄像头、5 个毫米波雷达和 12 个超声波雷达。

凭借着高通骁龙强大的算力，以及长城旗下毫末智行的开发整合能力，魏派摩卡也成功量产了高速领航驾驶辅助功能，成为传统主机厂中为数不多具备该能力的车型，如图 9-33 所示。

图 9-33　搭载高速领航驾驶辅助功能的新摩卡 DHT-PHEV

（5）基于地平线征程系列芯片的智能辅助驾驶

地平线是国产智能驾驶大算力芯片名副其实的"一哥"，目前已广泛同各大主流主机厂开展了深度合作。其基于征程 2/ 征程 3 系列的解决方案已成为国内车企替代 Mobileye 的主要方案，而其征程 5 系列则成为国内替代英伟达的首选高阶方案，如图 9-34 所示。

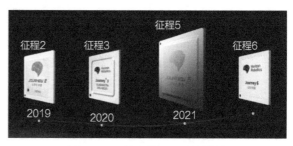

图 9-34　地平线征程系列芯片

地平线征程 5 芯片是地平线第 3 代车规级产品，也是国产智驾 AI 量产大算力芯片的最强代表，如图 9-35 所示。其采用了双核 BPU 贝叶斯架构，AI 算力达到 128TOPS，配备了 8 个 ARMCortex-A55 CPU，逻辑算力高达 26KDMIPS，可接入高达 16 路视频输入，具备多路千兆以太网及 CAN-FD 通

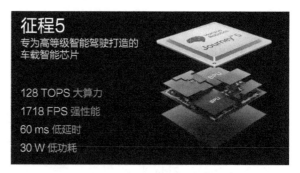

图 9-35　地平线征程 5 芯片

信接口，并且配有 PCI3.0 等高速接口，具备双核锁步 MCU，功能安全等级达到 ASIL-B（D）。它也是国内首颗遵循 ISO 26262 功能安全认证流程开发，并通过 ASIL-B（D）认证的车载智能芯片。

代表品牌一：理想

理想 L7/L8 上的 ADPro 智能驾驶系统，搭载了单颗地平线 J5 芯片，单颗 AI 算力达到 128TOPS，成为首个搭载地平线 J5 的量产车型，如图 9-36 所示。

感知系统方面，搭载 ADPro 智能驾驶系统的理想 L7/L8 配备了 1 颗 800 万像素前视摄像头、5 颗周视 200 万像素摄像头、4 颗 200 万像素环视摄像头、1 颗前向毫米波雷达以及 12 颗超声波雷达，装备了高精地图，具备亚米级高精定位能力，标配了高速导航驾驶辅助功能。

图 9-36　搭载 ADPro 智能驾驶系统的理想 L7/L8

代表品牌二：哪吒

哪吒汽车旗下的哪吒 U-Ⅱ采用的是地平线征程 3 方案，搭载了一颗征程 3 芯片，总算力为 5TOPS，如图 9-37 所示。同时，新车配备了 1 颗 200 万前视摄像头、4 颗环视摄像头、5 颗毫米波雷达以及 12 个超声波雷达。基于该套配置，哪吒 U 实现了 L2+ 级别的驾驶辅助，包含 ACC 自适应巡航、LKA 车道保持、HWA 高速变道辅助、RCW 后碰撞预警、AEB 自动紧急制动等主流功能。

图 9-37　地平线征程 3 芯片

代表品牌三：荣威

2022 年上市的第三代荣威 RX5 已经从 Mobileye EQ4 方案切换为地平线征程 3 方案，全车采用了多达 3 颗地平线征程 3 芯片，如图 9-38 所示。传感器方面，第三代荣威 RX5 配置了 1 颗 800 万像素的 120° FOV 前视摄像头、5 颗 200 万像素的 100° FOV 侧视摄像头、4 颗环视摄像头，此外还有 3 颗毫米波雷达、12 个超声波雷达以及 1 个厘米级高精定位单元。基于这套配置，荣威 RX5 实现了行泊一体的解决方案，并成为荣威品牌首款搭载高速领航驾驶辅助功能的车型。

图 9-38　搭载 3 颗地平线征程 3 芯片的第三代荣威 RX5

（6）基于华为 MDC 平台的智能辅助驾驶

华为 MDC 平台是国内首屈一指的大算力芯片平台，如图 9-39 所示。其依靠华为强大的全栈自研能力，实现了芯片、操作系统、域控制器、底软开发、算法开发、工具链适配等全栈能力。

代表品牌一：极狐

北汽集团旗下的极狐阿尔法 S 全新 HI 版通过与华为的深度合作，搭载了华为全栈自研并代表华为智能驾驶量产能力的 HI 版本解决方案。该方案采用华为 MDC810 智能驾驶计算平台，算力高达 400TOPS。感知系统方面，阿尔法 S 全新 HI 版配备了 3 颗激光雷达、6 颗毫米波雷达、13 个高清摄像头以及 12 个超声波雷达，如图 9-40 所示。

图 9-39　华为 MDC 平台

行车方面，阿尔法 S 全新 HI 版实现了至高城区 NCA 智驾导航辅助功能，已在深圳实现投放。结合第三方评测机构的最新对比结果来看，北汽极狐 HI 版高阶智能驾驶系统性能表现比肩同期"蔚小理"的旗舰车型。

代表品牌二：哪吒

哪吒汽车旗下的哪吒 S 高配版本车型采用了华为 MDC610 作为其大算力平台，推出了 NETA PILOT 4.0 智能驾驶系统，如图 9-41 所示。MDC610 具有 200TOPS 的 AI 算力，除此之外，该套系统配备了 2 颗华为提供的激光雷达、2 颗 800 万像素的前视摄像头、5 颗周视摄像头以及 4 颗环视摄像头，还配备了 5 颗毫米波

图 9-40　搭载华为 MDC810 智能驾驶计算平台的极狐阿尔法 S 全新 HI 版

图 9-41　搭载 NETA PILOT 4.0 智能驾驶系统的哪吒 S

雷达以及 12 颗超声波雷达。该套系统也开发了高速领航驾驶辅助和城市领航辅助，前者（高速领航驾驶辅助）计划于 2023 年下半年通过 OTA 进行升级，后者（城市领航辅助）的推送时间目前并无明确计划。

（7）传统方案

有趣的是，截至 2023 年 6 月，市面上曝光度很高且销量很不错的比亚迪和问界等品牌的主销量产车型的智能驾驶方案及功能相比于前面搭载大算力平台的品牌并不算太出彩，在其官网产品介绍中，也可以看出智驾功能并不是其品牌主要卖点，但这依然阻挡不了比亚迪势如破竹的销量。由此可见，智能驾驶功能当前并未成为决定消费者购车的核心因素。

代表品牌一：比亚迪

比亚迪是当前"国货之光"，2022
年全年销量已经超越一汽大众，问鼎中
国乘用车销量榜单，特别是王朝系列，
旗下有很多爆款。但比亚迪当前主销车
型采用的 DiPilot 智能驾驶辅助方案属于
传统的"5R1V 行车 +4 环视 +12 超声波
雷达方案"；功能层面也是以单车道为主
的 L2 级别车道保持 +ACC（图 9-42）。

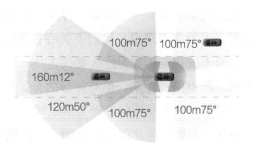

DiPilot智能驾驶辅助系统
全车搭载最多12个超声波雷达、5个高精度毫米波雷达、
4个智能驾驶环视摄像头、1个智能驾驶高感知摄像头

图 9-42　比亚迪 DiPilot 智能驾驶辅助方案

但是，相对平平无奇的智能驾驶辅助功能包并不影响比亚迪销量领先的地位。

当然，比亚迪目前也已经与英伟达、地平线、momenta 等主流供应商加强合作，后
续计划推出业界主流的 L2+ 以及 L3 级别的智能驾驶辅助功能。

代表品牌二：问界

在华为强大光环的加持下，问界汽车
曾经一度成为新势力销量榜单上的常客。
不过，华为强大的智能驾驶研发能力并未
在问界产品上大放异彩，问界 M7 实现的
还只是单车道的 ICA（集成式巡航辅助）
功能，甚至在其官网产品介绍主页中都没
有智能驾驶辅助的突出宣传。可见，华为
加持下的智慧互联及基于鸿蒙操作系统的
智能座舱才是当时问界的主要卖点。

图 9-43　搭载 HUAWEI ADS 2.0 高阶智能驾驶系
统的问界 M5 智驾版

不过 2023 年上半年发布的问界 M5 智驾版却搭载了华为 ADS 2.0 高阶
智能驾驶系统，拥有 27 个感知硬件，由 1 个远距高精度激光雷达、3 个毫米
波雷达、2 颗 800 万像素高感知前视摄像头、9 颗侧视环视后视摄像头、12
个超声波雷达所组成，配合华为自研的 MDC 高性能计算平台，在华为拟人
化算法的加持之下，一跃成为高阶智能驾驶的新典范，如图 9-43 所示。

二维码视频 9-6
HUAWEI ADS 2.0
高阶智能驾驶系统

问题 **228**　人人都在讲的智能座舱真的是"购车刚需"吗？

智能座舱是近些年热度相当高的词，几乎每款新能源车都要宣传一下自己的"智
能"。业内大佬华为连自有品牌的车都没有，却靠着鸿蒙智能座舱攻城略地，堪称一大
"奇景"。那么，智能座舱真的是传说中的购车刚需吗？

我们先来聊聊第一个问题：智能座舱能给我们带来什么？

对普通消费者来说，他们不关心智能座舱是怎么造出来的，只关心这东西能带来什么。简单来说就是：我为什么要买它？

技术既有路线差别，也有好坏之分，智能座舱能够吸引人只有一个原因，那就是它让人更舒服，智能座舱的好处当然也很多了。

首先，智能座舱比以前更聪明了。传统汽车能听懂语音指令已经算是比较不错的了，但目前，不少主流智能网联汽车不但能听懂车内各个座位上乘客的语音指令，还能与车主对话，能记住车主的喜好。显然，这是许多传统汽车做不到的。

其次，智能座舱的可玩性更高了。得益于强大的操作系统和数据运算平台，再加上5G通信技术的应用，智能座舱让汽车变得比智能手机更好玩，功能也更丰富。电动汽车只要有电，就能开启各种功能，因此，搭载了智能座舱的车型会让人在车内待更长时间。

而且，智能座舱变得更安全了。目前，不少消费者对所谓的自动辅助驾驶并没有多少兴趣，是由于觉得电子的东西肯定没有机械的东西可靠。但其实如果不过分追求自动驾驶，而是充分利用主动制动、透明底盘、车侧盲区影像之类的辅助功能，是肯定会降低事故概率的。

我们再来聊聊第二个问题：高阶的智能座舱有多大的必要性？

正因为智能座舱有这么多好处，各大汽车厂商才趋之若鹜，不管车子能不能卖得出去，得先立一个"智能牌坊"。可以这么说，智能座舱的好处是显而易见的，但问题是，对现阶段的消费者来说，它真的是传说中的刚需吗？

什么是刚需？简单来说就是：没它不行。很明显，智能座舱并不太符合这个标准。它的确能够带来更好的体验，但用户在实际用车过程中会发现，自己很可能没钱、也没时间去享受这个智能座舱。

首先是时间的问题。夏天吹着野外的风，冬天看着窗外的雪，躺在车里看上一部大片，很惬意。问题是，这样的机会能有几次？想要享受高端的服务，首先得有大把时间。

还有钱的问题。智能化程度越高，车价也就越贵。消费者可能会说，这款车真聪明，能跟我对话，知道我喜欢什么，而且还能用APP，真好。但一看那三四十万元的售价，算了，我还是多按几个按键吧，而且，直接刷手机好像也不是不行……

比亚迪董事长王传福说过，电动化是电动汽车的上半场，智能化是下半场。就现在很多汽车厂商们连自燃问题都解决不了的水平，还是先把基础性能做好更实在。智能的东西谁都想要，而且它也是汽车行业发展的一个方向。想想看，现在让你去使用十几年前的功能手机，你还愿意吗？

但在当下，智能汽车的问题在于，它虽然能够带来用车体验的提升，但这种提升又远没有达到从"功能机"到"智能机"那种跨越。打个比方，过去的功能机，你装个QQ都麻烦，不换智能机，你会直接被社交网络抛弃。而现在智能汽车的"智能"做得怎么样呢?

不可否认,市面上还是有一些汽车的智能座舱的体验相比以往有明显的提升,但也有相当一部分车型,其智能化的实际表现,远不及厂商宣称的那么好,还不足以让人忘记传统汽车,甚至在有些时候,许多厂商都只是在感动自己。这或许也是比亚迪在智能化方面"不急"的重要原因,饭,要一口一口吃。

智能化的确是汽车发展的一个方向,但对当下的消费者来说,他们更关注的是这车能跑多远,或者说这车充电多长时间之类的问题。智能座舱要想完全普及,得等到各种元器件价格白菜化的那一天。价格降下去,体验升上来,全面的智能化才能得到真正的普及。对于消费者而言,智能化确实能提升体验,但是对于有些"太过超前的"智能体验,还是会三思而后行。

问题229　智能网联汽车环境感知在未来会如何发展?

在未来,智能网联汽车的环境感知还可以在更多领域得到更广泛的应用,以下是一些具有代表性的发展方向。

(1)主动安全

相信现在的大多数消费者购车时最关注的点之一便是车辆的安全性,而一辆车的安全分为两种:被动安全与主动安全。

被动安全指的是当安全事件发生后,车辆能够提供给用户的安全保障,如撞车事故发生后,特定刚度的车架、特定的吸能区域、安全气囊、安全带防止或减轻用户在事故中受到的生理伤害。主动安全指的是当事故即将发生但尚未发生时,车辆就识别到危险,并通过主动介入控车或预警的方式,来防止或减轻用户受到的生理危害。主动安全一般的流程分为危险识别与危险响应。危险识别是利用传感器和算法来判别场景的危险程度、危险的发生位置;危险响应是系统介入车辆控制(如转向、制动),或者进行预警提醒。其中,危险识别便依赖于环境感知。

根据主动功能安全响应的危险对象大致可分为自然环境和交通参与者相关的主动功能安全。其中,自然环境相关的主动功能安全需要识别前方道路是否有异常的物体、前方路面是否湿滑等,这一类自然环境感知主要是对静态的事物、材质进行感知;而交通参与者的感知主要是对道路上的运动或静止车辆、行人等进行感知,感知的内容包括交通参与者的距离位置、速度、类别等属性。

举例来说,比较成熟的主动功能安全是自动紧急制动(AEB),即当环境感知发现前方有车辆或行人减速、静止或横穿时,本车会适时地进行减速或制动,从而避免或减弱本车与交通参与者的碰撞(图9-44)。

而要实现 AEB，环境感知便需要对前方交通参与者的位置、速度、类型进行识别，一般依赖摄像头、毫米波雷达或激光雷达等传感器。

识别到前方有人横穿 → 汽车自动制动或蜂鸣提示

图 9-44　自动紧急制动 AEB

而为了让车辆对更多、更复杂的安全风险进行识别，环境感知的发展在感知粒度、感知时间维度、感知精确度上还需要向更细、更广、更准的方向进行发展。

1）感知粒度方面。早期的 AEB 只需要识别交通参与者的位置、速度、类别这些基本属性，后期可能需要更细粒度地识别交通参与者各种状态，如是否开门、是否有延伸物、是否打转向灯以及行人的头部朝向、肢体状态等。

2）感知时间维度方面。从识别交通参与者当下是否已经存在于危险区域，发展为识别交通参与者未来是否处于危险区域，例如对一群小孩子在马路边跑动这种潜在风险事件进行预先识别。

3）感知精确度方面。从早期的交通参与者相对本车位置的米级误差的识别，发展到厘米级误差识别，例如在狭窄道路错车场景，对其他车辆的后视镜到本车 A 柱的距离进行厘米级识别。

（2）辅助驾驶 / 驾驶推荐

在用车过程中，消费者会有介于身体需求和精神需求的中高阶需求产生，以便减少驾车的疲劳、焦虑感。随之而来的便有如下这些功能：帮助用户泊车的辅助功能；减少用户长程驾驶疲劳以及复杂道路变道紧张度的辅助驾驶；城区低车流情况下的最佳速度推荐，以便让用户能够在保障安全的前提下减少等待红灯的数量的同时也降低等待焦虑，甚至还能提升城市整体通勤效率。这些精神需求的满足，都离不开全要素、全视角、超视距的环境感知。

首先是泊车辅助。随着用户对车内空间需求的增长，车企发布的新车体型越来越大，车辆的视野盲区也增大，这无疑提高了泊车的难度，随之而来的解法是泊车辅助。依赖对车辆周围近距离、高密度、高精度的墙体、车辆、车位线等感知，可以降低用户对泊车过程的焦虑。

其次是辅助驾驶。对于缓解长程驾驶的疲劳以及用户在复杂道路下的变道焦虑，车企给出的方案是提供辅助驾驶或变道推荐（驾驶员仍然需要适时介入）。利用环境感知对地面车道线、标识等识别，以及对本车道、相邻、周边车道的车辆、行人等交通参与者的属性、意图进行识别，并结合感知信息对车辆的方向、速度等进行控制以让车辆在本车道内自动行驶，或者是结合导航与感知到的车周危险状况提示是否应该进行立即变道。

而为了减少用户在城区通行的平均等待红灯时间，诞生了最佳速度推荐功能，这都依赖于超视距的车流密度感知、红绿灯时长感知。目前，超视距感知还在起步阶段，主要依赖多车感知，以及固定在道路上的基建传感器。多车感知是指通过多辆车辆、云端服务器进行组网，共享感知信息，实现超视距；依赖基建传感器的感知，是指将传感器（如摄像头、激光雷达）架设在道路特定位置，对环境进行感知，或直接接入红绿灯的时长信息，并将该信息通过无线网下发到附近范围的车辆，实现超视距感知。

超视距感知依赖统一、安全的车辆与车辆、车辆与云端的网络协议与硬件，即大家常提到的 V2X 协议，以及相关的通信技术如 5G 等，如图 9-45 所示。

可以看到，为了帮助用户缓解各种驾驶疲劳与焦虑，环境感知逐渐从简单的交通参与者感知，扩展到全视野角度、全要素、超视距范围的感知，依赖的传感器也从单车搭载的传感器扩展到多车、基建网络型传感器。

识别到前方黄线无法变道、拥堵+侧方安全→辅助立即变道

图 9-45　基于 V2X 协议的超视距感知

（3）智能底盘

底盘是一辆车的基石，它是承载用户安全、舒适性的重要基础。一个好的底盘，应该既能给用户提供良好的滤振，又能在转向的过程中提供良好的刚度，防止侧倾。但现实中，这两者往往是相悖的，也正因为这两种场景非常难以调和，大部分车企将场景的切换权利给到了用户，让用户自己选择用车模式：舒适模式下，底盘软，滤振效果好，但是过弯容易侧倾；运动模式下，底盘硬，侧倾小，但是地面的振动会比较敏感地传递给用户，舒适度一般。

那么，有没有一种方法让底盘的软硬能够随用户所需自动切换呢？

有！这就是智能底盘。智能底盘可以结合安装在车辆的传感器识别当前场景对底盘软硬的需求，并进行自动调节。举个例子，车辆通过减速带时，当前一些具备智能底盘的车辆，会结合悬架上的振动传感器判断车辆是否经过了类似减速带的场景，并在毫秒级时间内将悬架的阻尼调小，让底盘比较平稳地通过减速带。这种在振动发生后才做出悬架调整的方式称为半主动悬架，目前一些中高端车上已经配备。

由于半主动悬架只能在振动发生后做出响应，其悬架的调整还是存在一些延迟，体感上还是存在缺陷。于是，为了让用户有低延时、更平缓的避振体验，主动悬架出现了。主动悬架是在车辆还没有行驶到振动物体（如减速带、碎石）时，就提前感知到车辆前方的路况，适时舒缓地提前减小悬架的刚度，从而让用户几乎无感地度过振动区域，如图 9-46 所示。

除了在滤振方面可以发挥作用之外，在增加底盘刚度方面，主动悬架也有它的优势。例如，当用户以一定速度通过弯道时，主动悬架会提前判别到车辆即将进入弯道，提前平缓地增加底盘刚度，防止转向侧倾，并在用户出弯后自动降低底盘刚度至舒适态，如图 9-47 所示。

那么问题来了，主动悬架是怎么知道前方道路的颠簸情况、弯道情况的呢？核心依赖是环境感知，特别是环境感知中的自然环境感知。自然环境感知是利用摄像头、激光雷达、双目传感器等非接触式传感器来获取道路环境的三维几何信息、颜色纹理信息甚至是材质信息。

图 9-46　主动悬架代表性应用场景一：识别到前方路段颠簸

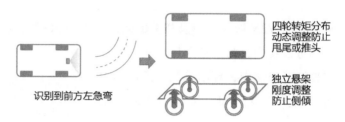

图 9-47　主动悬架代表性应用场景二：识别到前方左急弯

例如，通过摄像头及配套的图像识别算法，来识别前方是否是弯道，以及弯道的曲率是多少；采用激光雷达与摄像头结合的建模算法对道路的三维形状建模，识别减速带、路面颠簸、泥土等特殊材质路段情况等。可以推测，为了让底盘能够更敏锐、更精确地调整阻尼、刚度，环境感知会向着更细粒度、高精度、更多维度的感知方向发展。

从早期大致知道前方有弯道、有减速带、有水坑，到后期具体知道弯道到本车的距离、弯道的具体曲率，甚至是减速带的精确高度、道路的颠簸系数、路面的摩擦系数等，环境感知在与动态体验进阶的进程中也发挥着不可忽视的作用。

为了顺应这种更高要求的环境感知，环境感知的传感器会逐渐从早期的纹理性二维传感器，发展到带深度信息的稀疏三维传感器、稠密度更高的三维传感器，以及对材质进行有源感知的四维传感器。对应的感知算法也会从粗粒度的场景识别，到更细粒度的分区域的多场景识别、几何建模、材质建模等。

（4）智能个性化

用户的需求一直在升级，由过去的硬件需求逐渐扩展到现在的情绪、社会性需求。用户开车不仅要满足通勤的基本需求，还需要让自己心情愉悦，以及获得一些优越感。这类需求的满足，除了车企自身提供的品牌情绪价值之外，还离不开车辆产品提供的个性化能力，如车辆的个性外观、个性仪式感等。

为了提升这些个性，车企一般会发布多种颜色外观、内饰等静态个性配置，但静态个性配置的排他性还是有上限，无法洞察用户不同时刻变化的个性化需求，因此，智能个性化应运而生。

智能个性化是指通过对用户的车外、车内的行为、状态识别，提供用户足够的动态个性体验。逐渐显现的动态个性化主要有用户进车前的灯带微微闪烁、门把略微凸起的仪式感；家人一车多人使用场景下的驾驶员身份识别，通过识别驾驶员是男主人还是女主人，可以自动记忆并复原车辆个性化配置，如座椅位置、后视镜高度、驾驶模式、喜欢的车内音乐等；与驾驶员情绪相呼应的动态氛围灯或动态香薰，当车辆识别到驾驶员或舱内人员有高兴、焦虑、烦躁等情绪时，可以动态的调整氛围灯的颜色、香薰的品类与味道来帮助用户降低负面情绪，如图 9-48 所示。

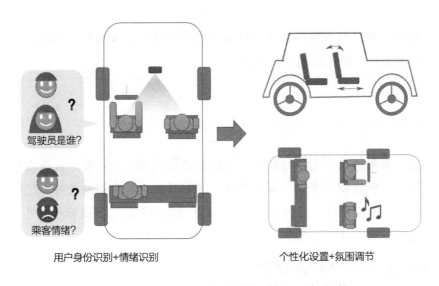

图 9-48　智能网联汽车的动态个性化识别和调节

这些智能个性化的实现，主要依赖的是车周、车内的环境感知，如车辆周围的行人身份识别、车辆内部的人脸身份识别、基于视觉或声音的人员的情绪识别等。当然，感知的范围也从车外演变到车内，从人的外在属性延伸到人的内在状态。

（5）产业发展

汽车产业的发展离不开政府的导向与推动作用，背后的原因是多样的，从核心来讲，除了政府希望以此推动社会各阶层人民有更好的物质生活，还需要为提高社会生产力、科技发展、综合国力、国防安全服务。

可以说，汽车产业是一个一举多得的产业，从提高社会生产力、科技发展的角度来讲，国家会通过政策、各种政府引导基金间接引导车企使用更多的高科技技术或元素，如环保的车内材料、一体化的车体成型技术，以及新型传感器和与之配套的计算芯片等。针对环境感知，前文提到的高分辨率的摄像头、激光雷达、多车通信网络、交通参与者识别，背后都能找到支撑的科技产业，如传感器半导体材料、传感器加工、芯片设计与制造、网络通信与基建产业等，其关系如图 9-49 所示。

可以预见的是，以产业发展为驱动，未来的环境感知可能会出现更多的新型材料、新型端侧芯片驱动的传感器，如高动态强光及夜晚低光照摄像头、穿透雨雾的传感器、稠密度更高的三维传感器、材质敏感的传感器；还有高精密高算力计算芯片驱动的新型感知元素，如复杂工况

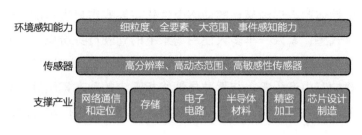

图 9-49　环境感知能力相关的产业发展

的撞车事件预判、结合行人脸部特征的行人意图识别等；以及高科技基建驱动的协同感知，如低延时的事故、路况数据上报网络。

问题230　法律法规对于自动驾驶汽车有何约束？

自动驾驶汽车最终是要上路行驶的，所以安全和规范十分重要。自动驾驶从实验室走向商业应用，从发布演示走向大规模落地，离不开法规和政策的支持，也受到法律法规的限制，除了在前文中已经提到过的 SAE 的自动驾驶智能化分级标准之外，针对不同等级的自动驾驶，国内外已经有出台一些相关的法律法规。

（1）L3 级以下自动驾驶法规现状

L3 级以下自动驾驶，即 L0~L2 级自动驾驶，目前主要在量产车上应用，相关的法律法规也主要是定义 L0~L2 级自动驾驶在量产车辆上的表现。由于目前 L0~L2 级自动驾驶的具体功能已经成熟，并且业内已经有了较为统一的认知，所以 L3 级以下的自动驾驶法规会针对具体的自动驾驶功能和场景做出详细的要求，比较权威的法规包括 E-NCAP、C-NCAP、i-VISTA，以及 ISO 和国标中涉及具体自动驾驶功能的文件。

1）E-NCAP（European New Car Assessment Program）即欧盟新车安全评价规程，是针对量产车型的安全性进行测评的机构，也是目前国际上最权威的汽车安全认证机构。在欧洲出售的新车型，都必须经过 E-NCAP 的测评打分，满足一定要求后才能进入欧洲市场。E-NCAP 的测评内容包括成人乘员保护、儿童乘员保护、弱势道路使用者（Vulnerable Road-Users, VRU）保护以及安全辅助（Security Assistance, SA）等四部分，其中 VRU 保护与 SA 部分，涉及多种安全保护类的自动驾驶功能。

2）C-NCAP（China New Car Assessment Program）即中国新车评价规程，是由中国汽车研究中心发布的一项针对国内汽车安全性能的测试与评价标准。除了对乘员保护、行人保护等被动安全的要求外，C-NCAP 也包括对主动安全的性能指标与评分标准。在 C-NCAP 的主动安全部分，提出了针对安全防护类自动驾驶功能的性能要求、测试和评价方法，尤其是详细定义了 AEB 的测评标准，已经成为行业内普遍应用的一项标准。

3）i-VISTA（Intelligent Vehicle Integrated Systems Test Area）即中国智能汽车指数管理办法，是由中国汽车工程研究院发布的一项专门针对国内智能汽车的测试与评价标准。i-VISTA 制定了一套能够测试多项 L0~L2 级自动驾驶功能的评分标准，是目前国内官方发布的自动驾驶评价标准中，涉及的功能与场景较为全面的一套方案。

此外，国际标准化组织（ISO）和国家标准（GB）的相关文件中，也有针对具体自动驾驶功能的要求，如 ISO 22179 提出了对 ACC（Adaptive Cruise Control，自适应巡航）的规定和要求，GB/T 38186—2019 提出了对 AEB 的规定和要求等。

（2）L3 级自动驾驶法规现状

根据 SAE 的分级标准，L3 级自动驾驶的安全主体界定并不明确，因此，虽然 L3 级自动驾驶的技术已经具有量产应用的可能性，但仍然需要法律法规的明确支持和定义，否则汽车厂商为了回避安全责任，不会贸然让 L3 级出现在自家的车上。L3 级自动驾驶的法规，定义的重点就在于安全责任的主体界定以及对 L3 级自动驾驶汽车上路的支持力度。

2020 年 1 月，韩国发布了《L3 级自动驾驶安全标准》，规定 L3 级自动驾驶汽车最高速度为 100km/h。这项法规让韩国成为全球首个为 L3 级自动驾驶制定安全标准以及商用化标准的国家。

2020 年 4 月，日本《道路交通法》开始允许 L3 级自动驾驶汽车上路。

2021 年 12 月，德国允许奔驰 L3 级自动驾驶汽车 EVEQS 在真实道路上合法使用 L3 级自动驾驶，在满足一定条件下，开启自动驾驶功能后，驾驶员可以合法使用智能手机、写电子邮件、看电影等；如果出了事故，奔驰将承担全部责任。

国内首个 L3 级自动驾驶法规《深圳经济特区智能网联汽车管理条例》（以下简称《条例》）于 2022 年 6 月通过，并于 2022 年 8 月实施，其对智能网联汽车的示范应用、准入登记、上路行驶、网络安全、事故处理、法律责任等事项作出了具体规定。不过，《条例》的适用范围是智能网联汽车的道路测试和示范应用、准入和登记、使用管理等相关活动，其中，示范应用是指在指定道路路段进行具有试点、试行效果的智能网联汽车载人、载物运行活动。因此，《条例》中的"L3 级"并不包括面向消费者的乘用车。在此场景下，其驾驶员多指测试主体的安全员，发生事故，第一责任人必然是带薪开车的安全员或驾驶员。

（3）L4 级自动驾驶法规现状

L4 级自动驾驶是在限定区域内的全自动驾驶，因此，相关法规主要针对限定区域内的车辆技术能力、准入条件、安全保障等方面提出要求，并对允许行驶的区域范围进行划分。

2021 年 5 月，德国联邦委员会通过《自动驾驶法（草案）》（以下简称《法案》），允许 L4 级自动驾驶汽车在指定区域内的公共道路上行驶。《法案》最大的意义是：为 L4

级自动驾驶汽车在公路指定区域的常规运营提供合法性基础，规定了具备自动驾驶功能的机动车可以在指定的运行区域内独立执行驾驶任务，不需要驾驶员驾驶车辆。

同时，《法案》规定了技术监督，一旦自动驾驶汽车出现故障，技术人员可通过远程控制将其关闭。此外，《法案》对汽车厂商的安全保障服务、汽车测试与运营条件、数据处理等内容，也提出了规定和限制。《法案》中提到的应用场景主要包括：接驳班车交通、市区内短程公共客运、配送中心间的物流运输、乡镇地区以需求为导向的非高峰时段客运、第一或最后一公里人员或货物运输，以及"Dual-Mode（双模式车辆）"自动泊车等。

国内的L4级自动驾驶法规政策目前以各地方政府的发布为主，还没有国家统一的法律法规，并且，目前国内的L4级法规主要针对的是在各地的智能网联示范区内的自动驾驶车辆。

2022年4月，《北京市智能网联汽车政策先行区乘用车无人化道路测试与示范应用管理实施细则》正式发布，在国内首开乘用车无人化运营试点。

2022年6月，《广州市南沙区智能网联汽车混行试点区及特殊运营场景混行试点总体方案》正式通过，南沙区成为广州市首个智能网联汽车混行试点区。

2023年3月，上海发布《上海市浦东新区促进无驾驶人智能网联汽车创新应用规定实施细则》，是我国首部针对"无驾驶人智能网联汽车创新应用"的地方性法规。

随着自动驾驶技术的进步和商业化应用的快速发展，法律法规层面的政策文件也将陆续发布，对自动驾驶的安全和规范化，起到指导和约束作用。

拓展阅读

工业和信息化部副部长辛国斌在2023年6月21日的新闻发布会上表示，对于如何推动电动化、网联化、智能化协同发展的问题，还有一项工作就是关于标准的制定工作，这也是一项非常重要的工作。今后一段时期，我们会发布新版的智能网联汽车标准体系指南，推进功能安全、网络安全、操作系统等标准的制修订，加快新能源汽车与信息通信、智能交通、智慧城市、能源综合一体站等融合发展等标准，通过标准引导电动化、智能化、网联化发展。

问题231 无人驾驶汽车出车祸谁之过？

在目前，市面上绝大部分具有辅助驾驶功能的车辆都归属于L2级，在交通事故中的责任明确属于驾驶员一方，而针对更高阶的无人驾驶汽车事故的法律定义，依然处于起步阶段。

在当下的民法体系下，我们总体可以把相关规定分为"人"和"物"两大类别，通常而言，"人"是可以独立承担责任的，而"物"仅仅只是工具而已。此前在国内，针对无人驾驶汽车到底是"人"还是"物"，是否要被赋予独立人格、承担独立责任存在较大的争议，主要有以下几种观点。

（1）工具说

工具说的主张者认为，机器是人造的，机器仅仅是数据运算的结果，不具有主观意识和创造力，应该归属于"物"的范畴，最终还应当由"人"（生产商和销售商）来承担具体的权利和义务。

（2）独立人格说

人格独立说的主张者认为，无人驾驶汽车的核心便在于"无人"，当其一旦被制造后，就可以摆脱人类，独立完成操作，独立分析数据，独立做出处理。这对于目前的民法理论而言，是一个巨大的挑战。

（3）有限人格说

有限人格说的主张者认为，无人驾驶汽车有独立的自主意识形态和行为自由能力，有资格作为法律主体享受权利承担义务，但由于当前的无人驾驶汽车的独立责任能力有限，所以建议赋予有限人格。

上述说法，是学者们的一些探讨。2022 年 7 月 6 日，国内首部关于智能网联汽车管理的法规《深圳经济特区智能网联汽车管理条例》（以下简称《条例》）经深圳市人大常委会会议表决通过。根据规定，无人驾驶汽车可在市公安机关交通管理部门划定的区域、路段行驶，并且，其对相关的交通事故的责任进行了划分。

《条例》规定，对于需要驾驶员的搭载 L3、L4 级自动驾驶的智能网联汽车，如发生交通违法或者有责任的事故，由驾驶员承担违法和赔偿责任；对于不需要驾驶员的 L5 级自动驾驶的智能网联汽车，在无人驾驶期间发生交通违法或者有责任的事故，原则上由车辆所有人、管理人承担违法和赔偿责任，但对违法行为人的处罚不适用驾驶员记分的有关规定；在交通事故中，如果是由于智能网联汽车存在缺陷造成损害的，车辆驾驶员或者所有人、管理人依照规定赔偿后，可以依法向生产者、销售者请求赔偿。

为提高出行的安全性和便利性，《条例》还要求智能网联汽车生产者应当为车辆配置自动驾驶模式外部指示灯，向道路上的其他车辆和行人发出明显的安全提示。同时，《条例》规定有条件自动驾驶和高度自动驾驶智能网联汽车的驾驶员，在自动驾驶系统提出动态驾驶任务接管请求时，应当响应接管请求并立即接管车辆。该《条例》自 2022 年 8 月 1 日起施行。

不过，即便如此，无人驾驶汽车依然存在不小的伦理困境，譬如，无人驾驶汽车识别到车辆制动失灵，但此时正前方路面塌陷，如果此时继续直行则车内乘员会受重伤，而如果突然转向避开陷坑，则会撞上路边的行人。此时，如果是人类驾驶员，会快速做出决定并为自己的决定承担责任，但对于无人驾驶汽车而言，如何通过算法设置逻辑让其进行抉择？

2022 年 9 月 1 日，在 2022 世界人工智能大会开幕式上，百度 CEO 李彦宏在谈到自动驾驶时谈到，L2 之后率先进入商用的很可能是 L4，而不是 L3。因为 L2 和 L4 的事故责任界定都很清楚，L2 责任在驾驶员，L4 运营商要为事故负责；L3 就不一样了，驾驶员在需要的时候进行接管，这就使得事故责任很难界定。因此，他认为 L3 的普及需要更长的时间。

关于无人驾驶汽车，我们也可以类比为机器人。对此，科幻小说家阿西莫夫便提出了著名的"机器人学三定律"：

第一定律：机器人不得伤害人类个体或者目睹人类个体将遭受危险而袖手不管。

第二定律：机器人必须服从人给予它的命令，当该命令与第一定律冲突时例外。

第三定律：机器人在不违反第一、第二定律的情况下要尽可能保护自己的生存。

阿西莫夫甚至还在"三定律"之前增加了一条级别高于三定律的"第零定律"：机器人必须保护人类的整体利益不受伤害，其他三条定律都是在这一前提下才能成立。

虽然这一理论目前无法解决"撞车"悖论，但为我们提出了未来无人驾驶汽车如何在危急情况下进行决策提供了有效的参考建议。

问题 232　雷达和摄像头遍布全车但为何无人驾驶还没实现？

原因其实不难理解——以 2023 年的技术，没有任何一家厂商愿意为自家自动驾驶导致的事故负责。全世界所有厂商，从车企（如特斯拉、小鹏、阿维塔等）到自动驾驶方案公司（如 Waymo、Pony.ai、Momenta 等）再到一级供应商（如博世、大陆、华为等），没有一家愿意为事故担责。目前的情况依然是：出了事故全部由用户担责。

换句话说，目前没有任何厂商对自家产品有足够自信，因此，目前市面上的所有自动驾驶方案都是 L2。不过车企为了标榜自家的技术实力，有的会说自家的自动驾驶是 L2+，有的会说是 L2.5，还有的甚至会说是 L2.9。

实际上，现阶段的各大车企在用户教育方面也是严格按照 L2 的定义，要求用户在启动自动驾驶后，必须谨慎关注路况，准备随时接管车辆，并对自动驾驶可能产生的任何人身伤亡、财产损失负责。就连号称全球自动驾驶研发标杆的特斯拉，也是这么要求用户的。

但在 L3~L5 阶段，就没有时刻监控、随时接管的要求，只要求在系统提出请求时，驾驶员再接管。说白了，在责任划分上，L0~L2 要求驾驶员始终承担所有事故风险，而在 L3~L5 阶段机器承担事故风险（例外情况是 L3 阶段）。

所以说，从 L2 到 L3，不但是自动驾驶技术的一大飞跃，也是责任划分的分水岭。换句话说，厂商/机器是否愿意承担事故后的法律责任，是区分某个自动驾驶方案是 L2 还是 L3 的本质。

责任划分是自动驾驶难以落地的表层原因，深层原因是现在的自动驾驶技术还没有成熟到能"自动"的地步。

自动驾驶技术是否靠谱，要看硬件和算法。硬件一般包括域控制器、激光雷达、毫米波雷达、高清摄像头，而算法就是 AI（人工智能）。而 AI 之所以被称作人工智能，是因为机器不如人类智能，只能在有限条件下处理常规场景。为了让 AI 变得更聪明，需要人类不断"投喂"大量数据让 AI 不断学习。

如果你生活在上海嘉定，你会经常在路上见到萝卜快跑、小马智行的自动驾驶网约车，并且，这些网约车可以免费乘坐，因为它的"运营"不是为了赚乘客的钱，而是为了给自动驾驶 AI"投喂"道路数据。

为了"揠苗助长"，人类还会给 AI 投喂大量经过人工标注处理的数据，这是因为人工标注过的数据更加简单化、标准化，可以帮 AI 降低学习难度、提高学习效率。因此，在汽车界，数据标注员一职应运而生，在中国西部以及非洲、东南亚等地，许多人从事这一工作。他们用最原始的方法，在为汽车 AI 的进化贡献自己的力量。

但 AI 毕竟是 AI，即便其再聪明，一旦超出投喂过的场景，碰到罕见场景（corner case），AI 往往就容易失效。例如，就目前的情况而言，AI 对高速公路车道上的事故车等静止物体，仍无法有效识别，并发生了多起重大伤亡事故；又如，当交通灯与交警指挥冲突时，法律规定车辆应当遵守交警的指挥，而不是遵守交通灯，但目前 AI 仍无法有效识别交警的手势。

不过，随着投喂给 AI 的道路数据呈指数级增长，自动驾驶的未来还是谨慎乐观的。说不定数年后的某一天，市场上的大部分新车都已取消方向盘，自动驾驶成为大多数人出行的首选。

拓展阅读

根据麦肯锡预测，2030 年 L0、L1、L2、L3、L4 自动驾驶渗透率分别为 0%、12%、21%、57%、10%。我国发布的《智能网联汽车技术路线图 2.0》指出，搭载 L2 和 L3 自动驾驶功能的新车销量在 2030 年要达到 70%，L4 占比要达到 20%。

问题233 无人驾驶目前还有哪些难题？

目前来看，要实现无人驾驶，还有多项难题亟待解决，如图9-50所示。

图9-50 无人驾驶面临的难题

1）环境感知难题。无人驾驶汽车通过摄像头、激光雷达、毫米波雷达、超声波雷达来感知周围的环境，但是，从实际的情况来看，依然存在一些问题。例如，道路前方有一个大石头和道路前方有一个大纸箱子，对于人类驾驶员而言很好识别，但对于无人驾驶汽车而言，识别的结果可能是完全一样；又如，大雪覆盖的路面，无人驾驶汽车如何检测；再如，狭窄道路会车，人类驾驶员可以通过双车的缓慢挪动来逐步错开车辆以实现通行，必要时甚至可以擦着路边的花花草草树枝树叶行进，但对于无人驾驶汽车而言，厘米级的不可视间距控制本就很有难度，花花草草树枝树叶则会更进一步让无人驾驶汽车陷入决策困境。此外，恶劣天气、突发恶劣路况等，也都对无人驾驶汽车的环境感知提出了更高的挑战。

2）人类感知难题。通过多样化的传感器，结合大量的人类动作训练数据，无人驾驶汽车可以初步判断出人类意图，但无人驾驶汽车对于人类微小动作的识别却依然存在难题。例如，在过马路时，行人盯着人类驾驶员并进行眼神的示意，双方之间便可以有默契，但对于无人驾驶汽车而言，很难捕捉到行人的眼神并分析其意图。即便这个问题得以解决，也别忘了，恶作剧者、暴徒等也存在于人类社会中，此外，人类是擅长假动作和欺骗的，届时又该如何进行决策？

3）决策难题。无人驾驶汽车通过模拟人类驾驶员的行为方式去处理道路通行过程中遇到的各种场景需要做出的决定。在行驶过程中，无人驾驶汽车可能需要面临的行为有直行、左转、右转、掉头、换道、超车、跟车、停车等，根据人类驾驶员的行为经验，设计师可以为无人驾驶汽车进行场景设计。但实际上，即便是对于人类行为的深度学习，也存在一定的局限性，很多时候人类驾驶员的决策过程连自己都难以复盘，难以具象化描述，这对于无人驾驶汽车而言，便是一个死穴。此外，在实际交通环境中，在某些特殊场景下，有时人类驾驶员必须要违反交通规则才能脱离不安全区域，如果无人驾驶汽车始终遵守交通规则，那它可能会让车上乘员处于危险状态。值得一说的是，汽车在行驶过程中遇到的极端情况特别多，很难穷举，这也增加了无人驾驶汽车的决策难度。

4）控制难题。无人驾驶汽车如何做好恶劣天气下的控制？例如，冰雪路面情况下，无人驾驶汽车是否能完好应对？

5）信息安全难题。对于由计算机系统主导的无人驾驶汽车而言，系统的信息安全始终都是一个具有挑战性的问题。这其中，数据的安全包括国家信息安全、公众权益安全、个人隐私安全等都是重点，与此同时，网络攻击、黑客入侵甚至车辆被远程控制等潜在风险也对无人驾驶汽车的安全边界提出了更高的挑战。

6）基础设施难题。在当下，我们的整个交通系统依然是为人类驾驶员所设计，对于无人驾驶汽车而言并不适用。如果要让当下的交通系统匹配无人驾驶环境，那么，相关的基础设施如信号灯、路牌、护栏、人行道、指挥中心、高速收费站等基础设施，甚至包括交通警察的警车、制服等，都需要进行适应性改造。

7）消费者接受度难题。自动驾驶技术的应用一方面会对消费者的出行体验产生变革，在这个过程中会有相当一部分比例的消费者会存在抗拒心理。一份关于消费者对自动驾驶接受度的调查结果表明，87% 的中国市民愿意尝试 Robotaxi 自动驾驶车辆，而世界平均水平只有 55%，各国的调查结果如图 9-51 所示。从另一个维度而言，自动驾驶也会对目前的生产关系进行重构，一旦自动驾驶技术普及，市场将不再需要人来驾驶车辆，这肯定会影响到以驾驶汽车作为工作的人群的生活水平。

8）法律伦理难题。无人驾驶汽车究竟能多大程度上代替人类驾驶员进行决策？一旦无人驾驶汽车发生交通事故，谁来承担责任？车辆驾驶员还是车辆所有人、管理人？又或者是车辆生产者、销售者？在目前，欧洲仅在 2020 年 6 月通过了 L3 级别的法规《Proposal for a new UN Regulation on uniform provisions concerning the approval of vehicles with regards to Automated Lane Keeping System（自动车道保持系统 ALKS）》，该法规于 2021 年 1 月 1 日起生效；在我国，由工信部牵头制定的 L3 相关法规的落地时间尚未可知，就目前而言，相关的立法依然存在一定的空白。与此同时，无人驾驶汽车适用于何种汽车保险，也是一个需要被解决的问题。此外，无人驾驶汽车的本质是让汽车代替人类进行驾驶，但与此同时，人类也担心无人驾驶汽车会脱离人类的控制甚至与人类为敌，纵使有"机器人学三定律"的理论支持，但落到实处情况如何还犹未可知。

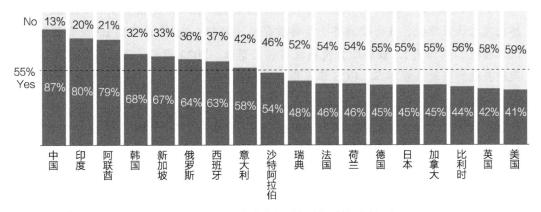

图 9-51　不同国家消费者对自动驾驶接受度调查

其实计算机自动驾驶，和人类开车上路时观察周围环境、熟练操作时一样，同样是个学习的过程，它的最终发展目标就是人工智能的发展。计算机收集数据然后做出决策，控制车辆，这个流程和人类无异，想要完美，必须使用不断"试错"的方法。但在现实生活中，车辆在实际设计阶段是不允许发生一点点失误的，因而想要自动驾驶象人类一样随机应变，只有逐渐建立大量的数据库，并依靠人工智能找到新的分析模式，这只能靠长期的积累才能完成。

[拓展阅读]

2023 年 1 月，梅赛德斯 - 奔驰宣布，奔驰的 L3 级自动驾驶技术 Drive Pilot 系统已经在美国内华达州获准合法上路使用，成为第一个在美国获得 L3 级自动驾驶车辆上路认证的汽车品牌。目前，奔驰 Drive Pilot 是经过欧美认证可上路运行的量产汽车中唯一的 L3 级辅助驾驶系统，在 0~60km/h 的封闭高速场景下允许驾驶员"脱手脱眼"，在一些特定场景下需要驾驶员进行接管。其系统组成如图 9-52 所示。

图 9-52　奔驰 Drive Pilot 驾驶领航系统

此前的 2021 年 12 月，奔驰已经通过了德国联邦机动车运输管理局（KBA）严格的技术认证审批，成为欧洲首个获得联合国法规 UN-R157 认证的 L3 级自动驾驶汽车企业，从而使 L3 级辅助驾驶系统在德国落地。2022 年起，奔驰已经将可以选配该系统的奔驰 S 级轿车、EQS 等车型交付给德国客户。

问题 **234**　无人驾驶能带来哪些益处？

真正意义上的无人驾驶能带来很多的益处，主要如图 9-53 所示。

1）降低事故率。无人驾驶汽车将极大程度地消除由于人为错误导致的交通事故，降低事故率，同时也减少人员伤亡。据统计，90% 的道路交通事故是由人为失误造成的，其中分心、疲劳、酒后驾驶和超速驾驶占相当大的比例，如此种种，在无人驾驶汽车得以大规模应用后都可以规避。

2）降低保险费。在无人驾驶时代，机器是驾车的主体，它不再需要在驾校培训学习考取驾照，而可能会转变成在每款新车上市时经过法规部门的认证之后统一领取驾照，认证合格之后才允许车辆上市。对于无人驾驶汽车而言，驾车技术水平会显著高于一般的人类驾驶员，事故率也将会比人类驾驶员驾车时低很多，保险费或许也会因此而更低。

图 9-53　无人驾驶能带来的益处

当然，保险费水平还将会与车辆的自动驾驶水平有直接的关系。

3）提升经济效益。无人驾驶汽车的经济效益可以分为两方面：对于民用而言，无人驾驶汽车可以显著降低交通事故率，从而减少对应的经济损失；对于商用而言，无人驾驶汽车在物流车辆、特殊车辆等领域的应用，将极大地提高系统的工作效率，降低运营成本。

4）改善环境。无人驾驶汽车可以针对车辆的行驶路径、行驶方式、加速、制动、变速等进行合理的优化，从而实现效率的最大化，有助于提升能源利用率；与此同时，新能源的出行方式也使得污染物的排放大大减少，进一步改善空气质量。

5）提升效率。无人驾驶车辆可以通过 V2X 与周围道路环境进行通信，从而及时获知周边的环境信息，获取最优路径；同时，自动驾驶的情况下，无序停车、强行变道等造成的交通拥堵将成为过去，低速下的小刮伤、小碰撞事故率也将大大降低，出行的平均速度将会得到提升，人类的出行效率将会更高。

拓展阅读

　　斯坦福大学计算机专家、谷歌无人驾驶汽车项目专家塞巴斯蒂安·特伦表示，一旦机器人汽车成为主流，目前道路上只需要 30% 的汽车。

问题 235　无人驾驶会带来哪些潜在的挑战？

毫无疑问，在理想状态的无人驾驶的加持之下，想象空间十分美好，但这并不意味着无人驾驶十足完美，即便是我们通过冗余设计确保无人驾驶汽车的软件和硬件设定都不会出故障，即便我们假定所有的道路基础设施都可以达到最理想的状态，它还是有一些潜在的风险点需要我们提前去做好应对策略。

挑战一：无人驾驶在乡村地区难以实现

无人驾驶在拥堵的城市事故的概率会减少，因为基建设施足够充分，但在乡村地区呢？所以，便有海外媒体对此直接质疑："我们必须想知道这些汽车如何处理狭窄的车道或没有清晰画线的道路。如果你曾在英国乡村道路上驾驶，或许自动驾驶是不切实际的梦想。"

挑战二：无人驾驶将带来大量的社会失业

由于无人驾驶汽车，社会失业将会变得更加严重。出租车司机将失去工作，送货服务也不需要人工，更有可能影响到公交车司机将失去工作。这将导致全世界大量失业，因为对于从事驾驶为生的人来说，未来似乎前景暗淡。

挑战三：无人驾驶将带来信息安全风险

黑客可能会入侵自动驾驶汽车导致故意的事故。自动驾驶汽车依靠高精度定位和地图，如果其中一个失效，车辆可能会失控。此外，当面临的黑客风险的时候，可能就不只是影响通勤本身了，与之关联的信用卡、订阅流媒体服务以及更多相关的数字信息都将会被盗用。当然，我们相信，相关部门一定会打造强悍的防火墙，但这个担忧是不会消失的。

挑战四：无人驾驶和有人驾驶的比例分配

我们所假设的场景必须是所有汽车都是无人驾驶。我们甚至不能以50∶50或者其他的比例来分配无人驾驶和有人驾驶的场景，否则，上述所有的优点都是空谈。即使我们只有1%的人类驾驶员比例，那么人为错误的可能性便仍然存在。自动驾驶系统可以尽可能先进，但即使如此，自动驾驶汽车也无法准确判断人类驾驶员下一步的行动。你说机器会准确预测酒驾者的动作吗？换而言之，只要人类驾驶员仍在道路上，完全无事故驾驶的理想状态就会显得遥不可及。

实现100%自动驾驶任重而道远，仍然有很多问题需要解决，这不仅是技术上，还需要政府、企业和公众的广泛支持与配合，以及持续的监管与改进。但无论如何，我们关于安全、高效、环保的交通运输体系的这个愿景肯定是好的。

拓展阅读

美国国家公路交通安全管理局的研究显示：超过90%的交通事故都是由人为错误造成的，所以如果我们将"人"从驾驶行为中移出的话，理论上会大幅度减少道路事故，提高道路安全。

问题 236　无人驾驶真能缓解交通拥堵问题吗？

如果你经常玩电脑游戏的话，你肯定会注意到，在某些大型开放式游戏中，整个城市的交通秩序井井有条。

如果不是玩家去"挑事儿"，由 AI 控制的自动驾驶汽车完全不会造成拥堵、事故等问题。似乎许多游戏已经在细节中为我们打造出了未来无拥堵、无事故自动驾驶技术的蓝本——用 AI 取代人。

那么，如果我们从游戏引申出来，在现实世界中，高度自动化的无人驾驶技术，真的可以打造出真正理想化的城市交通模式吗？以下从四个方面来展开分析。

（1）拥堵和事故是如何造成的？

针对道路交通中的拥堵问题，其实成因主要有三方面：人、基建、事故。

1）人的原因。不少驾驶员因为走神或者玩手机，导致红绿灯路口起步慢、在环路或高速上喜欢以"龟速"占用最左侧车道或者频繁地无理由踩制动等情况发生，从而导致后方车辆挤压，出现"幽灵堵车"的问题。在"人类驾驶时代"，这个问题基本上无解，因为不同驾驶员之间的差异始终存在。

2）基建的原因。主要在于道路修建的不合理，比如，某条高速是四车道，但是在高速结束之后，四条车道汇合成三条甚至是两条；此时，如果遇到高峰时段，再遇到某些善于插队的"聪明人"，就会造成拥堵。当然，基建这个问题是可以解决的，通过扩建或者分流等举措就能够解决。

3）事故导致拥堵。不用多说，相信大家都遇到过事故导致拥堵的情况。但是，你知道事故是怎么产生的吗？其实，除了驾驶员的操作失误之外，还有汽车发生机械故障、路况或者天气状况不好等各种客观原因。

乍一看，要想解决因为人、基建、自然环境所导致的拥堵、事故等问题，似乎是一件很麻烦的事情，以目前的发展形势来看，几乎难以做到。那么，在高度自动化的无人驾驶环境中，有可能吗？答案是肯定的！但是在此之前，先要给大家泼一盆冷水，因为真正无拥堵、无事故的自动驾驶技术，很有可能不会出现在我们当今熟知的汽车上。

（2）当下的智能辅助驾驶技术离真正的无人驾驶有多远？

在目前，不少车企都推出了所谓的"高阶智能驾驶技术"，拥堵辅助、高速领航等一应俱全。其实说到底，现在这些 L2、L2+ 的智能辅助驾驶技术，其核心目的在于降低本车驾驶员的工作强度而非提升道路状况的健康程度。

举个例子来说，在上下班的时候，在一些智能电动汽车的后方跟车是很令人讨厌的事。为什么呢？因为他们很喜欢打开智能辅助驾驶功能，自动停车、自动跟车起步……

在红绿灯跟车起步的时候，这些车往往会在前车起步很久之后才缓缓蠕动，大幅降低了整个红绿灯路口的通行效率。按照正常的人工驾驶效率，1min 的时间可以通过 20 辆车，那么，在这些自动跟车系统的"帮助下"，智能汽车的驾驶员的操作的确是方便了，但是 1min 内的通行效率却降低到了 15 辆左右甚至更低。

除了拥堵之外，当下的智能辅助驾驶系统还有可能造成事故。相信大家都看过智能车型因为智能辅助驾驶系统造成事故的新闻，有的车因为没有识别到锥形桶一股脑地扎进了施工区域，有的车因为识别不到异型车或者停在路中间的车也直接酿成了惨痛事故，更别提各种各样的极端情况了。

从这个角度来看，当下的智能辅助驾驶技术，不仅不能缓解道路拥堵和事故的问题，甚至还有可能会帮倒忙。

所以，想要真正解决这些问题，车企还有很长的路要走。或者这样说，光靠车辆自身的感知系统，目前还无法做到把道路上的所有细节信息都事无巨细、毫无偏差地全面收集进来；并且，在信号处理的过程中，还会遇到一些伦理问题，比如前方碰撞已经不可避免，到底是狠狠撞上去"伤害自己"还是紧急向侧方避让去"伤害无辜"？

（3）实现真正的无接管自动驾驶的两个要素

真正想要解决道路拥堵和事故的问题，需要的不仅是车辆成熟的自身自动驾驶技术，还有完善的智能化道路基建以及统一的自动驾驶行业标准等。可能只有按照这个模式走下去，我们才有机会看到真正的 L5 级无接管自动驾驶和真正零拥堵、零事故的道路交通。

要素一：车路协同是避免拥堵和事故的基础

在当下，很多车企都先一步推出了 V2X、V2L 等车路协同技术。那么，车路协同技术应用在未来的自动驾驶环境中，有何意义呢？

其实我们可以这样来说，车路协同就是"集中 - 分散"式的自动驾驶模式。在一个城市或者一条道路上，有无数个道路环境感知系统和无数辆车，也有一个"大脑"即车路协同的信息管理中心。

道路上的环境感知系统，可以查看当前的交通环境信息、道路附着力系数、环境温度、是否有事故等信息，在收集信息后，道路上的环境感知系统将这些信息传递给信息处理中心。信息处理中心在收到输入后，可以迅速计算出车辆最高效、最安全的行驶方案，并且把这些信息分发给道路上的每一辆车，从而让这些车辆在合适的时候变道、在合适的时候转向、以合适的速度行驶。

举个例子，当环境感知系统检测到全程路况良好的时候，车辆能够以最高限速的速度行驶，而在遇到一些意外状况的时候，车辆能够即时规避。甚至，在极端天气状况下，车辆自身传感部件无法使用之时，车辆还可以通过无线电连接道路的基建系统，通过道路上的"外设"为车型进行导航。

另外，由于信息处理中心对每一辆车的统一调度，这样就可以避免驾驶员的问题。例如，在自动驾驶行为中，驾驶员是无权干预车辆操作的，只能紧急停车等，此时，我们就可以避免加塞、超速、低速等行为，让道路交通安全又畅快。当然更重要的是，每一个区域内的道路信息处理中心可以和周边的信息处理中心联动，比如，北京市区的信息处理中心就需要和周边高速上的信息处理中心联动，两者之间互通有无，把上下高速、进出城的车辆信息、车流规模传递给对方，从而方便对方进行处理，确保各个区域之间的顺畅。

简而言之，未来零拥堵、零事故的自动驾驶技术，必然是让各个车辆的自由权限更小，而让信息处理系统或者调度系统进行统一且完善的资源分配和处理。这样一来，就能够让我们看到一些零拥堵、零事故的曙光。

要素二：道路和汽车，必然是高度统一的设计

对自动驾驶汽车集中管理、统一调度，需要的不仅仅是打造出车路协同系统。想要车路协同系统运行得顺畅，也需要高度统一的设计，就像是"车同轨"一样。

具体来看，未来的自动驾驶汽车，除了需要高度精准的感知系统和车路协同系统之外，在性能方面或许也需要高度相似。例如，在指挥系统统一调度车路进行加减速的时候，此时车辆的加速性能和制动性能必须要在一个水平线上，才能满足同步加减速的需求来确保步调的统一。

另外，在未来，为了便于管理，车辆的尺寸或许也会相对比较统一。A、B、C 等不同级别车型的尺寸需要有一个限定值，在这一数值内，可以让调度系统精确地对每一辆车的转弯半径做出判断，在车辆掉头、小半径转向时提前确定"一把过"的位置，从而使得道路交通更加精确、高效。

而在道路的建设中，真正的完全自动驾驶，需要完全的"闭环运行"。也就是说，需要在城市或者高速道路上，为自动驾驶汽车开辟一条专用的道路。举个例子，在未来的车主，想要开着自动驾驶汽车出门，自己玩着游戏看着电影就能到目的地的那种。此时，车主只需要手动把车辆开出小区地库，当车辆来到主路的时候，有一个自动驾驶汽车的"预通行区域"，这个区域类似于高速的收费站，在内部可以完成自动驾驶身份的识别认证以及对车辆车况安全性的一个快速验证，并在完成后启动完全的自动驾驶功能。于是，车主就可以直接脱手让车辆自动加速、并入主要车道了。在快要达到目的地，车辆驶出自动驾驶道路的时候，还是通过一个识别区域，在这个区域中驾驶员接管车辆。当然，如果想要体验手动驾驶乐趣的话，车主也可以走旁边的普通车道，全程手动控制车辆，享受车辆的驾驶乐趣。

（4）高度智能化的自动驾驶还能带来什么？

在"自动驾驶道路"上，车辆井然有序、高效安全地通行，除此之外，真正的高阶自动化无人驾驶技术，还能带来更多的好处，我们不妨大胆畅想一下。

比如当前提到的"汽车共享化",就是未来发展的一个很好思路。在未来,自动驾驶汽车可能会类似于当前的"轨道式交通",只不过,自动驾驶汽车的轨道是虚拟的、由调度中心设定并分发的线路,与民航系统中的航路相近。

当我们想要出远门的时候,完全可以不用自己开车,走到家附近的"自动道路预同行区域",可以通过智能设备呼叫"共享自动驾驶汽车";在上车后,车辆就能根据预设线路,安全高效地到达目的地。也正是这样的共享化的思路,使得在未来,车辆的使用率可以大幅提升,车辆的保有量可以大大降低。

而从"轨道交通"的设想出发,未来电动汽车的续航问题也可能会得到很大程度的改善。例如在"自动驾驶道路"上,可能会有一条"充电车道",在车辆还有电的情况下,调度系统不会让你驶向这条车道。当车辆没电的时候,系统会自动让你在这条道路上行驶。此时,通过道路预埋的无线充电系统或者说是移动充电缆,就能实现车辆行驶过程中的对接补能,打消纯电动汽车的续航焦虑问题。

其实,在畅想之中,未来无拥堵、无事故的道路交通并非是无法实现的,只不过,这需要投入巨大的人力、物力和财力,从车辆的规范化、标准化再到自动驾驶技术的普及甚至是智能道路基础建设的完善,每一环都需要做好。但是我们相信,随着技术的发展和进步,今天所畅想的交通模式,总会有实现的那一天。

拓展阅读

2023 年 9 月 5 日,百度 ACE 智能交通引擎 3.0 重磅发布,如图 9-54 所示。ACE3.0 利用大模型强大的知识压缩能力,将车、路、云、图的基本能力和交通全要素进行聚合和泛化升级,打造了交通大模型,有效提升了交通感知、认知、预知能力,形成了具有领先优势的智能交通"中国方案"。

图 9-54　ACE3.0:百度交通大模型聚合车路云图

问题237　无人驾驶汽车何时能普及？

　　聊这个话题之前，我们不妨先简单回顾一下无人驾驶汽车的发展史。

　　世界上第一台无人驾驶汽车 American Wonder 亮相于 1925 年的美国，由无线电设备公司 Houdina Radio Control 的工程师 Francis P.Houdina 在另外一台车上通过无线电波操控该车，有点类似于遥控车的形式，如图 9-55 所示。虽然它并非真正意义上的无人驾驶，但在当时也引起了不小的轰动。

图 9-55　世界上第一台无人驾驶汽车 American Wonder

　　此后的 1956 年，通用造出了实体的无人车——Firebird II，如图 9-56 所示。作为一款概念车，它提出了安全和自动导航的概念，这与现代理解的无人驾驶已经有些类似。

图 9-56　通用造出的实体无人车 Firebird II

　　1977 年，日本筑波工程研究实验室开发出了基于摄像头来检测道路标识及导航信息的自动驾驶汽车，这意味着人们开始从视觉层面思考无人驾驶。

　　1987 年，德国军方与奔驰合作，开始对无人驾驶车辆的研发，采取摄像头与图形处理系统相结合的方式，与今天的理念已经没有太大的区别。

　　让我们把目光再拉回到当下。如果要问目前在售车型中哪款车的自动辅助驾驶系统最为智能的话，相信特斯拉的 Autopilot 自动辅助驾驶一定会是答案之一，如图 9-57 所示。当然，它比起想象中的 L5 级别自动驾驶依旧还有不小的差距，这种跨越需要的不仅仅是硬件上的提升，更是人工智能的深度学习以及思维判断能力的提升。

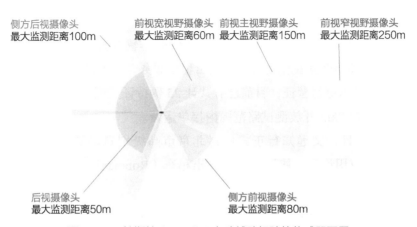

图 9-57　特斯拉 Autopilot 自动辅助驾驶的传感器配置

如果要提及更高阶的自动驾驶应用的话，那么，各大自动驾驶公司旗下的自动驾驶出租车的应用或许更值得一提。

2018年11月1日上午，广州公交集团白云公司举行自动驾驶出租车发布仪式，宣布创新推出全国第一辆自动驾驶出租车，并于当天开始在大学城投入试运营，如图9-58所示。这台自动驾驶出租车的自动驾驶技术由文远知行提供，搭载有2个激光雷达、3个专业摄像头、1个毫米波雷达，通过多个感应器协调配合实现自动驾驶，整体的自动驾驶技术已经达到L4级别。

图9-58　全国第一辆自动驾驶出租车

2022年4月28日，北京发放无人化载人示范应用通知书，成为国内首个开启乘用车无人化运营试点的城市。百度、小马智行成为首批获得先行区无人化示范应用道路测试通知书的企业，如图9-59所示。它们获准在北京市高级别自动驾驶示范区60km²范围内，向公众提供"主驾位无安全员、副驾有安全员"的自动驾驶出行服务（Robotaxi）。按照此前的相关政策要求，无人车的主驾驶位必须配备一名安全员，在发生紧急情况时需要随时人工接管车辆，但从其获准运营之日起，"方向盘后无人"的出行服务成为现实。

图9-59　小马智行的无人驾驶汽车

二维码视频9-7
小马智行无人驾驶
汽车

2022年6月29日，经过国家级检验检测机构依据国标开展整车和零部件测试等一系列流程后，小马智行公司的2款乘用车、1款商用车被纳入广州第一批智能网联汽车示范运营车型目录，率先通过混行试点车型认定。从2022年7月1日起，在广州南沙常态化运行三年多的小马智行自动驾驶出行服务正式开启收费运营，采用广州市出租车统一定价标准。

2023年5月30日起，5辆自动驾驶车辆在嘉定区1076km开放测试路范围内推出准商业化的自动驾驶出租车服务，加上此前百度、AutoX（安途）、上汽赛可等同样获批示范运营证，目前已有共计25辆持证上岗的自动驾驶出租车率先在嘉定、临港共计1574.7km开放测试路范围内接单运营。

2023年6月30日，文远知行正式取得北京市高级别自动驾驶示范区"无人化车外远程阶段"示范应用许可，旗下自动驾驶出租车（Robotaxi）可在京开展纯无人示范应用。

根据国务院发布的《新能源汽车产业发展规划（2021—2035）》，到2025年，高度自动驾驶汽车将在有限区域和特定场景实现商用；到2035年，高度自动驾驶汽车将大规模应用。而据国外有关机构预计，无人驾驶的全自动化汽车将于 2030 年左右出现。换句话说，无人驾驶与我们的距离短则六七年，长则十几年，甚至会更久。

从近百年来的探索，到特斯拉的辅助驾驶应用，再到全国首款自动驾驶出租车的推出，自动驾驶技术以肉眼可见的速度在不断进步，不禁让人感叹科技的力量。诸多高阶自动驾驶出租车不仅是尝试，更是让大众窥见未来的一个窗口。

[拓展阅读]

《自动驾驶汽车交通安全白皮书》基于国内最大的道路交通数据库 CIDAS 筛选出 2011—2021 年因乘用车导致的 6967 场事故，发现约 81.5% 的乘用车事故是由驾驶员人为因素导致；其中，约 79.9% 是由于驾驶员主观错误导致事故发生，约 20.1% 是由于驾驶员能力受限导致事故发生。

具体而言，由驾驶员主观错误导致事故发生的详细原因可分为未按规定让行、车速过快、违规使用车道、酒驾、违反交通信号以及疲劳驾驶等。其中，未按规定让行占比高达 43.4%。而由于驾驶员能力受限导致事故发生的原因可细分为未留意其他交通参与者的行为、没有保持安全距离、驾驶熟练度低以及其他错误驾驶行为。

观察以上乘用车事故原因可以发现，绝大部分事故原因与 "人" 的违规紧密相关。若将自动驾驶技术替代人类驾驶员，交通事故率或将显著降低。

问题 238　未来的 "车家互联" 是何模样？

想象一下，当你上车后才想起离家时忘了关灯、忘了开窗帘、忘了锁门时，仅需通过车家互联功能，选择 "离家模式"，灯会关、窗帘会开、门会锁，甚至，扫地机器人自动开始扫地；当你下班后路过超市时，冰箱的联动系统会提醒你购买食材；开车马上归家时，通过车家互联功能，选择 "回家模式"，家中的灯会打开、空调会打开、窗帘会拉上；到家之后，家中音响自动播放路上未播放完的歌曲。这样的场景，是不是很美好？

这不是幻想，车家互联，已经在一步步成为现实。

作为 "物联网" "和" 车联网 "的交叉点，"车家互联" 在当下得到了前所未有的重视，如图 9-60 所示，在全屋智能家居解决方案成为主流的大趋势下，智能化的出

图 9-60　一站式全屋智能云米科技

行生活也越来越被推崇。

车家互联为生活的赋能主要有两个方面：一方面，通过智能汽车去控制家中的空调、窗帘、空气净化器、扫地机器人等智能家居；另一方面，通过家里的智能助手实现对车辆的空调、车灯、座椅等的控制，实现对车辆状态、车辆电量、车辆保养信息等的监控。

时至今日，越来越多的企业投入到了"车家互联"的大潮之中，见表 9-1。具体实现方式是通过手机 App、智能屏幕、语音、手势、触摸等，来实现对汽车和家居的控制。

表 9-1　部分"车家互联"产品汇总

系统名称	关联车型	功能简介	功能描述
华为鸿蒙 OS 智能座舱	问界 M7	"人-车-家"全场景互联	通过中控智能屏用户可以管理智能家居设备，比如选择"离家模式"，可以设置电动窗帘缓慢打开，灯光熄灭；如果选择"回家模式"，通过设置中可以选择窗帘关闭，灯光亮起。未来智能座舱能管理的范围不仅限于开关窗帘、开关电视机、空调等，还能够控制更多的智能家居设备
"米家"应用系统	小鹏 P7	车辆与智能家居互联	既可以通过车辆控制居家环境，也能实现家庭的智能设备控制车辆，从而实现双向交互。也就是说，"它不仅是一辆车，也可以作为一个智能的终端被直接使用
百度智能互联 3.0 系统	全新起亚 K5	"车控家"和"家控车"	比如用户在车内可以控制家里的空调、扫地机器人、空气净化器等智能家居，在家里同样可以控制车辆的车窗、天窗、空调等功能
阿里巴巴天猫精灵语音助手	奥迪和沃尔沃等品牌旗下部分车型	车家互联	可以远程监测和控制智能家居设备，车主在家也可查询包括门锁、车窗、车辆位置、油量、发动机、胎压和制动液等车辆的当前状态。未来，车机系统还可以和家中的天猫精灵和智能家居设备实现互联
三星 SmartThings 物联网功能	梅赛德斯-奔驰 S 级	车家互联	比如在发出"嘿，梅赛德斯，家里是否忘了关灯？""嘿，梅赛德斯，家里有人吗？"等提问时，MBUX 和 SmartThings 就可以提供力所能及的帮助，以实现对智能家居的控制

从真实的场景和需求来看，在未来，随着智能网联汽车和智能家居的飞速发展，车家互联一定会得到更广泛的应用，控制的范畴也会延伸到电视机、洗衣机、加湿器、烤箱、门锁、燃气报警器、安防摄像头、家庭影院、智能晾衣架等。而一旦 L5 级自动驾驶真的实现后，你可以在出门上班之前对着智能音箱说一声"我要上班了"，车辆便自动从车库开到家门口；而在周末有朋友相约串门时，你甚至还可以让汽车自己去接送亲友，在家便可查看车辆状态……如此种种，相信在不久的将来就可以实现。

问题 239　未来汽车会是什么模样？

在 20 世纪 80 年代的电影《回到未来》中，布朗博士以德罗宁 DMC-12 为原型，让汽车化身为可以飞行的时光机器。布朗博士带着马丁，以"88 英里的时速"，从 20 世纪

"回到" 2015 年。在那一代人的想象中，2015 年已经有了悬浮滑板、有了可以飞行的汽车……

不知道在真正等到 2015 年的时候，罗伯特·泽米吉斯是不是有点失望？因为在 2015 年，我们没有悬浮滑板，也没有能起飞的汽车，更没有时间穿越工具……

但是，在 2015—2023 年这短短 8 年的时间里，汽车行业却得到了飞速的发展。性能更强的电驱车型出现，电传控代替机械液压传控，让车辆有了更高的智能化表现；车与车不再是单独存在的个体，而是智能链条体系中的一个分支。

悄然之间，我们已经接触了前人所畅想的未来，但这还不是全部。不妨我们来让想象继续，看看数十年后的 "汽车最终形态"，应该是什么样的。

（1）未来之车不管能不能飞，但一定是无人驾驶的

在《第五元素》和《回到未来》等科幻电影中，未来的汽车是可以飞行的；在《西部世界》中，未来的汽车是不需要人来驾驶的……这些人们对于未来汽车的想象，也几乎算是奠定了汽车未来的发展思路。那么，从现实的角度来看，未来汽车的走向会是怎样的呢？

五年后，飞行汽车可能不会来，但 "续航焦虑症" 可能会通通离我们远去。几乎不用怀疑太多，电动化是当前汽车发展的趋势，也是未来的主流。但是，续航短、补能时间长等问题依然困扰着人们。不过，在当下，我们已经看到一些关于未来的曙光。

2022 年 9 月 6 日，我国 200km/h 速度等级的高速公路技术及磁浮汽车技术研究首次在江苏高宣高速公路上进行现场测试，并且取得了阶段性成果。

高速度＋磁悬浮，很有可能成为未来几十年里的汽车发展和道路基建趋势。而且，磁悬浮带来的低能耗优势，也能很大程度上解决续航等问题。当然，在基建支持的情况下，开辟专用高速车道、汽车采用火车式的受电弓来随时补充电能，也未尝不是一种解决方案。

十年后，我们的车或许可以更加趋近于真正的无人驾驶。在当下，L2+ 级别的智能网联汽车已广泛应用，它们大部分都有搭载高速和低速的智能辅助驾驶功能，部分场景下可以让驾驶员放开手脚，让车辆自己去跟车、变道甚至转向（当然，手还是不能长时间脱离方向盘）。

其实在开放试验区域，L4 级别的智能驾驶辅助功能也不是难事，核心的问题，便是相关法律法规和道路交通环境。

所以，要想真正实现更安全、高效的无人驾驶，不仅仅需要车企技术的进步，更需要整个道路环境的完善。例如，在真正落实无人自动驾驶的时候，需要道路基建的完善，能够通过 V2X、V2I 等技术，去为车辆的自动驾驶系统进行引导；又如，为了尽可能避免 "人" 的干扰，自动驾驶汽车也需要进行大规模的统一化，以确保道路上的车辆 "步调一致"，从而提升效率、避免事故。

十五年后，车辆很有可能会成为真正的移动会客厅。在当下，有不少车企在打造智能座舱的时候，会宣传"移动会客厅"或"移动办公室"的概念。不过，在今天"有人驾驶"的前提条件下，这个移动会客厅还并不是太完善。随着自动驾驶技术的不断创新与进步，以后的车辆，甚至有可能全部取消"驾驶座"，仅保留车内的乘坐空间。到那个时候，车辆内部的灵活性也得以大幅提升，座椅和桌子想怎么组合就怎么组合。

至于在智能网联系统方面，其实按照目前的方向发展下去，基本上没有太大的问题。诸如 8155、8295 之类的智能座舱芯片，凭借着强大的运算能力，已经完全足够处理我们对于娱乐和办公的大部分需求，甚至比一些高端 PC 还要好使。

二十年后，汽车可能不再需要"购买"。在汽车"新四化"中，"共享化"是一个很有意思的选题。看到这里，你可能会疑惑：现在的共享汽车，不也实现汽车"共享化"了吗？

但未来汽车的共享化，不是仅仅让你可以把手机拿出来就能"扫码用车"，而是满大街的自动驾驶汽车可以"任意召唤"。举个很简单的例子，当你需要出行的时候，你不需要有自己的私人汽车，也不需要驾驶。拿出手机，输入目的地，就会有一辆无人驾驶汽车来接送，按次、按车辆档次付费，而且价格可能比现在自己开车还要便宜不少。当然，这一局面的出现，可能会导致公共交通从业者的失业，他们有可能从驾驶员的角色，转变成无人驾驶汽车的管理员、调度员等。

（2）在当下，有哪些车已经有了未来形态？

在汽车工业的发展历史中，所有新车都是"循序渐进"的。没有哪一款车，能直接跳过前代车型的设计思维，去开拓新的模式，它们只能是一个功能一个功能地逐步进化。下面，我们就来看看，目前有哪些车真正算是接触到了未来。

高合HiPhi X　　　　高合HiPhi Z

图 9-61　高合 HiPhi X 和高合 HiPhi Z

关于未来的汽车造型设计，许多人首先想到的品牌是高合。从高合 HiPhi X 到高合 HiPhi Z，这家车企所打造出的车型，总是能依靠"炸裂"的外观来吸引大家，如图 9-61 所示。不管是科幻感十足的外观风格，还是跳跃感拉满的车门设计形态，都使得它更接近我们对于未来汽车设计形态的构想。

关于未来的移动会客厅，或许我们还得看看别克。虽然是传统车企，但是能打造出

Ultium 奥特能电动平台的通用汽车，在未来或许有着难以预估的发展。同时，通用旗下的别克品牌拥有 GL8 这样的 MPV 标杆车型，想要打造出真正适应未来市场的移动会客厅、移动办公室，很有可能是在 GL8 的基础上，加入奥特能电动平台进行构造。其实，在 GL8 世纪这台车上，我们已经看到了"未来移动会客厅"的模样，如图 9-62 所示，这样的设计在未来会很吃香。

图 9-62　别克 GL8 世纪的座舱

关于未来的汽车共享化，我们还得再看看智己汽车。在今年成都车展上，上汽旗下的智己汽车，带来了脱胎于赫斯维克工作室的 AIRO 概念车，如图 9-63 所示。这台设计简约的概念车，将被赋予高度智能的驾驶系统，并且凭借着宽敞、舒适的内部空间，去适应未来共享出行的需求。

随着 AI 的不断发展，未来汽车真正的基础，或者说必须具备的一环，还得是车辆的自动驾驶能力、极致的语音交互和汽车的自我进化能力。就好比电影《变形金钢》中的"大黄蜂"一样，它不仅来去自如，还能和人无障碍"交流"，甚至会有自己的"思想"。

未来的汽车，终极发展趋势就是机器人化，不是说一定要外观长得像"机器人"，而是一定要有智能机器人一样的 AI 灵魂。

说到这里便不得不提及极越汽车，它创造性地提出了"汽车机器人"新物种，并以"自由移动""自然交流""自我成长"作为核心产品理念。2023 年 9 月，极越汽车旗下首款车型极越 01 的首批量产车在吉利杭州湾智慧工厂正式下线，如图 9-64 所示。

图 9-63　智己汽车 AIRO 概念车　　　　图 9-64　极越汽车首款量产车极越 01

　　如果从极越 01 的外观设计来看，它并不一定是大家心目中所想象的"未来形态"，十年、二十年之后的无人驾驶汽车，也可能不是这个模样。但是，之所以说极越 01 概念车是最接近未来的汽车，原因很简单：它在智能化的理念和技术路线方面还是很超前的。

　　比如，在整体的座舱设计方面，它并没有采用"会客厅"设计思路，而是采用了极简化的设计方案，取消了绝大部分物理操作。当然，在目前的法规状态下，极越 01 的设计并没有过分"跳脱"，如图 9-65 所示。

二维码视频 9-8
极越 01 智能座舱

二维码视频 9-9
极越 01 JET 智能化架构

　　极越 01 首发搭载的高通第四代骁龙汽车数字座舱平台 8295 芯片，不仅支持更加丰富的功能，同时，它还更加接近 AI 人机交流的无缝沟通模式，如图 9-66 所示。

　　此外，极越 01 还首次完全启用双 NPU，为大模型"上车"提供 AI 算力基础。得益于超强算力，35.6in 6K 超清一体大屏交互丝滑不卡顿，可以做到语音 AI 算法全量本地化，全域全离线语音识别速度快至 500ms，并支持主驾免唤醒、四音区同时聊等功能，摆脱网络依然可以完成交互。

　　在语音交互上，除了支持"毫秒级"全离线智能语音响应和车内车外 100% 全场景覆盖之外，它还增加了视觉感知、声纹识别、唇语捕捉等多模态融合的"类人"交互能力。一个眼神、一句呢喃，就能让车辆"读懂"用户的需求，这种与人类相似的交互情感感知能力，也必然是未来汽车所必须具备的。

图 9-65　极越汽车首款量产车极越 01 座舱

图 9-66　极越 01 搭载的高通 8295 芯片

　　在智能驾驶系统方面，极越汽车机器人高阶自动驾驶的超前之处，不仅是搭载了双 NVIDIA DRIVE Orin 芯片、5 个毫米波雷达、12 个超声波雷达、11 个摄像头等 28 个智能传感器配置（图 9-67），还全系取消了激光雷达，取而代之的是 OCC 占用网络（Occupancy Network）技术，通过

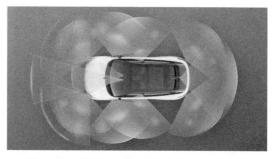

图 9-67　极越 01 的 28 个智能传感器配置

"BEV+Transformer+OCC"的纯视觉技术路线来实现高阶智驾，虽然比之于激光雷达多传感器感知融合方案目前还不好下定论，但这也增加了技术争鸣的丰富性。要知道，到目前为止，全球仅有两个品牌率先采用了"纯视觉"智驾方案，极越是其中之一，另一个是特斯拉。

值得一说的是，极越汽车是行业内唯一全栈应用 Apollo 高阶自动驾驶全套能力和安全体系的智能汽车品牌，目前已具备覆盖高速、城市、泊车多场景下成熟的智驾功能，高阶智能辅助驾驶的核心功能——点到点领航辅助 PPA 已经跑通（图 9-68）。

图 9-68　极越 01 点到点领航辅助 PPA

看到这里，你还在思考未来汽车会是什么模样吗？高合也好，别克也好，又或者是智己、极越，它们在电动化、网联化、智能化、共享化等各个方面的进步，都将让我们的出行体验更加完善也更加便利。

二维码视频 9-10
极越 01 点到点领航辅助 PPA

对于我们消费者而言，飞行汽车也好，无人驾驶汽车也罢，形态倒不是最重要的，最为重要的是它究竟能在释放人类的手脚、提升通勤的效率、改善出行的品质等方面达到什么样的程度。因为只有这些，才是真真切切能够改善我们生活的。如果有一天，你在路上看到一辆车在高速行驶而驾驶座空无一人，届时请千万不要惊慌！

[拓展阅读]

2023 年 6 月 17 日，深圳市坪山区政府在"2023 未来汽车先行者大会暨全球智能网联汽车商业化创新大会"上向百度旗下自动驾驶出行服务平台萝卜快跑正式授牌，这意味着，萝卜快跑可在深圳市坪山区开展 L4 级无人驾驶商业化收费运营。目前，萝卜快跑在深圳的可运营区域达 188km²，运营时间从 7 点到 22 点，覆盖早晚高峰。用户通过萝卜快跑 App/ 小程序、百度地图、百度 App 等平台，即可呼叫"全无人"车辆。车辆会自己开到用户输入的出发地，在后排落座的乘客点击屏幕上的"开启行程"之后，就能自动带你去目的地。

目前，萝卜快跑运营范围已经覆盖北京、上海、广州、深圳、武汉、重庆等城市，截至 2023 年一季度订单总量已超过 200 万，稳居全球最大的自动驾驶出行服务商。

参考文献

［1］ 国家发改委，工信部，科技部，等.智能汽车创新发展战略［R/OL］.（2020-2-10）［2024-01-04］. https://www.gov.cn/zhengce/zhengceku/2020-02/24/content_5482655.htm.

［2］ 工信部装备工业司."中国制造2025"规划系列解读之推动节能与新能源汽车发展［R/OL］.（2016-05-12）［2024-01-04］https://www.gov.cn/zhuanti/2016-05/12/content_5072762.htm.

［3］ 全国汽车标准化技术委员会.20203968-T-339智能网联汽车　术语和定义［EB/OL］.（2020-11-19）［2024-01-04］. https://std.samr.gov.cn/gb/search/gbDetailed?id=86C4EB47ACDD4B81E05397BE0A0A927D.

［4］ 新华网，赛迪顾问.车联网产业发展报告［R/OL］.（2019-01-28）［2024-01-04］. https://baijiahao.baidu.com/s?id=1623872649097427543&wfr=spider&for=pc.

［5］ SAE International.SAE J3016路面机动车驾驶自动化系统相关术语的分类和定义［EB/OL］.（2021-05-25）［2024-01-04］. https://www.sohu.com/na/468337997_468661.

［6］ 中华人民共和国工业和信息化部.汽车驾驶自动化分级：GB/T 40429—2021［S］.北京：中国标准出版社，2021.

［7］ 杨锦林.无人驾驶汽车的关键技术研究［J］.时代汽车.2020（23）：8-9.

［8］ 李金鑫.无人驾驶汽车交通事故侵权责任问题研究［D］.哈尔滨：黑龙江大学，2022.

［9］ 李浩，基于元强化学习的无人驾驶车辆行为决策研究［D］大连：大连理工大学，2021.

［10］ 李克强.智能网联汽车技术路线图2.0［R］.北京：国家智能网联汽车创新中心，2020.

［11］ 工业和信息化部，国家标准化管理委员会.国家车联网产业标准体系建设指南（2023版）［R/OL］.（2023-07-18）［2024-01-04］https://www.gov.cn/govweb/zhengce/zhengceku/202307/content_6894735.htm.

［12］ 中国汽车工程学会.汽车智能座舱分级与综合评价白皮书［R/OL］.（2023-04-20）［2024-01-04］. https://www.xdyanbao.com/doc/p0xyjhgghk?bd_vid=11558000717168101619.

［13］ 中国汽车工程学会.节能与新能源汽车技术路线图2.0［R/OL］.（2020-10-28）［2024-01-04］ https://baijiahao.baidu.com/s?id=1681727556418874049&wfr=spider&for=pc.

［14］ 公安部.机动车电子标识通用规范 第1部分：汽车：GB/T 35789.1—2017［S］.北京：中国标准出版社，2018.

［15］ 王婷婷.基于DSRC和DGPS的纵向碰撞预警系统的设计和实现［D］.重庆：重庆大学，2017.

［16］ 张小飞，徐大专.6G移动通信系统:需求，挑战和关键技术［J］.新疆师范大学学报（哲学社会科学版），2020，41（2）：122-133.

［17］ 曹龙，新型5G移动通信系统接入网关键技术研究［D］.成都：电子科技大学，2018.

［18］ 李世宽.5G车联网时延和可靠性研究［D］.武汉：华中科技大学.2019.

［19］ 陈山枝，胡金玲.蜂窝车联网（C-V2X）［M］.北京：人民邮电出版社，2020.

［20］ 周晓勇.LTE-V2X系统SL空口同步方案及切换技术研究［D］.重庆：重庆邮电大学，2019.

［21］ 乔雪梅.5G车联网系统性能及关键技术研究［D］.北京：北京邮电大学.2020

［22］ 陈帅帅.5G-V2X系统中基于功率域非正交多址的关键技术研究［D］.南京：东南大学，2021.

［23］ 张敏.基于5G的车联网组网技术研究［D］.南京：南京邮电大学，2020.

［24］ 华为.5G时代十大应用场景白皮书［R/OL］.（2020-01-09）［2024-01-04］. http://www-file.huawei.com/-/media/corporate/pdf/mbb/5g-unlocks-a-world-of-opportunities-cn.pdf?la=zh.

［25］人民网. 中国累计建成开通5G基站155.9万个 5G加速赋能千行百业［EB/OL］.（2017-11-20）
　　　［2024-01-04］. https://2022.wicongress.org.cn/zh/journalism/detail/627e2dd299049d05f27907b1.

［26］工业和信息化部. 5G应用"扬帆"行动计划（2021—2023年）［R/OL］.（2021-07-05）［2024-01-
　　　04］.http://www.gov.cn/zhengce/zhengceku/2021/07/13/content_5624610.htm.

［27］杨金升，张可晨，唐新宇.CANoe开发从入门到精通［M］.北京：清华大学出版社，2019.

［28］中国汽车工业协会软件分会软件定义汽车委员会（SDV）. 软件定义汽车 产业生态创新白皮书
　　　（V1.0）［R/OL］.（2022-11-19）［2024-01-04］. https://blog.csdn.net/An1090239782/article/
　　　details/127943936.

［29］电动汽车产业技术创新战略联盟，中国智能网联汽车产业创新联盟.智能网联汽车电子电气架构产业技
　　　术路线图［R/OL］.（2023-05-18）［2024-01-04］. https://www.sohu.com/a/706494194_121015326.

［30］工业和信息化部. 关于大众消费领域北斗推广应用的若干意见［EB/OL］.（2022-01-07）［2024-01-
　　　04］.http://www.beidou.gov.cn/yw/xwzx/202201/t20220130_23676.html.

［31］李鹏鹏. 道路环境下基于VISLAM的无人驾驶汽车定位系统研究［D］.西安：长安大学，2021.

［32］夏洪垚. 低可见度环境中基于VISLAM的无人驾驶汽车定位研究［D］西安：长安大学，2021.

［33］谷小丰. 浅谈高精地图的应用［EB/OL］.（2017-10-28）［2024-01-04］. https://www.docin.com/
　　　p-2149645788.html.

［34］工业和信息化部. 汽车雷达无线电管理暂行规定［EB/OL］.（2021-12-06）［2024-01-04］. https://
　　　www.miit.gov.cn/jgsj/wgj/gzdt/art/2021/art_424c3f7479c44e6aa9ce0199593ad031.html.

［35］周长越. 基于深度学习的交通信号灯检测与识别方法研究［D］.哈尔滨：哈尔滨理工大学，2021.

［36］全国汽车标准化技术委员会. 道路车辆先进驾驶辅助系统（ADAS）术语及定义：GB/T 39263—2020
　　　［S］.北京：中国标准出版社，2021.

［37］中汽测评. C-NCAP管理规则（2021年版）［R］.天津：中国汽车技术研究中心，2021.

［38］国家互联网信息办公室，国家发展和改革委员会，工业和信息化部，等. 汽车数据安全管理若干规
　　　定（试行）［EB/OL］.（2021-08-16）［2024-01-04］. https://www.gov.cn/gongbao/content/2021/
　　　content_5647363.htm.

［39］工业和信息化部. 车联网网络安全和数据安全标准体系建设指南［EB/OL］.（2022-02-25）［2024-
　　　01-04］. https://www.gov.cn/zhengce/zhengceku/2022-03/07/content_5677676.htm?eqid=f571cb87000
　　　4299c00000003647eac36.

［40］全国汽车标准化技术委员会. 汽车信息安全通用技术要求：GB/T 40861—2021［S］.北京：中国标
　　　准出版社，2021.

［41］刘清忆. 面向5G NR-V2X的网联车安全通信方法研究［D］.长春：吉林大学，2021.

［42］宋昊辰，杨林，徐华伟，等. 智能网联汽车信息安全综述［J］. 信息安全与通信保密，2020
　　　（7）:106-114.

［43］劳炜炜，无人驾驶汽车侵权法律责任研究［D］.蚌埠：安徽财经大学，2022.

［44］深圳市人民代表大会常务委员会. 深圳经济特区智能网联汽车管理条例［EB/OL］.（2022-06-30）
　　　［2024-01-04］. http://www.sz.gov.cn/zfgb/2022/gb1250/content/post_9967816.html.

［45］百度. 百度ACE智能交通引擎3.0［EB/OL］.2023-10-13［2024-01-04］. https://app.ma.scrmtech.
　　　com/resources/ResourcePc/ResourcePcInfo?pf_uid=34309_2245&id=48648&source=1&pf_
　　　type=3&channel_id=36205&channel_name=%E5%AE%98%E7%BD%91&tag_id=3766d0565f38656d.